बचत और निवेश

लेखक
अनीता गौड़
पारिजात त्रिपाठी

प्रकाशक

वी एण्ड एस पब्लिशर्स

F-2/16, अंसारी रोड, दरियागंज, नई दिल्ली-110002
☎ 23240026, 23240027, 23240028
info@vspublishers.com • www.vspublishers.com

Online Brandstore: amazon.in/vspublishers

क्षेत्रीय कार्यालय : हैदराबाद
5-1-707/1, ब्रिज भवन (सेन्ट्रल बैंक ऑफ इण्डिया लेन के पास)
बैंक स्ट्रीट, कोटी, हैदराबाद-500 095
☎ 040-24737290
vspublishershyd@gmail.com

फ़ॉलो करें:  

BUY OUR BOOKS FROM: AMAZON FLIPKART

ISBN 978-93-505715-4-5
नवीन संस्करण

मुद्रक : परम ऑफसेटर्स, ओखला, नयी दिल्ली-110020

प्रकाशकीय

बढ़ती मँहगाई के इस युग में भविष्य की सुरक्षा के लिए बचत करना बेहद जरूरी है। पाठकों की जरूरत महसूस करते हुए वी एण्ड एस पब्लिशर्स अपनी नवीनतम पुस्तक **'बचत और निवेश'** प्रस्तुत करते हैं। पैसा इनसान की जरूरत है मगर उससे भी महत्त्वपूर्ण है जीवन में अर्जित किये धन का निवेश करना। आज समाज में धन की महत्ता से कोई भी इनकार नहीं कर सकता जिसके पास धन है उसके पास समाज में विशेष दर्जा प्राप्त है। आमतौर पर देखा गया है कि लोग बचत के लिए काफी कोशिश करते हैं मगर पर्याप्त जानकारी के अभाव में कई बार अनजाने में लोगों से ऐसी गलतियाँ हो जाती है जिसकी वजह से वे बचत के सुनहरे लाभ से वंचित रह जाते हैं। प्रस्तुत पुस्तक में लेखक ने बचत और निवेश करने के लिए सभी सम्बन्धी जानकारी अपने पाठकों को दी हैं। जिसमें मनी मैनेजमेंट, बचत के लिए बजट कैसे बनायें, मनी एजुकेशन, रिटायरमेंट के बाद कहाँ निवेश करें आदि जानकारियाँ इस पुस्तक में संक्षिप्त रूप से दी गयी है।

वास्तव में यह पुस्तक देश के प्रत्येक आयवर्ग के व्यक्ति को लक्ष्य करके लिखी गयी है। प्रत्येक व्यक्ति इस पुस्तक में वर्णित बचत और निवेश के तरीकों को अपनाकर जीवन में आने वाले आर्थिक कठिनाइयों पर विजय पा सकते हैं।

पुस्तक की भाषा-शैली सहज व सरल है। हम उम्मीद करते हैं कि हमारे पाठक इस पुस्तक को पढ़कर अवश्य लाभान्वित होंगे। हमने पुस्तक को त्रुटिरहित रखने की भरपूर कोशिश की है, मगर फिर भी अनजाने में कहीं कोई त्रुटि रह गयी हो तो सुधी पाठकों से हमारे पते पर सुझाव सादर आमंत्रित है।

धन्यवाद!

सदा आपकी सेवा में तत्पर!

विषय-सूची

प्रस्तावना

31 अक्टूबर को 'विश्व बचत दिवस' के रूप में मनाया जाता है। प्रथम विश्वयुद्ध के बाद जब दुनिया भर में मंदी की मार पड़ी तो लोगों को बचत की अहमियत समझ में आई। इसकी शुरूआत इटली के मिलान शहर से हुई। भारत में भी इस मौके पर पोस्ट ऑफिस की ओर से मितव्ययता सप्ताह मनाया जाता है।

धन शब्द का अर्थ काफी विस्तृत है, इसमें ना सिर्फ नगदी, बल्कि अन्य कई बहुमूल्य चीजें आती हैं। आपके मकान से लेकर शेयर बाजार, और म्यूचुअल फंड में निवेश, बचत योजनाएँ, कमोडिटी मार्केट और टैक्स आदि धन के अंतर्गत ही आते हैं। धन के निवेश को लेकर भी कुछ नियम बनाने जरुरी हैं। क्योंकि हर व्यक्ति के जीवन में नियम का स्थान सबसे ऊँचा है। किसी कार्य में सही तौर-तरीके और बिना नियम के व्यक्ति सफल नहीं हो सकता है। व्यक्ति को पूँजी संचय में यही पद्यति अपनानी चाहिए। वहीं अपने पैसों का इस्तेमाल करने का सही तरीका यह है कि व्यक्ति अपने खर्चों का प्रबंधन अच्छी तरह करें। सही तरीके से किया गया खर्च व्यक्ति की जिम्मेदारियों को कम करने के साथ-साथ बचत करने का तरीका भी सिखाता है।

व्यक्ति को हमेशा अपने खर्चों पर नियंत्रण रखना चाहिए। गैर-जिम्मेदारी से किये गये खर्च से बजट की गाड़ी डगमगाने लगती है। खर्चों पर नियंत्रण बचत और निवेश में काफी मदद करता है। साथ ही इस नीति के अनुसार व्यक्ति अपने वित्तीय लक्ष्यों की पूर्ति समय पर कर सकता है। वहीं अकसर देखा गया है कि व्यक्ति निवेश करके धन संचय का लक्ष्य तो तैयार करता है लेकिन खर्चों पर नियंत्रण नहीं रख पाने की वजह से उसका लक्ष्य समय पर पूरा नहीं हो पाता है। इसलिए खर्चों पर नियंत्रण रखें और नियमित रूप से निवेश करते रहें ताकि वर्तमान में आपके द्वारा की गयी कमाई आपको चैन और सुकून दे सके।

अपनी कमाई में बचत को बढ़ावा देने के लिए यह बेहद जरूरी है कि व्यक्ति अपने खर्च का सदैव लेखा-जोखा करता रहे। इसके लिए जरूरी है कि वे प्रत्येक महीने अपने खर्च की समीक्षा करते रहें साथ ही गैर-जरूरी खर्च को नजरअंदाज करना चाहिए। खर्चों में कटौती और इसके लेखा-जोखा के लिए एक मासिक

बजट तैयार करें, फिर उस बजट के दायरे में रहकर खर्च करें। इससे यह जानने में आसानी हो जायेगी कि पैसा कहाँ और कितना खर्च हो रहा है और इस पर किस तरह नियंत्रण किया जा सकता है? भविष्य के लिए बजट तैयार करने का सबसे अच्छा तरीका ये है कि आप देखें कि इस समय आपका खर्च क्या है? ध्यान दें, कि आपके पैसों का स्त्रोत क्या है और यह जाता कहाँ है? बजट बनाने से पहले दो महीने या कम से कम एक महीने अपनी आमदनी और खर्चों का हिसाब करें।

अभी जो किताब आपके हाथ में है वह खुद को जानने-समझने और दूसरों के ध्यानाकर्षण के लिए मददगार साबित होगी। इस पुस्तक के द्वारा अपने विचारों को आप तक पहुँचाने के लिए हम वी. एण्ड एस. पब्लिशर्स के श्री साहिल गुप्ता के आभारी हैं। इस किताब में बहुत सारे विचारों को आपके समक्ष प्रकट किया गया है। हम उम्मीद करते हैं कि अब आप अपनी जिंदगी में **बचत और निवेश** के सभी पहलूओं पर विचार करते हुए एक शानदार तरीके से जिन्दगी जीने में कामयाब हो सकेंगे। हम आपके मंगलमय जीवन की कामना करते हैं। आप मुझसे मेरे ईमेल पर संपर्क कर सकते हैं।

penmastersinternational@gmail.com

–अनीता गौड़/पारिजात त्रिपाठ

भूमिका

वित्तीय योजना ऐसी नई चीज नहीं है, जिसे तैयार करना कोई बड़ी बात हो। दरअसल जब आप अपने आर्थिक लक्ष्यों को पूरा करने के लिए अपनी आर्थिक स्थिति को बेहतर बनाने के बारे में सोचना शुरू करते हैं और उसे व्यवहार में लाते हैं, तब यही कार्य आपकी वित्तीय योजना के रूप में बदल जाता है। वित्तीय योजना तैयार नहीं करने से आपके सामने कई प्रकार के खतरे पैदा हो सकते हैं, जैसे व्यक्तिगत हानि, असामयिक मौत, अपंगता, गंभीर बीमारी, वाहन दुर्घटना, लम्बी बेरोजगारी या दूसरी अनहोनी के प्रति अपर्याप्त बचाव। इस तरह की घटनाएँ आकस्मिक रूप से आपकी आमदनी की क्षमता पर उलटा असर डालते हैं। यदि इनके लिए पहले से वित्तीय योजना न बनायी जाये तो दुःख के साथ ही आर्थिक हानि के कारण बड़ा तनाव पैदा हो सकता है।

सेवानिवृत्ति (रिटायरमेंट) के बाद के जीवन के लिए पर्याप्त धन की उपलब्धता बेहद जरुरी है। रिटायरमेंट के बाद अपने जीवन स्तर को पहले की तरह ही बनाए रखने के लिए बहुत कम ही लोग मासिक आधार पर पैसों को बचा पाते हैं। यह परेशानी वित्तीय योजना तैयार करने से दूर की जा सकती है।

उदाहरण के लिए आवास लोन के मूलधन को टुकड़ों में चुकाने के लिए ब्याज के साथ कई प्रकार की ऐसी व्यवस्था उपलब्ध है, जिसके माध्यम से आयकर की मार कम झेलनी पड़ती है। इसलिए यदि आपके पास आवास खरीदने या बनवाने के लिए पर्याप्त धन है भी तो बेवजह अधिक आयकर चुकाने से बचने के लिए होम लोन का उपयोग करना अधिक समझदारी होगी।

अनियोजित संपत्तियाँ, जिनके कारण आपको अनेक प्रकार के कानूनी और प्रशासनिक कार्यकलापों और खर्चों का सामना करना पड़ सकता है। आज के दौर में ऊपर बतायी गयी बातों के अलावा निम्न कारणों से भी वित्तीय योजना तैयार करने का महत्त्व बढ़ता जा रहा है।

आज के दौर में बाजार में अनेक प्रकार की वित्तीय योजनाओं से जुड़े उत्पाद उपलब्ध हैं। यहाँ प्रत्येक उत्पाद कुछ मायनों में दूसरे से भिन्न है। एक आम आदमी के लिए उन सभी उत्पादों की विशेषता तथा उनमें होने वाले अंतर को जान पाना बहुत मुश्किल है। इस कारण उनके लिए सबसे सही विकल्प का चयन करना मुश्किल हो जाता है।

जिस तरह से आज की जिंदगी में भागदौड़ बढ़ती जा रही है, उसे देखते हुए लोगों के पास वित्त प्रबंधन करने का समय काफी कम होता है। आज के समय में लोग अपने दफ्तर में अधिक समय देते हैं, आने-जाने में उनका काफी समय निकल जाता है और कुल मिलाकर वे पहले की तुलना में आज कहीं अधिक व्यस्त हैं।

व्यस्तता के कारण समय की यही कमी हालाँकि आगे चलकर दोहरी आमदनी वाले परिवारों के रूप में बदल जाती है, जिनमें ऐसे मुद्दों पर चर्चा करने के लिए समय का और भी अभाव होता है। इस स्थिति में अधिकांश परिवारों की महिलाएँ भी नौकरी-पेशे से जुड़ जाती हैं। लेकिन यह दोहरी आमदनी हमारे खर्चों में बढ़ोत्तरी और अधिक आयकर चुकाने जैसी जिम्मेदारियाँ भी थोप देती हैं। इसे देखते हुए कर योजना (टैक्स प्लानिंग) तैयार करना भी काफी आवश्यक हो गया है। वित्तीय उत्पाद लगातार अधिक जटिल और विशेष सुविधाओं वाले होने लगे हैं। इनमें से सही विकल्प को नहीं चुनना घाटा झेलने के समान होगा।

जहाँ तक नौकरियों की बात है, तो इस मामले में सरकार की भूमिका लगातार कम होती जा रही है। जबकि सरकारी नौकरियों में पेंशन का बहुत बड़ा योगदान होता है। दूसरी तरफ रिटायरमेंट के बाद अपने कर्मचारियों को पेंशन देने वाली प्राइवेट (निजी) कंपनियों की संख्या बहुत कम है। यही कारण है कि आज जिस तरह से प्राइवेट नौकरियाँ बढ़ रही हैं, उसमें रिटायरमेंट के वक्त लोग तब परेशान हो जाते हैं, जब वे यह देखते हैं कि जीवन स्तर को पहले की तरह ही बनाये रखने के लिए उनके पास पर्याप्त बचत मौजूद नहीं है, जबकि उनकी नियमित आमदनी अब समाप्त हो रही है। इसलिए लोग अपनी आर्थिक सुरक्षा सुनिश्चित करने के लिए और अधिक जिम्मेदारी उठाने के लिए मजबूर हो रहे हैं।

आज के दौर में (कंज्यूमर क्रेडिट) उपभोक्ता लोन प्राप्त करना काफी आसान हो गया है। क्रेडिट कार्ड और आसान कर्ज की संस्कृति तेजी से बढ़ती जा रही है। इस कारण लोगों के कर्ज के जाल में फँसने की आशंका भी लगातार बढ़ रही है।

राजघराने की बीमारियों का दर्जा पाने वाली (डायबिटीज) मधुमेह, हाई ब्लड प्रेशर (उच्च रक्तचाप) जैसी बीमारियाँ तेजी से अपने पाँव पसार रही हैं। इसके साथ ही इनके इलाज का खर्च भी काफी तेजी से बढ़ रहा है। इसे देखते हुए आज अपने स्वास्थ्य के देखभाल के लिए अधिक से अधिक पैसों की बचत करने का महत्त्व बढ़ गया है। लोगों की औसत आयु सीमा भी बढ़ी है। इसका अर्थ यह हुआ कि बुजुर्ग लोगों के स्वास्थ्य के देखभाल के लिए खर्च में भी भारी इजाफ़ा हुआ है। इसे देखते हुए यह स्पष्ट है कि स्वास्थ्य सेवा और अपनी देखभाल के लिए पर्याप्त बचत करना बहुत ही अधिक आवश्यक है।

इस भागदौड़ वाले युग में लोगों के सामने नौकरियाँ पाने जैसी सुरक्षा लगातार घटती जा रही है। लोग जल्दी-जल्दी नौकरियाँ बदल रहे हैं। एक व्यक्ति के करियर के दौरान किसी एक कंपनी के साथ लम्बे समय तक जुड़े रहने जैसी संस्कृति अब लगभग समाप्त हो चुकी है। कर्मचारियों को काम से हटाये जाने और छँटनी जैसी स्थिति भी काफी तेजी से बढ़ती जा रही है। इसे देखते हुए किसी व्यक्ति के करियर में अनपेक्षित झटका लगने से बचने के लिए भी वित्तीय योजना तैयार करना एकमात्र रास्ता है।

शेयर बाजार में लगातार होने वाले उतार-चढ़ाव के बावजूद अधिक से अधिक लोग अपनी बचत का निवेश जोखिम भरी योजनाओं में करते हैं। जबकि बिना गहन निष्कर्ष और योजना के यह जान पाना काफी मुश्किल है कि कौन-सी योजना में धन का निवेश किया जाये, जिससे उन्हें एक अच्छा रिटर्न मिले। इस किताब से मिलने वाली अनेक जानकारियाँ की यह यात्रा आपको वास्तव में चमत्कारिक प्रतीत होगी। इस पुस्तक में लिखी बातों को अमल में लाने से निश्चित ही आने वाला कल आपका होगा।

अनीता गौड़/पारिजात त्रिपाठी

"कहते है कि पैसा आसान जीवन जीने का पासपोर्ट होता है। उम्र कोई भी हो, पैसे की जरूरत तो हमेशा बनी रहती है। जवानी में मौज-मस्ती के लिए तो बुढ़ापे में सम्मान के साथ सिर उठाकर जीने के लिए। जवानी के जोश में पैसा हाथ से फिसलता जाता है और बुढ़ापे की लाठी में यानी पेंशन फंड के लिए पैसा जुड़ नहीं पाता।

पैसे कमाना तो हर किसी को आता है, लेकिन पैसा बचाने की कला या फिर कहें पैसे को सही तरीके से बचाकर निवेश करने का ज्ञान हर किसी के समझ में नहीं आता है।

वहीं पूँजी एक पेड़ है और उसका फल उससे हासिल होने वाली आय है। जब तक आपका पेड़ सही सलामत है, आपको आय मिलती रहेगी। इसलिए अपनी पूँजी को बढ़ाते जायें और उसकी रक्षा करते रहने से आपकी आय में वृद्धि हो सकती है।"

जरुरत क्यों बचत की?

पैसा आज मनुष्य की बड़ी जरुरत है। लेकिन देखने में आता है कि धन कमाने के रास्ते सीमित है और खर्च करने के बहाने कई हैं इसलिए बहुत जरूरी हो गया है कि बचत किया जाये। सबसे पहले प्रश्न उठता है कि बचत क्यों किया जाये? इसके लिए सर बेंजामिन फ्रेंकलिन ने कहा था, "एक पैसा की बचत करना एक पैसा कमाने के बराबर होता है।" जब तक आप यह महसूस नहीं करेंगे कि मासिक आय में से कुछ न कुछ रकम बचाने की आवश्यकता है, तब तक आप कुछ भी हासिल नहीं कर पायेंगे। पैसा हमारे जरुरत के वक्त काम आने वाला सच्चा साथी है इसलिए आपको इसे सहेज कर रखना चाहिए। पैसा बचाने की कोई उम्र नहीं होती इसके लिए चाहिए नीयत और ईमानदारी।

कहते हैं बूँद-बूँद करके सागर भरता है इसलिए पाई-पाई जमा करके बुरे वक्त और बड़ी अभिलाषाओं के लिए पैसा बचाना ही चाहिए। सबसे पहले पैसे की जरुरतों को प्राथमिकता के क्रम में चिन्हित कर लेना चाहिए। पैसा क्या-क्या कर सकता है इस बात का पता इससे चल सकता कि लगभग पूरी दुनिया का एक ही लक्ष्य है येन-केन प्रकारेण पैसा कमाना। बुरा वक्त कब आ जाये और कब हमें पैसे की जरुरत पड़ जाये कोई नहीं जानता इसलिए पैसा वही अपना है जो अपनी जेब में है।

पैसा दो तरह से आपके पास आता है, कमाया हुआ और बचाया हुआ। कमाने में जितनी बुद्धि की जरुरत है पैसा बचाने में उतनी ही कड़े निश्चय की जरुरत होती है। बच्चों और परिवार के सपने केवल आदर्शवादी बातों और सपने देखने से पूरे नहीं होते। लम्बे समय की योजना तथा पूर्ण भक्ति भाव से उसका पालन करना ही एक अच्छे धन निवेश तथा सुखद भविष्य की नींव है। खरीददारी तथा शानो शौकत सम्बन्धित चीजें भी बचत से ही आती है। इस तरह से बचत और पैसों का सही निवेश एक दूसरे के पूरक है तथा दोनों का सही रूप में प्रयोग कैसे करना है इसी बात को यहाँ बताया गया है।

कहा जाता है कि कोई व्यक्ति चाहे कितना भी अमीर हो वह अगर सिर्फ खर्च करता रहे और बचत न करे तो उसका भी खजाना खाली हो जाता है। आर्थिक विकास की प्रगति में सबसे सही तरीका बचत करना है क्योंकि बैंकों में बचाया

हुआ पैसा ही देश की विभिन्न योजनाओं में लगाया जाता है और इस तरह से हम अपने ही पैसों से राष्ट्र का निर्माण होते हुए देख सकते हैं।

कभी-कभी व्यक्ति को आपातकालीन स्थितियों का सामना करने में पूरी उर्जा का प्रयोग करना होता है तब सिर्फ अपना बचाया हुआ पैसा ही काम आता है। वे आपातकालीन स्थितियाँ हैं - नौकरी का छूटना, तथा बीमार होना। अगर कोई मुसीबत आ ही जाये तो आपके पास छः महीने की बचत होनी ही चाहिए। आज चीजों के दाम बढ़ते ही जा रहे है इसका मतलब कमाई तो उतनी ही है पर चीजों की मात्रा घट गयी इस बात का सामना करने के लिए भी बचत जरुरी है। जीवन को मूलभूत रूप से चलाने के लिए जो जीवन रक्षक सुविधाएँ चाहिए जब वही महँगी हो जाये तो पैसों की सही कीमत का पता चलता है। मुख्य मूल्य नियंत्रक स्रोत पेट्रोल का विश्व के बाजार में महँगा होना सभी वस्तुओं के आवागमन को महँगा कर देता है जिससे जीवन रक्षक वस्तुओं के दामों में बेतहाशा वृद्धि हो जाती है। जिससे गरीब और गरीब तथा अमीर और अमीर हो जाते हैं।

येन-केन प्रकारेण सरकारों द्वारा मूलभूत सुविधाओं पर कर लगाना भी महँगाई का एक अन्य कारण है। आम आदमी को इन पहलुओं को ध्यान में रख कर ही अपने भविष्य की निधि तैयार करनी चाहिए। बचत और निवेश को ध्यान में रखते हुए हम यह पुस्तक आपके सामने ला रहे हैं। याद रखें! यदि आप इस पुस्तक में बतायी गयी बातों को अपने अमल में लाते हैं तो निश्चित रूप से यह कह सकते हैं कि आने वाला समय आपका होगा। हम अपने मेल penmastersinternational@gmail.com पर आपकी बचत और निवेश की कोशिश में पाई सफलता की कहानियों की प्रतीक्षा करेगें।

महत्त्वपूर्ण शब्दावली

बचत शुरु करने से पहले इस क्षेत्र में इस्तेमाल होने वाली भाषा के कुछ शब्द सीख लें, जो निम्नलिखित है–

- **संपत्ति**– संपत्ति या वस्तुएँ जो आपकी है और जिन्हें आप कभी भी बेच सकते हैं।
- **लाभकारी**– वह व्यक्ति जो धन का लाभ लेता है।
- **दलाल**– वह व्यक्ति जो किसी कंपनी के लिए वित्तीय योजनाएँ बेचता है, जैसे जीवन सुरक्षा बीमा इत्यादि। इसके लिए कंपनी से उन्हें कमीशन मिलता है।
- **एक्सचेंज**– वह संस्था जहाँ स्टॉक्स का कारोबार होता है।
- **वित्तीय मदद**– राशि जो आपकी वित्तीय जरूरत पूरी करने में मदद करती है।
- **परिपक्वता राशि**– वह राशि जो समय के पूरा होने पर आपको किसी संस्था या बैंक से वापस मिलती है।
- **ब्याज दर**– तय समय में किसी निवेश पर लाभ या हानि जो मूल पर प्रतिशत के रूप में व्यक्त की जाती है।
- **कर में छूट**– वह छूट जो आपको टैक्स पर मिलती है।
- **सी.आर.आर.(नकद आरक्षण अनुपात)**– सी.आर.आर. वह धन है जो सभी बैंकों को रिजर्व बैंक ऑफ इंडिया के पास गारंटी के रूप में रखना होता है।
- **बैंक दर**– जिस दर पर रिजर्व बैंक वाणिज्यिक बैंकों को उधार देता है वह बैंक दर कहलाती है।
- **वैधानिक तरलता अनुपात (एस.एल.आर.)**– किसी आपात देनदारी को पूरा करने के लिए वाणिज्यिक बैंक अपने प्रतिदिन कारोबार नकद सोना और सरकारी प्रतिभूतियों के रूप में एक खास रकम रिजर्व बैंक के पास जमा कराते हैं जिसे एस.एल.आर. कहते हैं।
- **रेपो रेट**– रेपो दर वह है जिस दर पर बैंकों को कम अवधि के लिए रिजर्व बैंक से कर्ज मिलता है। रेपो रेट कम करने से बैंकों को कर्ज मिलना आसान हो जाता है।

- **रिवर्स रेपो रेट**- बैंकों को रिजर्व बैंक के पास अपना धन जमा करने के उपरांत जिस दर से ब्याज मिलता है वह रिवर्स रेपो रेट है।
- **लीड बैंक योजना**- जिलों की अर्थव्यवस्था को सुधारने के उद्देश्य से इस योजना का प्रारंभ 1969 में किया गया। जिसके तहत प्रत्येक जिले में एक लीड बैंक होगा जो कि अन्य बैंकों की सहायता के साथ-साथ कार्यक्रमों के माध्यम से वित्तीय संस्थाओ के बीच समन्वय स्थापित करेगा।
- **निष्पादन बजट**- कार्यों के परिणामों या निष्पादन को आधार बनाकर निर्मित होने वाला बजट निष्पादन बजट है, इसे कार्यपूर्ति बजट भी कहते है।
- **जीरोबेस बजट**- इस बजट में किसी विभाग या संगठन की प्रस्तावित व्यय माँग के प्रत्येक मद को शून्य मानते हुए पुनर्मूल्यांकन किया जाता है। भारत में इसे सर्वप्रथम "काउन्सिल ऑफ साइंटिफिक एंड इंडस्ट्रियल रिसर्च" (CISR) में लागू किया गया और 1987-88 से यह सभी विभागों व मंत्रालयों में लागू हो गया।
- **आउटकम बजट**- इसके तहत प्रत्येक मंत्रालय विभाग के भौतिक लक्ष्यों को अल्प अवधि में निरीक्षण एवं मूल्यांकन के लिए रखा जाता है।
- **जेंडर बजट**- इस बजट के माध्यम से सरकार महिलाओं के कल्याण एवं सशक्तिकरण के लिए चलाये जा रहे कार्यक्रमों और योजनाओं के क्रियान्वयन हेतु प्रतिवर्ष एक निश्चित राशि का प्रावधान बजट में करती है।
- **प्रत्यक्ष कर**- वह कर जिसमें कर सरकार और करदाता के बीच प्रत्यक्ष सम्बन्ध होता है।
- **अप्रत्यक्ष कर**- वह कर जिसमें सरकार और भुगतानकर्ता के बीच प्रत्यक्ष सम्बन्ध नहीं होता है अर्थात् जिस व्यक्ति या संस्था पर कर लगाया जाता है उसे किसी अन्य तरीके से प्राप्त किया जाता है।
- **राजस्व घाटा**- सरकार को प्राप्त कुल राजस्व एवं सरकार द्वारा व्यय किये गये कुल राजस्व का अंतर ही राजस्व घाटा है।
- **राजकोषीय घाटा**- सरकार के लिए कुल प्राप्त राजस्व, अनुदान और गैर-पूँजीगत प्राप्तियों कि तुलना होने वाले कुल व्यय का अतिरेक है अर्थात् आय (प्राप्तियों) के सन्दर्भ में व्यय कितना अधिक है।
- **बॉण्ड अथवा डिबेंचर**- ऐसे ऋण पत्र होते हैं जिन्हें केंद्र सरकार, राज्य सरकार, अथवा कोई संस्थान जारी करता है, इन ऋण पत्रों पर एक निश्चित अवधि पर निश्चित दर से ब्याज प्राप्त होता है।
- **प्रतिभूति**- वित्तीय परिसंपत्तियों जैसे शेयर, डिबेंचर, व अन्य ऋण पत्रों के लिए संयुक्त रूप से प्रतिभूति शब्द का प्रयोग किया जाता है। बैंकिंग में भी ऋण की जमानत के सन्दर्भ में प्रतिभूति शब्द का प्रयोग होता है।

वित्तीय योजना क्या है?

किसी भी व्यक्ति के लिए महँगाई सबसे बड़ी दुश्मन है क्योंकि ये धीरे-धीरे खर्च करने की शक्ति को खत्म करती जाती है। सभी जानकार इस बात की वकालत करते हैं कि आपके निवेश इस तरह के होने चाहिए जो महँगाई को हरा सकें और आपको अच्छे रिटर्न दे सकें। अगर आपके रिटर्न बढ़ती महँगाई से ज्यादा रिटर्न नहीं दे पाते हैं तो आप अपनी निवेश रणनीति से खुश नहीं होते हैं। इसलिए जान लीजिए कि बेहतर वित्तीय योजना ही आपको महँगाई में राहत दे सकती है। आज लोग इन बातों को भी लेकर चिंतित हैं-

- वे अपनी आर्थिक स्थिति को कैसे बेहतर बनायें तथा कैसे उसका बचाव कर सकते हैं?
- वे अपने कर्ज को कैसे चुका सकते हैं और कैसे उनका प्रबंध कर सकते हैं?
- अपने बच्चों की शिक्षा के खर्च को पूरा करने के लिए उन्हें कितनी बचत करने की जरूरत है?
- वे टैक्स के फायदों में इजाफा करते हुए उनका लाभ किस प्रकार से उठा सकते हैं?
- वे रिटायर होने के बाद की जिंदगी को आज की तरह ही बनाये रखने के लिए कैसे पर्याप्त बचत कर सकते हैं?
- वे अपने वारिसों के लिए अधिक से अधिक संपत्तियों का इंतजाम कैसे करें?

वित्तीय योजना को सुनकर अकसर लोग दुविधा में पड़ जाते हैं। हमारे यहाँ कई लोगों को तो इसका मतलब भी पता नहीं होता है और तमाम लोग सोचते हैं

कि ये कोई बहुत ही मुश्किल काम है पर वास्तव में ऐसा नहीं हैं। वित्तीय योजना का सीधा-सा मतलब है, अपनी भविष्य की जरूरतों को देखते हुए वित्तीय साधन जुटाना। या कहें कि आने वाले दिनों में आपको जो काम निपटाने हैं उसके लिए पहले से पैसे जमा करना।

भविष्य की जरूरतों के लिए तो तमाम लोग बचत करते हैं। पर अकसर लोग अपने खर्चों पर सही तरीके से नियंत्रण नहीं रख पाते हैं। पैसे कम पड़ने पर कई बार उधार लेने की नौबत आ जाती है। कई लोग बचत के नाम पर अपने वर्तमान खर्चे में जरूरत से ज्यादा कटौती करने लगते हैं और भविष्य के लिए अपना आज बर्बाद कर देते हैं। पेट काटकर पैसे जमा करना कोई बहुत समझदारी की वित्तीय योजना नहीं है। दरअसल वित्तीय योजना का मतलब ही है कि "अपने वर्तमान से समझौता किये बगैर भविष्य को सुरक्षित बनाना।" एक अच्छी वित्तीय योजना से न तो आपको अपने जीने के तरीके में बदलाव करने की जरूरत होती है। और न ही अपने किसी लक्ष्य को हल्का करने की नौबत आती है। वित्तीय योजना तैयार करना इतना आवश्यक होने के बावजूद आज भी हमारे बीच ऐसे अनेक लोग हैं, जो यह योजना तैयार नहीं करते हैं। इसके निम्न कारण हैं:

- उनका यह सोचना कि उनके पास किसी योजना को अमल में लाने के लिए पर्याप्त संपत्ति या आमदनी नहीं है।
- उनका यह समझना कि उनकी आर्थिक स्थिति काफी अच्छी है।
- वित्तीय योजना तैयार करने को एक तरह का झंझट समझते हुए इसे टालना।
- किसी भी प्रकार की परेशानी, जैसे दुर्घटना, अपंगता, बेरोजगारी या संपत्ति में किसी प्रकार के घाटे के बारे में विचार न करना।
- यह सोचना कि वित्तीय योजना तैयार करना अशिक्षित लोगों के लिए काफी मुश्किल काम है।

जबकि पहले बचत, फिर निवेश फार्मूले को अपना लिया जाये तो अपनी जिंदगी के लक्ष्यों को पाना आसान हो जायेगा। एक वित्तीय योजना तभी संपूर्ण होती है जब उसमें सभी जरूरतों का पूरा ध्यान रखा गया हो और भविष्य में आने वाली आवश्यकताओं की भी योजना बनायी गयी हो।

आइये जानते हैं बचत और निवेश क्या है?

हर इनसान चाहता है कि अगर वह बहुत मेहनत से पैसा कमा रहा है तो उसे इसका आनंद उठाने का भी अधिकार है। वह अपनी जरुरी और गैरजरूरी जरूरतों पर बेहिसाब खर्च करना शुरू कर देता है। इसके बजाय अगर वह अपनी अनदेखे आकस्मिक खर्चों को ध्यान में रख कर घर का बजट बनाये और हर खर्च की एक सूची निर्धारित करे तो उसका प्रत्येक काम आसान हो जायेगा। पैसों को खर्च करना

एक नशा है जिसे हम खरीददारी कर के पूरा करते हैं। इसे भविष्य के लिए बचाना बोरियत से भरा काम है जिसे हम एक उत्तरदायित्व की तरह लेते हैं लेकिन इसका ठीक उलटा होना चाहिए। आज के युग में लोगों के वेतन में इजाफा हुआ है तथा उनकी क्रय शक्ति बढ़ी है पर उन्हें ये नहीं भूलना चाहिए कि आज देश में बचत की प्रवृति की अधिकता होने कि वजह से ही देश मंदी की मार को सह गया और यहाँ के बैंक दिवालिये नहीं हुए।

निवेश किसे कहते हैं?

बचत का अगला कदम है निवेश। निवेश, नई वस्तुओं पर खर्च की जाने वाली मौद्रिक आय का अंश है। इस प्रकार जिस तरह बचत रोक ली गयी प्रभावी माँग है उसी तरह निवेश सर्जित प्रभावी माँग है।

देश की अर्थ व्यवस्था तब संतुलित अवस्था में होती है जब बचत निवेश के बराबर होता है। इसका कारण यह है कि बचत के रुप में कुल आय- धारा में से समुदाय जितनी राशि निकाल लेता है, उतनी मात्रा के बराबर निवेश वह व्यय के रुप में आय धारा में जोड़ देता है।

जब बचत और निवेश में पूर्ण समानता होती है तो अर्थव्यवस्था में स्थिरता स्थापित हो जाती है। इसका कारण यह है कि जब बचत निवेश के बराबर होती है तो अर्थव्यवस्था में उत्पादन और रोजगार की मात्रा को बढ़ाने के लिए उत्पादकों के पास कोई तर्कसंगत आधार नहीं रहता। किसी देश की अर्थव्यवस्था में संतुलन की स्थिति स्थापित करने के लिए बचत एवं निवेश की समानता एक अनिवार्य शर्त है। बचत और निवेश की यह समानता आय स्तर में होने वाले परिवर्तनों का परिणाम होती है। यदि निवेश बचत से बढ़ जाये तो आय-स्तर में तब तक वृद्धि होती चली जाती है जब तक बढ़ी हुई आय में से की गयी बचत बढ़े निवेश के बराबर नहीं हो जाती। इसके विपरीत निवेश में कमी होगी तो आय-स्तर में भी कमी होती चली जायेगी, जब तक कि घटी हुई आय में से की गयी बचत घटे डुए निवेश के बराबर नहीं हो जाती। अन्ततः बचत तथा निवेश के बीच पूर्ण समानता स्थापित हो जाती है। इसलिए बचत करने के क्या तरीके हैं, जो सरल भी हो और पक्के भी। इस तथ्य को आगे के अध्यायों में सुनिश्चित किया जायेगा।

निवेश क्यों करना चाहिए?

- तात्कालिक जरूरतों के लिए।
- बच्चों की पढ़ाई के लिए, घर खरीदने के लिए, बच्चों की शादी या सेवानिवृत्ति के लिए।
- अप्रत्याशित परिस्थितियों के लिए जैसे-चिकित्सा सम्बन्धी आपातकालीन स्थिति, असामयिक मृत्यु, दुर्घटना या अन्य शारीरिक असमर्थता (विकलांगता),

नौकरी छूट जाने या व्यापार में नुकसान हो जाने की स्थिति में आर्थिक सुरक्षा के लिए।

➲ नियोजित खर्चों के लिए जैसे- कार खरीदना, यात्रा आदि के लिए।

बचत और निवेश में क्या अंतर है?

सिर्फ नकद रूप में बचत करते रहने या बचत (जमा) खाते से आप महँगाई से बच नहीं सकते। क्योंकि मुद्रास्फीति (महँगाई) का अर्थ है एक निश्चित समय में निर्धारित वस्तुओं की कीमतों में वृद्धि। महँगाई दो प्रकार की होती है-

सामान्य महँगाई

सामान्य महँगाई वह है जिसे हम आमतौर पर अखबारों में पढ़ते हैं और यह सामान्यतया रोजाना की जरूरत के सामानों की थोक कीमतों में वृद्धि होती है।

संपत्ति से सम्बन्धित महँगाई

वह स्थिति है जिसमें संपत्ति जैसे अचल संपत्ति (रीयल इस्टेट) सोना और अन्य वस्तुएँ, शेयर आदि की कीमतों में वृद्धि होती है। बचत करने की बजाय निवेश से आप इन दोनों तरह की महँगाई का सामना कर सकते हैं, जिससे आप न केवल अपने वर्तमान को बल्कि भविष्य को भी सुरक्षित कर सकते हैं।

निवेश कहाँ करना चाहिए? और संपत्ति का निर्धारण क्या होता है?

अगर आपकी जरूरतें कम हैं या छोटे समय की हैं तो आप ऋण सम्बन्धी उत्पादों में निवेश कर सकते हैं। ये लघु अवधि के होते हैं, इनमें जोखिम की कोई गुंजाइश नहीं होती और ये कम लाभ देने वाले उत्पाद होते हैं। उदाहरण के तौर पर, छोटी अवधि के लिए बैंक में जमा राशि, नकद राशि, लघु अवधि के लिए निर्धारित की गयी योजनाएँ, बैंक में बचत खाता।

आम आदमी के लिए निवेश की प्रक्रिया को सीखना बहुत जरूरी है। इसके कौन-से पहलु हैं? क्या सही है, क्या गलत है? कैसे और कौन-सी उम्र में निवेश करना चाहिए? कहाँ कितना रिटर्न मिलेगा, कितनी जोखिम उठानी पड़ेगा इन सब बातों की जानकारी होनी जरूरी है।

निवेश नीति के पाँच अहम टिप्स

अच्छी निवेश नीति के लिए निवेशकों को कुछ खास बातों का ख्याल रखना चाहिए। ये 5 बातें देखने-सुनने में साधारण लगती हैं लेकिन इन्ही साधारण बातों का सही तरीके से पालन किया जाये तो आप अपने जीवन में निवेश के सभी मोर्चे पर बेफिक्र रह सकते हैं।

अपने निवेश का लक्ष्य तय करें

आपको इतनी समझ जरूर होनी चाहिए कि आप किस लक्ष्य के लिए, कितने साल बाद, कितना पैसा चाहते हैं? अगर आपको यह नहीं पता होगा कि आपको कितना पैसा, किस वस्तु या लक्ष्य के लिए चाहिए तो आप निवेश की शुरूआत कैसे करेंगे?

आपके निवेश का माध्यम कैसा हो?

एक बार लक्ष्य और समय सोच लेने के बाद आपको यह देखना चाहिए कि आप किस माध्यम से अपने लक्ष्य को पूरा करेंगे। इक्विटी, म्यूचुअल फंड, डेट, पीपीएफ, सोना प्रोपर्टी या कोई और निवेश माध्यम ये सब आपकी अपनी पसंद और लक्ष्य के अनुसार हो सकता है।

आपकी निवेश नीति में हो लचीलापन

जरूरत पड़ने पर निवेश नीति में बदलाव की संभावना होनी चाहिए। उदाहरण के लिए आपने निवेश नीति बनायी और बदलते समय के साथ कोई ऐसेट क्लास में निवेश बरकरार रखने का आप लक्ष्य हासिल नहीं कर पाते हैं तो इसमें बदलाव कर किसी और ऐसेट क्लास में निवेश कर लें।

आपकी निवेश नीति वास्तविक तथ्यों पर आधारित होनी चाहिए- बढ़ती महँगाई, बदलती बाजार की परिस्थियों, देश के हालात में भविष्य की संभावनाओं पर विचार करके ही निवेश के रिटर्न का अनुमान लगायें। आज 100 रुपये की जो कीमत है वही कीमत 5 साल बाद नहीं रहेगी। आज 15 साल बाद आपने जो अनुमानित रिटर्न सोचा है वह रिटर्न महँगाई बढ़ने के बाद आपके लिए पर्याप्त होगा या नहीं आप पहले इस पर सोच विचार कर लें तो बेहतर होगा।

जोखिम प्रबंधन के लिए भी कुछ उपाय सोचकर चलें

सारी बातें सोचकर रख ली हैं लेकिन इस बात पर विचार नहीं किया कि अगर आप ही नही रहे तो आपकी निवेश नीति से रिटर्न कैसे मिलेगा? आप परिवार के आधार स्तंभ हैं और आपने अपने लिए बीमा, हेल्थ प्लान आदि नहीं लिया है तो निवेश की सारी रणनीति अधूरी है। दुर्घटना किसी को बताकर नहीं आती और जीवन के हर मोड़ पर आपके परिवार को पैसे की जरूरत होगी। अगर आप घर के एकमात्र कमाने वाले हैं तो आपको अपनी निवेश नीति में इंश्योरेंस और रिस्क मैनेजमेंट के लिए भी पैसा जरूर रखना चाहिए।

यदि आप भी अपने सीमित वित्तीय साधनों में जल्द से जल्द वित्तीय स्वत्रंतता हासिल करना चाहते हैं तो अपनी वित्तीय योजना जरूर बनायें। वित्तीय योजना बनाने में आप स्वयं सक्षम नहीं हैं तो आप फाइनेंशियल प्लॉनर से संपर्क करें।

क्योंकि एक परिवार की खुशियों के लिए पैसा बहुत जरूरी है जो सही वित्तीय योजना से बढ़ता है। दरअसल वित्तीय योजना संपत्ति बनाने का एक लम्बे समय का

निवेश है। जब तक टैक्स में कोई बड़ा बदलाव ना आये तब तक वित्तीय योजना पर ज्यादा असर नहीं पड़ता है।

वित्तीय योजना से वित्तीय स्वतंत्रता की ओर बढ़ायें कदम

वित्तीय योजना से आशय ऐसी स्थिति से है जब हमें पैसों के लिए काम करने की आवश्यकता नहीं रह जाये अर्थात् हमारे द्वारा अर्जित संपत्ति से हमें इतना पैसा मिलता रहे कि जीवनभर हम अपनी एवं अपने परिवार की आवश्यकताओं की पूर्ति कर सकें। भूमण्डलीकरण के इस युग में कम से कम रिटायरमेंट तक तो वित्तीय योजना हासिल करना आवश्यक है, जिससे हम अपने बुढ़ापे में किसी पर निर्भर न रहें।

स्वतंत्रता के लिए सुदृढ़ योजना, अनुशासन, अथक प्रयास, बलिदान एवं त्याग की आवश्यकता होती है। परंतु यदि हम वित्तीय मामलों की बात करें तो हमारे पास कोई सुदृढ़ योजना एवं अनुशासन नहीं है। हम महज टैक्स बचत एवं निवेश करके ही खुश हो जाते हैं। जबकि हम सभी जानते हैं कि बिना योजना के किसी भी कार्य में सफलता पाना मुश्किल ही नहीं नामुमकिन है। अतः हमें वित्तीय स्वतंत्रता के लिए भी वित्तीय योजना बनाकर नये प्रयास करने होंगे।

वित्तीय योजना : शुरुआत करो, आगे की चिंता छोड़ो

वित्तीय योजना जिंदगी की एक अहम जरुरत बन चुकी है। फिर भी कई लोग वित्तीय योजना से पीछा छुड़ाते हैं। वित्तीय योजना की शुरुआत पैसों की बचत से होती है। वित्तीय योजना के जरिए ही आपको पता चलता है कि आपको कहाँ निवेश करना है और कहाँ गैरजरूरी खर्चों को कम करना है।

वित्तीय योजना बहुत जरूरी होती है क्योंकि भारत में करीब 120 करोड़ की जनता में 60 करोड़ से भी ज्यादा लोग 25 साल से भी कम उम्र के हैं। उनको अपने रिटायरमेंट, हेल्थकेयर और बच्चों की पढ़ाई और कई चीजों के लिए निवेश करना जरूरी है और इसके लिए वित्तीय योजना का होना बहुत जरूरी है। हर निवेशक को सोचना होगा कि अपने लक्ष्य के मुताबिक कहाँ निवेश करना चाहिए ताकि आगे भी उसकी जीवनशैली पूर्ववत चलती रहे।

इसके लिए चलिए आपकी वित्तीय योजना से शुरुआत करते हैं। योजनाएँ कई तरह की होती है, जिनमें से प्रमुख योजनाओं का ब्यौरा हम यहाँ दे रहे हैं -

बीमा योजना

- बीमा यानी इंश्योरेंस कई ऐसे जोखिमों के समय आपकी सहायता करता है, जब आपको आर्थिक हानि होने की आशंका होती है।
- बीमा के माध्यम से निम्नलिखित मौकों पर आपको एक निश्चित राशि उपलब्ध कराता है।

- किसी परिजन का निधन हो जाने पर परिवार के अन्य सदस्यों का जीवन स्तर पहले की तरह ही बनाये रखने के लिए (जीवन बीमा)।
- एक निश्चित आमदनी बनाये रखने के लिए अपंगता बीमा यानी डिसएबिलिटी इंश्योरेंस।
- चिकित्सा के खर्च को पूरा करने के लिए (स्वास्थ्य बीमा यानी हेल्थ इंश्योरेंस)।
- किसी भौतिक संपत्ति को बदलने अथवा उसकी मरम्मत कराने के लिए (होम ओनर तथा ऑटोमोबाइल इंश्योरेंस)।

सेवानिवृत्ति योजना यानी रिटायरमेंट प्लानिंग

- रिटायरमेंट प्लानिंग का उद्देश्य यह सुनिश्चित करना है कि आप अपनी रिटायरमेंट के बाद भी अपनी मौजूदा जीवन स्तर को बनाये रखें।
- इस बात का कोई असर न पड़े कि अब आपको हर महीने आमदनी के रूप में प्राप्त होने वाली राशि मिलनी बन्द हो गयी है।

निवेश योजना यानी इन्वेस्टमेंट प्लानिंग

- हर व्यक्ति के अंदर जोखिम उठाने की क्षमता अलग-अलग होती है। इसलिए उनकी निवेश सम्बन्धी जरूरतें भी अलग होती हैं। एक निवेश योजना तैयार करने के लिए आपको निवेश के मानदंडों को तय करना होगा। अगले कदम के रूप में आपको अपने वित्तीय लक्ष्य की प्राप्ति के लिए निवेश की रणनीति तय करनी होगी।

कर योजना यानी टैक्स प्लानिंग

- कर योजना का अर्थ ऐसी योजना तैयार करना है, जिसके माध्यम से अपनी मौजूदा या भविष्य की कर सम्बन्धी जिम्मेदारियों में बदलाव किया जा सके। आपको अपने अन्य कार्यों के लिए व पैसों की आवाजाही बनाये रखने के लिए कर योजना तैयार करने की जरूरत होती है।

संपत्ति योजना यानी इंस्टेट प्लानिंग

- आपको अपने तथा अपने परिवार को एक लंबा स्थायित्व देने के लिए संपत्ति योजना बनाने की जरूरत होती है। इसमें आपके निधन के बाद अपने वारिसों में संपत्ति के बँटवारे की योजना भी शामिल होती है।
- यदि किसी कारण से इस योजना को मूर्त रूप नहीं दिया जाता है तो परिवार के मुखिया के निधन के बाद उसके वारिसों के लिए कानूनी पचड़े में फँसकर धन की काफी बरबादी दुःखदायी होती है। इसलिए इसे काफी महत्त्वपूर्ण माना जाता है।

संपूर्ण वित्तीय योजना के लिए अहम बातें

- हालाँकि वित्तीय योजना का सही नियम ये है कि जल्द निवेश की शुरुआत करें। अगर आप छोटी उम्र से ही कम रकम का निवेश करते हैं तो आप बड़ी रकम बनाने में कामयाब हो सकते हैं। इनसान एक पड़ाव से दूसरे पड़ाव पर जाता है उसकी जरूरतें भी बदलती रहती हैं। ठीक, इसी प्रकार वित्तीय योजना में भी बदलाव करने की जरूरत पड़ती है। लिहाजा आप अपनी जरूरतों के अनुरूप वित्तीय योजना में बदलाव करते रहें।

यदि आपने अब तक वित्तीय योजना बनायी है तो आजमा कर देखें। गारंटी है कि वित्तीय योजना से आपकी जिंदगी में एक नया सवेरा आ जायेगा। वित्तीय स्वतंत्रता सही वित्तीय योजना से ही हासिल की जा सकती है। जिसके लिए हमें निम्न कदम उठाने होंगे-

- **अपना वित्तीय ज्ञान बढ़ायें** - हम अपने दिनचर्या का अधिकांश समय पैसा कमाने में लगाते हैं, परंतु दुर्भाग्य की बात है कि हम अपनी वित्तीय योजना बनाने में बिलकुल समय नहीं दे पाते हैं। हमारा दुर्भाग्य है कि हमें वित्तीय मामलों का ज्ञान स्कूल एवं कॉलेजों में नहीं मिल पाया, जिस कारण हममें वित्तीय साक्षरता का अभाव है। वित्तीय साक्षरता से आशय वित्तीय मामलों जैसे अपने लिए उपयुक्त वित्तीय योजनाओं का निर्माण, वित्तीय उत्पाद में मौजूद रिस्क एवं रिटर्न की समझ, सही उत्पाद का चयन, उत्पाद प्रदाता कंपनी का चयन, रियल टैक्स रिटर्न आदि बातों को सही रूप से समझकर उचित वित्तीय निर्णय लेने से है। वित्तीय साक्षरता हमारे निजी आर्थिक विकास की पहली सीढ़ी है। अतः अपना वित्तीय ज्ञान बढ़ाना बहुत ही जरूरी है।
- **टैक्स प्लानिंग सिर्फ टैक्स बचत तक सीमित न रखें** - अधिकांश व्यक्ति जल्दबाजी में टैक्स बचत के तहत बिना अधिक विचार किये कहीं भी निवेश कर देते हैं। इससे टैक्स की बचत तो हो जाती है, परंतु भविष्य की आवश्यकताओं की पूर्ति सही ढंग से नहीं हो पाती है। अतः टैक्स प्लानिंग करते समय न सिर्फ टैक्स बचत, बल्कि अपनी आवश्यकताओं, जीवन के लक्ष्य एवं जोखिम क्षमता को भी ध्यान में रखकर उचित साधनों में निवेश करना चाहिए।
- **लिखें अपनी वसीयत** - सामान्यतः लोग 60 से 70 वर्ष की आयु के बाद ही वसीयत लिखने की योजना बनाते हैं एवं हम लोगों में से अधिकांश लोगों की मृत्यु बिना वसीयत लिखे ही हो जाती है, जिससे परिवार को काफी परेशानियों का सामना करना पड़ता है। अतः 18 वर्ष की आयु से अधिक मानसिक रूप से स्वस्थ व्यक्ति जिनके पास संपत्ति-जीवन बीमा पॉलिसी है, उन्हें अपनी वसीयत अवश्य लिखना चाहिए।

➲ **संपूर्ण वित्तीय व्यवहार कम से कम एक विश्वसनीय व्यक्ति को अवश्य बतायें** - हमने कई बार समाचार-पत्रों में पढ़ा है कि बैंकों में वर्षों से कई ऐसी जमा राशियाँ हैं, जिन पर किसी ने अपना क्लेम दर्ज नहीं कराया है, इसका मुख्य कारण यह है कि परिवारजन को मृतक के वित्तीय व्यवहार की पूर्ण जानकारी नहीं होती है एवं ऐसी दशा में अपना पैसा भी अपने परिवारजनों के काम नहीं आ पाता है। अतः अपना वित्तीय व्यवहार एक विश्वसनीय व्यक्ति को अवश्य बताएँ।

➲ **लक्ष्यों को निर्धारित करें** - हर व्यक्ति के जीवन में विभिन्न लक्ष्य होते हैं जैसे बच्चों की पढ़ाई-शादी, कार खरीदना, मकान खरीदना, रिटायरमेंट आदि। हमें इन लक्ष्यों का सही आकलन कर इनकी एक सूची बना लेना चाहिए एवं यह निर्धारित कर लेना चाहिए कि इन लक्ष्यों के लिए वित्तीय आवश्यकता संभवतः कितने वर्षों में होगी।

➲ **लोन के भार को कम करें** - हमें अपने वर्तमान लोन को समीक्षा करके यह सुनिश्चित कर लेना चाहिए कि हमारे सभी लोन इसी श्रेणी के हैं, जिससे हमारे नेटवथ में वृद्धि हो सके एवं यदि हमारे लोन हमारी नेटवथ बढ़ने में सहायक नहीं हैं तो हमें तुरंत इन्हें चुकाने की योजना बना लेना चाहिए। साथ ही हमें इस बात पर भी ध्यान देना चाहिए कि किस प्रकार हम ब्याज के भार को भी कम कर सकते हैं।

➲ **अनिश्चितताओं के लिए योजना बनायें** - हमारा जीवन अनिश्चितताओं से भरा हुआ है। इस अनिश्चितताओं के लिए हमारे पास निम्न दो उपाय हैं-

(अ) पर्याप्त इंश्योरेंस कवर लें - इंश्योरेंस रिस्क को ट्रांसफर करने की प्रक्रिया है, जिसके तहत हम अपनी वित्तीय रिस्क को इंश्योरेंस कंपनी को प्रीमियम चुकाकर ट्रांसफर कर भविष्य को सुरक्षित कर सकते हैं। बात चाहे लाइफ इंश्योरेंस की हो या हेल्थ इंश्योरेंस की, हममें से अधिकांश व्यक्तियों ने ये इंश्योरेंस तो ले रखा हैं पर इनके कवर पर्याप्त नहीं हैं। इसका मुख्य कारण है कि हम इंश्योरेंस में भी रिटर्न तलाशते हैं और रिस्क को कम आंकते हैं। अतः आवश्यकता है हमें टर्म प्लान के जरिए पर्याप्त लाइफ इंश्योरेंस एवं बढ़ती हुई मेडिकल कास्ट को ध्यान में रखकर पर्याप्त हेल्थ इंश्योरेंस लेने की।

(ब) इमरजेंसी फंड तैयार करें - इमरजेंसी फंड अनिश्चित घटनाओं के दौरान उत्पन्न वित्तीय आवश्यकताओं की पूर्ति करने के साथ ही वित्तीय कमी से उत्पन्न होने वाली मानसिक प्रताड़ना से भी हमें बचाता है। हमें कम से कम 4 से 6 माह के मासिक खर्च, लोन, ईएमआई, इंश्योरेंस पॉलिसियों की सालाना प्रीमियम के योग के बराबर इमरजेंसी फंड तैयार रखना चाहिए।

➲ **एस्टेट प्लॉनिंग भी करें** - एस्टेट प्लॉनिंग में किसी भी अनहोनी होने की दशा में व्यक्ति विशेष की संपत्ति उसके प्रियजनों को उसकी इच्छानुसार कम से कम न्यायिक प्रक्रिया, विवाद एवं खर्चों के टैक्स इफेक्टिव तरीके से मिल सके, इसका प्रबंध किया जाता है। साथ ही शारीरिक एवं मानसिक अक्षमता की स्थिति में प्रियजनों द्वारा पारिवारिक हित में संपत्ति का सही उपयोग किया जा सके।

➲ **बचत करें** - हमें अपने सभी लक्ष्यों के लिए बचत करना चाहिए। वित्तीय योजना के तहत पीएफ और पीपीएफ का भरपूर इस्तेमाल करें। पीएफ और पीपीएफ के जरिए आपको टैक्स बचाने में मदद मिलेगी। इक्विटी में लम्बी अवधि के लिए निवेश करना अच्छा साबित हो सकता है। एमरजेंसी फंड बनाकर रखें ताकि किसी भी आपातस्थिति में आप इस फंड से पैसे निकालकर आने वाली समस्या से निजात पा सकें।

➲ **बचत का सही साधनों में निवेश करें** - हमें यह समझना आवश्यक है कि अधिक रिटर्न वाले निवेश साधनों में रिस्क भी अधिक होती है। अतः हमें अपनी जोखिम क्षमता को ध्यान में रखकर निवेश करना चाहिए। साथ ही निवेश इस प्रकार से होना चाहिए कि जरूरत पड़ने पर कम से कम खर्च में उसे भुनाया जा सके एवं रिटर्न महँगाई दर को मात देने में भी सक्षम हो। जिसके लिए जब तक आप अपने खर्चों का बजट नहीं बना लेते तब तक आप पैसों की बचत नहीं कर पायेंगे। एक बार आप बजट की तरकीब से वाकिफ हो गये तो आपको पैसे बचाना काफी आसान लगने लगेगा।

➲ **बुरे दौर के लिए बचत** - कुछ समय पहले तक औपचारिक बीमा व्यवस्थाएँ उपलब्ध नहीं थीं, लेकिन कई मामलों में ज्यादातर माँ-बाप का मानना था कि कुछ रकम नियमित तौर पर बचाई जानी चाहिए जिससे कि आपात स्थिति के आने पर किसी भी चुनौती से निपटा जा सके। आज की तरह पहले इतनी सारी योजनाएँ नहीं हुआ करती थीं। बैंक और डाकघर बचत योजनाएँ लोगों की बचत में अहम भूमिका निभाती थीं। आज लोगों की आय में इजाफा हुआ है लेकिन इसके बाद भी ज्यादातर लोग बचत करने में आलस्य दिखाते हैं या बचत करना भूल जाते हैं। कुछ लोगों की जीवन-शैली इतनी महँगी होती हैं कि उनके पास बचत के लिए कुछ बचता ही नहीं। इस समय बचत करने के हमारे पास बहुत तरीके हैं लेकिन निवेश के लिए समय की कमी होने के कारण हम रकम को बचत खाते में डाल देते हैं। अगर हम बेहतर परिसंपत्ति आवंटन करें और अच्छी योजनाओं में निवेश करें तो भविष्य के लिए अधिक से अधिक कोष का निर्माण कर सकते हैं।

बचत के रूप

बचत कई रूपों में की जा सकती है जैसे घर खर्च में से थोड़ा-थोड़ा बचाना, बैंक में बचत खाता खुलवाना, किसी बचत योजना में पैसा डालना, बीमा करवाना, जीवन बीमा की कई बचत निवेश की योजनाओं में पैसा लगाना, समूह बचत, छोटी बचत, सोना जैसी कीमती धातु खरीदना तथा भूमि खरीदना इसके अलावा शेयर्स, म्यूच्यूअल फंड्स, डाक घर की कई योजनाओं में निवेश करना आदि कई तरीके हैं जिनका प्रयोग कर सपनों को साकार किया जा सकता है। अगर बचत के विभिन्न तौर तरीकों की बात की जाये तो पाँच लाख से ज्यादा बचत कार्यकारियों का एक समूह लोगों की सुषुप्त बचत भावना को जगाने में लगा हुआ है। ये निम्न योजनाओं में फैले हुए हैं।

- स्टैण्डर्ड एजेंसी सिस्टम (एस. ऐ. एस)
- महिला प्रधान क्षेत्रीय बचत योजना
- पब्लिक प्रोविडेंट फण्ड एजेंसी स्कीम
- पे रोल सेविंग्स ग्रुप
- स्कूल सेविंग्स ग्रुप (संचियका)

इनके अलावा अतिरिक्त विभागीय शाखा पोस्टमॉस्टर योजना भी ग्रामीण तथा दूर दराज़ के क्षेत्रों में इस भावना को जीवित रखने में सहायता करती है। मुख्य रूप से उन छोटी बचत समूहों पर भी काफी जोर दिया गया है, जो भारतीय पृष्टभूमि के केंद्र में हैं उनके विभिन्न प्रकार है जैसे-

- डाकघर बचत खाता
- डाकघर सावधि जमा खाता
- राष्ट्रीय बचत प्रमाण पत्र
- किसान विकास पत्र
- पब्लिक प्रोविडेंट फण्ड योजना
- सेवानिवृत्त लोगों के लिए जमा योजना
- प्राइवेट कम्पनीज के कर्मचारियों के लिए जमा योजना

जीवन के इस जरुरी तथ्य के प्रति आजकल बच्चे और उनके माता-पिता बहुत जागरूक हो गये हैं, बचपन में मिलने वाले दस-दस पैसों के सिक्कों ने अब कई सौ रुपयों की शक्ल ले ली है। वे भी जानना चाहते है कि अचानक हुई इस बढ़त को वे कैसे संभालें? इसके साथ ही साथ ये भी चिंता का विषय है कि बच्चे अपनी मूलभूत जिम्मेदारियों से विमुख होते जा रहे हैं। आज की पीढ़ी बचत को महल नहीं देती तथा भविष्य के लिए कुछ भी नहीं जोड़कर रखना चाहती यह पीढ़ी सिर्फ वर्तमान में ही जीना चाहती है बल्कि इनके लिए बचत

पहले के ज़माने से भी ज्यादा महत्त्वपूर्ण है क्योंकि अचानक कोई विपत्ति आने पर इनके पास अपना कुछ भी नहीं होगा तथा फिर कुछ गिरवी रखना पड़ेगा या इन्हें लोगों के सामने हाथ फैलाने पड़ेंगे। इन सभी आकस्मिक चीजों से छुटकारा पाने के लिए एक आकस्मिक कोष के नाम से निवेश होता है जिससे वक्त पड़ने पर पैसा लिया जा सकता है। इस प्रवृति का बड़ा कारण यह भी है कि आज की पीढ़ी के पास काफी पैतृक सम्पत्ति है जिससे उन्हें भविष्य के लिए बचत करने की जरूरत नहीं पड़ती लेकिन उन्हें यह नहीं मालूम कि देश की बढ़ती अर्थ व्यवस्था में उनकी बचत का ही प्रयोग किया जाता है। जिससे देश निर्माण के बड़े-बड़े काम न रुकें, इसलिए भोगवादी तथा स्वयं की प्रवृति को छोड़कर दूरगामी बचत की आदत को अपनाना होगा जिससे आने वाली पीढ़ियाँ खुश हो कर प्रगति को देख सकें।

आपका अपना सीए

अगर आपके पास अपना सीए हो तो कैसा रहे? एक ऐसा आदमी जो आपके पूरे खर्चों और निवेश को निर्धारित करें और हर लेन-देन को ऑटोमैटिक रूप से अपडेट करता रहे। एक वित्तीय गुरु, जो आपके रिटर्न, नेटवर्थ, टैक्स लायबिलिटी को कैलकुलेट करे और यहाँ तक कि आपका टैक्स रिटर्न भी फाइल करे। सबसे बड़ी चीज यह कि अगर आपको ये सभी सेवाएँ मुफ्त में मिलें, तो कैसा रहे? आपको अटपटा लग रहा है ना? लेकिन मनी मैनेजमेंट पोर्टल्स के जरिए यह सब करना संभव हो गया है। perfios.com,Arthamoney.com और myuniverse.co.in जैसी कई ऑनलाइन मनी मैनेजमेंट साइट्स इन्वेस्टमेंट ट्रैक करने की सुविधा दे रही हैं। इन साइट्स से आप सेविंग्स बैंक और म्यूचुअल फंड अकाउंट्स से लेकर क्रेडिट कार्ड स्टेटमेंट और स्टॉक्स ट्रेड जैसे काम को एक ही जगह समझ सकते हैं। इससे आपको वित्तीय हालत का पता लगाने में आसानी होती है।

इसके जरिए साइट पर मौजूद आपके डेटा के जरिए ऑटोमैटिक इनकम टैक्स की देनदारी की जानकारी हो जाती है। साथ ही इस साइट से आपको टैक्स रिटर्न फाइल करने में भी मदद मिलती है।

यह एक बेहद कारगर फीचर है, क्योंकि ज्यादातर लोग केवल इस वजह से टैक्स रिटर्न फाइल करने से बचते हैं क्योंकि इसमें आँकड़ों का अंबार होता है और उसे समझना उनके लिए मुश्किल होता है।

ऑनलाइन साइट्स पोर्टल्स ग्राफ के जरिए आपकी वित्तीय स्थिति को दिखाते हैं। इनमें पाई चार्ट होते हैं, जिनसे आपको यह जानने में मदद मिलती है कि किन सम्पत्ति में आपका निवेश ज्यादा है और कहाँ आप ज्यादा खर्च कर रहे हैं। अर्थ मनी में तो बाकायदा एक फाइनैंशल कैलेंडर है, जिसमें दिखाया गया है कि किस

महीने की कितनी तारीख को आपने कितनी रकम खर्च की। इसमें आपके मासिक खर्चों का भी ब्योरा होता है।

हालाँकि, इन पोर्टल्स की सबसे बड़ी खासियत यह है कि इनमें आप अलर्ट और रिमाइंडर्स सेट कर सकते हैं। ऐसा आप केवल जरूरी खर्चों या प्रीमियम पेमेंट के लिए ही नहीं कर सकते हैं। इनमें से कुछ साइट्स पर आप मासिक बजट भी तैयार कर सकते हैं। इसके बाद आप अलर्ट लगा सकते हैं। मिसाल के तौर पर अगर आप महीने में बाहर खाने-पीने पर केवल 3,000 रुपये ही खर्च करना चाहते हैं तो इसके 80 फीसदी के लिए अलर्ट लगा सकते हैं। ऐसे में आप जैसे ही 2,400 रुपये खर्च करते हैं, आपके पास एसएमएस आता है, जिसमें आपको रिमाइंड कराया जाता है कि अब आपको अपना खर्च कंट्रोल करने की जरूरत है।

मनी मैनेजमेंट

शादी जिन्दगी का सबसे अहम निर्णय होता है। शादी को लेकर सबके मन में तमाम सपने और योजनाएँ होती हैं। लेकिन आमतौर पर देखा जाता है कि इन योजनाओं के बीच वित्तीय योजना को अहमियत नहीं दी जाती। शादी का माहौल ऐसा खुशनुमा होता है कि आदमी किसी विपरीत परिस्थिति के बारे में सोचता ही नहीं। लेकिन जो लोग शादी करने जा रहे हैं, वे हनीमून की प्लानिंग के साथ ही यदि पहले से थोड़ी वित्तीय योजना भी तैयार कर लें तो शादी के बाद भी जीवन में शहद जैसी ही मिठास कायम रहेगी। शादी के बाद व्यक्ति के ऊपर उसके जीवनसाथी की जिम्मेदारी भी आ जाती हैं। उसके लिए भी प्लानिंग होनी चाहिए, इसी तरह भविष्य में बच्चों की पढ़ाई, शादी, रिटायरमेंट, विदेश यात्रा जैसे कई महत्त्वपूर्ण पड़ाव आते हैं जिनके लिए निवेश की नीति बदलते रहने की जरूरत है।

तनाव से बचें

शादी से पहले ही अपने और पार्टनर की वित्तीय स्थिति की पूरी जानकारी कर लें। शादी से पहले वित्तीय मामलों पर खुली चर्चा से शादी के बाद होने वाले तनाव से बचा जा सकता है। इससे इस बात का सही अंदाजा लग जायेगा कि आप दोनों की कुल आय और खर्च कितना हैं।

शादी के तुरंत बाद हनीमून मनाने जाना चाहते हैं? उसके लिए आपको पहले यह सुनिश्चित करना होगा कि क्या आपके बैंक के जमा खाते में इसके लिए पर्याप्त रकम हैं। विवाह के बाद वित्तीय जिम्मेदारियाँ बढ़ जाती हैं और ऐसी परिस्थिति में पैसे बचाना उतना आसान नहीं होता है। न ही यह स्वयं शुरु होने वाली चीज

है। इसके लिए आपको दृढ़ निश्चय करने की जरूरत है। अगर आप शुरु से ही बचत-प्रेमी हैं तो शादी के बाद भी नियमित बचत के अनुशासन को मत छोड़े। इसकी एक युक्ति है। आप खुद को थोड़ा अधिक व्यवस्थित करते हुए वास्तविक वित्तीय योजना बनाने की शुरूआत करें।

शादी के बाद तनाव का एक कारण दस्तावेजों को लेकर भी होता है। इसके लिए सबसे पहले आपको पुराने दस्तावेजों को अपडेट करने की कोशिश करनी चाहिए। खासकर युवतियों के लिए यह जरूरी है। शादी के बाद आपका सरनेम बदल सकता है और पता तो बदलेगा ही, इसलिए पैन कार्ड, वोटर आइडी कार्ड, बैंक खाता आदि में बदलाव के लिए आवेदन करना पड़ता है। वहीं पुरुषों को अपने नए पते, कॉन्टैक्ट नंबर, ई-मेल आदि की पूरी जानकारी देनी चाहिए।

शादी-ब्याह की सूरत में मैरिज सर्टिफिकेट और पावर ऑफ एटार्नी वगैरह सबसे जरूरी कागजों में से एक हैं। वहीं अपनी वसीयत बनवाते समय भी आपको सभी **बेनेफिशयरीज**[1], **नॉमिनी**[2] वगैरह के नाम अच्छी तरह सही स्पैलिंग के साथ लिखवाने चाहिए।

फिजूलखर्ची से बचें

भारत में शादियों में फिजूलखर्ची और दिखावा बहुत होता है और इस चक्कर में कई लोगों पर कर्ज का भारी बोझ हो जाता है। समझदारी तो यही है, आप शादी से पहले ही अपने पार्टनर से चर्चा कर लें कि किसी की मदद लिए बिना आप दोनों और आपके परिवार वाले कितना खर्च कर सकते हैं।

शादी के बाद आप फालतू खर्चा न करें इसके लिए पारिवारिक बजट बनाना काफी जरूरी है। बजट के जरिए न केवल आप फालतू खर्चों से बचते हैं बल्कि लम्बी अवधि के लिए अपना पैसे का प्रबंधन कर सकते हैं। आपको बजट बनाने के तहत अपने खर्चों को लिखना चाहिए, आपके निवेश का लक्ष्य क्या है और आपको किस मद में कितना पैसा खर्च करना है, इस बात का ख्याल रखना चाहिए। अपने बजट का प्रबंध करने के लिए आप कुछ फाइनेंशियल सॉफ्टवेयर भी इस्तेमाल कर सकते है, पेरिफोस, एंमप्राफिट और इंवेस्टप्लस जैसे सॉफ्टवेयर आपको पोर्टफोलियो का प्रबंधन करने और बजट बनाने में मदद कर सकते हैं।

शादी के बाद

शादी के बाद आप दोनों को कहाँ रहना है, इसकी योजना भी शादी के पहले ही बना लें, खासकर यदि आप संयुक्त परिवार में नहीं, बल्कि अकेले रहते हों। यदि

---

1. लाभार्थी
2. नामांकित व्यक्ति

किराये का मकान लेना है तो आपस में चर्चा कर लें कि आप दोनों कितना किराया दे सकते हैं। ध्यान रहे कि मकान का किराया या यदि मकान खरीद रहे हैं तो उसकी **ईएमआई**[1], आप दोनों के कुल मासिक आय के करीब 25 से 30 फीसदी तक ही हो। जो पति-पत्नी साथ मिलकर मकान खरीदने की योजना बना रहे हों, उन्हें कम से कम अगले छः महीने तक बचत कर **डाउन पेमेंट**[2] के लिए **फंड**[3] बनाना होगा।

इसके आपको यह देखने की जरूरत है कि आपका पर्याप्त बीमा है या नहीं, खासतौर पर तब जब आपकी पत्नी (या पति) आप पर आर्थिक रूप से निर्भर है। पति या पत्नी के नौकरीपेशा होने के बावजूद यह न भूलें की आपकी कमाई का एक महत्त्वपूर्ण हिस्सा घरेलू खर्चों और ऋण की अदाएगी के लिए है।

आपको यह सुनिश्चित करने की जरूरत है कि आपने पर्याप्त बीमा लिया हुआ है, ताकि आपके साथ किसी प्रकार का हादसा हो जाने की दशा में आपके पति या पत्नी को आर्थिक कष्ट न झेलना पड़े और घर के मासिक खर्च के अलावा अन्य आर्थिक जिम्मेदारियों का निर्वाह करने में भी उसे कोई बाधा न आये। इसके लिए आप समय-समय पर अपने बीमा की जरूरतों का पुनर्आकलन भी करते रहें।

उदाहरण के लिए मान लेते हैं कि आपका जीवन बीमा 10 लाख रुपये का है और आपकी पत्नी भी नौकरी करती हैं। जब आप पिता बनते हैं तो कुछ वर्षों के लिए उन्हें ऑफिस से छुट्टी लेनी पड़ेगी। अब घर के कमाऊ सदस्य केवल आप हैं।

माँ और बच्चा दोनों की जिम्मेदारी आपके ऊपर है। ऐसे में आपको अपनी बीमा जरूरतों का फिर से आकलन करने की जरूरत है। अपने बचत करने के लक्ष्यों की एक सूची बनायें और प्रत्येक लक्ष्य के लिए एक समय-सीमा का निर्धारण करें। इससे आपको अपने निवेश को सार्थक तरीके से आवंटित करने में मदद मिलेगी। यह मत भूलिए कि इन सबमें आपके परिवार की भलाई छिपी है।

वित्तीय लक्ष्यों का विश्लेषण करते हुए आने वाले समय के सभी खर्चों का अनुमान लगाना चाहिए। लोन, लोन का ब्याज, बढ़ती महँगाई के चलते बढ़ने वाले खर्चों का कुछ हिसाब लगाया जा सकता है। बजट और टैक्स के सभी मुमकिन बिंदुओं पर सोच-विचार करें। अपने जीवनसाथी के साथ मिलकर सभी लक्ष्यों और जिम्मेदारियों को निभाने की योजना बनायें।

इसे बनाते समय अपनी **नेटवर्थ**[4] का ख्याल रखना चाहिए। आपको तय करना होगा कि वित्तीय जिम्मेदारियाँ आप दोनों मिलकर उठायेंगे या नहीं। आप अपने लक्ष्यों को एक साथ न मिलायें, अलग-अलग लक्ष्यों के लिए अलग खाते बनायें और इनके लिए अलग-अलग योजना के साथ बचत और निवेश करें।

---

1. मासिक किस्त
2. नकद अदायगी
3. रकम, पूँजी, लागत
4. नेट कीमत, निवल मूल्य

सावधानी

शादी के बाद आपके **लोन**[1], अच्छी **क्रेडिट रेटिंग**[2] और वित्तीय भविष्य, सब पर आपके साथी का साझा हक हो सकता है। शादी के बाद आपकी जोखिम लेने की क्षमता कम हो जायेगी और आपको कुछ वित्तीय स्थिरता की भी जरूरत होगी। शादी के बाद कई तरह की जिम्मेदारियाँ भी आती हैं, इसलिए सबसे पहले आपको **बीमा कवर**[3] बढ़ाना होगा। यदि आपके पास **इंडिविजुअल मेडिकल कवर**[4] है तो उसे फैमिली फ्लोटर प्लान में बदलना चाहिए। पति-पत्नी दोनों के लिए यह जरूरी है कि शादी से पहले आपने जो निवेश या **बीमा पॉलिसी**[5] लिये हैं उनके **नॉमिनी**[6] के नाम में बदलाव के लिए आवेदन करें।

लम्बी और छोटी अवधि के लिए अलग-अलग **फाइनेंशियल प्लान**[7] बनायें और योजना के मुताबिक काम करें। आपको अपने जीवनसाथी को हर योजना में शामिल करना चाहिए और उसकी सलाह लेनी चाहिए। संयुक्त निवेश नीति बनाकर चलेंगे तो आप दोनों को सभी बातों की जानकारी होगी और निवेश लक्ष्यों को हासिल करने में कोई दिक्कत नहीं आयेगी। इससे आप बेहतर **रिटर्न**[8] और बेहतर कमाई हासिल कर सकते हैं।

एक बार निवेश योजना बना ली तो इसके बाद हर तीन महीने में इसे जाँचें, देखें कि लोन स्विच करने, फंड खरीदने-बेचने, बदलने या नये फंड जोड़ने की जरूरत तो नहीं है। अगर आप खुद यह सब करने में सक्षम नहीं है तो इसके लिए आप किसी फाइनेंशियल प्लानर की सलाह भी ले सकते हैं।

आपातकालीन फंड बनायें

आपको अपनी कुल निवेश राशि के करीब 25 फीसदी का एक आपातकालीन फंड तैयार करना चाहिए और उसे बैंक में एफडी के रूप में रखना चाहिए। इसके अलावा कम से कम तीन महीने का खर्च किसी बचत खाते या **लिक्विड म्यूचुअल फंड**[9] में भी रखना चाहिए।

खुलकर करें बात

एक अध्ययन के अनुसार जो पति-पत्नी वित्तीय मामलों में एक-दूसरे से खुलकर चर्चा करते हैं तो उनकी गृहस्थी की गाड़ी अच्छे तरीके से चलती है। निवेश की पूरी रणनीति तैयार करने के लिए आपको किसी सर्टिफाइड फाइनेंशियल प्लानर की मदद लेनी चाहिए।

---

1. ऋण
2. ऋण पात्रता मूल्यांकन
3. बीमा रक्षण
4. व्यक्तिगत चिकित्सा आवरण
5. बीमा योजना
6. नामांकित व्यक्ति
7. वित्तीय योजना
8. लाभ, प्रतिफल
9. परिवर्तनीय साझा कोष

अगर आपने अपनी वसीयत में दो नॉमिनी रखें हैं तो आपको दोनों पर बराबर रूप से वित्तीय जिम्मेदारियाँ रखनी चाहिए। आपके नॉमिनी बनने के बाद उन लोगों में किसी प्रकार का तनाव नहीं होना चाहिए बल्कि उन्हें आपके निवेश लक्ष्यों को पूरा करने में कुछ मदद देनी चाहिए।

अगर आप घर के एकमात्र कमाने वाले व्यक्ति हैं तो आपने अपने जीवनसाथी को कम से कम बिल भरने और अन्य छोटी-मोटी जिम्मेदारियों में साथ निभाने को अवश्य प्रेरित करें।

अगर आपकी पत्नी कमाती हैं और घर के बिल भरने की जिम्मेदारी वो उठाती हैं तो आप उन्हें ही सारा हिसाब रखने को कहें। इस तरह घर की अलग-अलग जिम्मेदारियों को पूरी स्वतंत्रता से निभाएँ।

आपसी विचारों के आदान-प्रदान से आप मानसिक शांति का फायदा ले सकते हैं। अपने परिवार के साथ बैठें और वित्तीय जानकारी, निवेश रणनीति सभी कुछ शान्तिपूर्वक तय करें जिससे एक बेहतर भविष्य का निर्माण हो सकता है।

रुपये के नियम को समझें और आगे बढ़ें

रुपये का अपना एक नियम है, ऐसा नियम जिसे व्यक्ति स्कूली शिक्षा और किसी किताबी ज्ञान से नहीं सीख सकता है। पैसे के नियम को व्यक्ति खुद से ही सीख सकता है। जो रुपये के मूल सिद्धान्त को सीख पाने में कामयाब होता है वह अपनी वित्तीय जरूरतों को आसानी से पूरा कर लेता है। वहीं जो रुपये के नियम को समझने से चूक जाता है वह कभी स्वतंत्र रूप से अपनी वित्तीय जरूरतों को हासिल नहीं कर पाता है।

यदि आपकी समस्या पैसा है तो आपको इस समस्या के हल के लिए पैसे का गुलाम बनने की बजाय उसका मालिक बनना जरूरी है। वहीं जब व्यक्ति पैसे को अपने नियंत्रण में कर लेता है तो वह वित्तीय स्वतंत्रता के पथ पर अग्रसर हो जाता है।

व्यक्ति को स्वयं का अनुभव ही उसे पैसे का सही उपयोग करना सिखाते हैं। पैसे की बचत और निवेश से ज्यादा आज के दौर में समय की बचत करना महत्त्वपूर्ण है। बिना किसी अनुभव और वित्तीय जानकारी के अमीर बनने की चाह नहीं रखनी चाहिए, क्योंकि ऐसे इरादों की नींव अकसर खोखली होती है। जिसमें व्यक्ति के हाथ में केवल निराशा ही लगती है।

व्यक्ति को हमेशा अपने पैसे को नियंत्रण में रहना चाहिए, कहने का तात्पर्य यहाँ यह है कि अपनी आय के मुताबिक ही अपने खर्चों को नियंत्रण करना चाहिए। यदि आय कम और खर्च ज्यादा है तो ऐसी स्थिति में व्यक्ति

कभी भी वित्तीय स्वतंत्रता को हासिल नहीं कर सकता है। व्यक्ति को कभी भी कोई काम केवल पैसा कमाने के उद्देश्य से ही नहीं करना चाहिए। यदि आप केवल पैसे के लिए काम करते हैं तो कभी अपने लक्ष्यों को हासिल नहीं कर सकते। ऐसा करने वाला व्यक्ति जिंदगी भर अपने वित्तीय जरूरतों को पूरा करने में ही लगा रहता है।

हमेशा अपनी जरूरतों के मुताबिक ही कोई भी निवेश करें, साथ ही अपनी वित्तीय जरूरतों को समझें और उस हिसाब से ही उसे हासिल करने की रणनीति बनाना चाहिए। यदि ऐसा नहीं किया जाता है तो व्यक्ति अपने पैसों का सही उपयोग नहीं कर सकता है। साथ ही पैसे के अच्छे और बुरे व्यवहार को समझना चाहिए। जिस पैसे से मूल जरूरतों की पूर्ति हो, जिससे किया गया निवेश सकारात्मक हो और किये गये निवेश की कीमत बढ़ती जा रही हो। इसका मतबल ये है कि आपने अपनी मेहनत के पैसों का सही उपयोग किया। लेकिन यदि निवेश के दृष्टिकोण और उसके सही उपयोग को लेकर आपका नजरिया स्पष्ट नहीं है तो ये पैसों का बुरा व्यवहार कहलाएगा। यदि व्यक्ति पैसे के अच्छे और बुरे व्यवहार पर विचार किये बिना केवल मेहनत करता है तो हो सकता है वह कभी भी एक स्वतंत्र वित्तीय वातावरण न हासिल नहीं कर पाये।

इक्विटी, **बॉन्ड**[1], कमोडिटी और **रियल एस्टेट**[2] में किये गये निवेश से व्यक्ति वित्तीय लक्ष्यों को हासिल कर सकता है। लेकिन इसके भी सही निवेश का ज्ञान निवेशक के पास होना जरूरी है। व्यक्ति का वित्तीय ज्ञान ही उसे वित्तीय रूप से मजबूत और स्वतंत्र बनाता है।

पैसों के नियम को अपनी जरूरतों के हिसाब से समझें और जब व्यक्ति ऐसा करता है तो वह देखेगा पैसा ही उसके लिए पैसा बनाता है। वहीं जब व्यक्ति इस नियम से चलता है तो वह वित्तीय रूप से मजबूत और खुशहाल होने से साथ-साथ अपनी आनेवाली पीढ़ियों के लिए भी काफी धन जमा कर सकता है।

व्यक्ति को सही वित्तीय नियंत्रण की परिभाषा को समझना चाहिए। वहीं पैसा व्यक्ति के जीवन में दवाई की तरह काम करता है। जी हाँ दवाई, जिसकी कम या ज्यादा मात्रा आपको नुकसान पहुँचा सकती है। इसलिए वित्तीय संतुलन होना बेहद जरूरी और पैसे का यह संतुलन केवल इसके प्रभाव से समझा जा सकता है। ऐसे में पैसे के व्यवहार और इसके प्रभाव को समझना काफी आवश्यक है। इसके बाद ही जाकर ही व्यक्ति सही रूप में वित्तीय स्वतंत्रता हासिल कर सकता है।

---

1. ऋणपत्र

2. अचल सम्पत्ति, जमीन जायदाद

निवेश करते समय इन बातों का रखें ध्यान

- उधार लेकर कतई निवेश न करें। आमदनी में से आवश्यक खर्च के बाद जो पैसा बचता है, उसी से निवेश करें।
- कोई योजना कितनी ही अच्छी क्यों न हो, अपना सारा पैसा एक ही जगह निवेश करने की गलती न करें।
- किसी भी व्यक्ति के साथ नकद व्यवहार न करें। लेन-देन चेक से ही करें।
- अविश्वसनीय रिटर्न का लालच देने वालों अथवा 'स्कीम बंद हो रही है, ऐसे मौके बार-बार नहीं आते' आदि कहने वालों से बचकर रहें।
- जहाँ भी निवेश करना है, उस संस्था के बारे में पूर्ण जानकारी एकत्र करें।
- निवेश योजना सम्बन्धी दस्तावेज पूरा पढ़े, उसके बाद ही आगे कार्रवाई करें।
- यदि किसी एजेंट या ब्रोकर के माध्यम से निवेश कर रहे हैं, तो उसके बारे में भी पूरी जानकारी प्राप्त करें। उसका पता व फोन नंबर अपने पास रखें।
- विज्ञापनों से किसी योजना की मोटी-मोटी जानकारी जरूर लें, लेकिन आँख मूँदकर किसी भी विज्ञापन पर विश्वास न करें। इनमें न केवल चीजों को बढ़ा-चढ़ाकर बताया जाता है, बल्कि आपको भावनात्मक रूप से स्कीम विशेष के प्रति आकर्षित करने की पूरी व्यवस्था रहती है। अतः केवल विज्ञापन के आधार पर निवेश का फैसला हर्गिज न करें।
- आजकल टेली-कॉलिंग के माध्यम से भी लोगों को फोन करके विभिन्न स्कीम्स में निवेश करने के लिए ललचाया जाता है। फोन पर कौन आपसे बात कर रहा है, इसकी कोई गारंटी नहीं होती, अतः ऐसे लोगों को अपने परिवार, आर्थिक स्थिति, व्यापार आदि की जानकारी कतई न दें।
- निवेश सम्बन्धी कागजात के साथ अपने मूल दस्तावेज जैसे बैंक पासबुक, पैन कार्ड, ड्राइविंग लाइसेंस, पासपोर्ट आदि हर्गिज न दें। इनकी फोटोकॉपी ही दें तथा फोटोकॉपी पर हस्ताक्षर कर यह भी लिखें कि आपने यह फोटोकापी फलां कार्य के लिए दी है।
- किसी भी व्यक्ति के साथ नकद व्यवहार न करें। लेन-देन हमेशा चेक से ही करें।

बच्चों के भविष्य के लिए निवेश

शादी के बाद परिवार बढ़ने के साथ जिम्मेदारियाँ बढ़ती हैं। ऐसे में बच्चों के भविष्य को ध्यान में रखकर कहाँ-कहाँ निवेश करें और कैसे निवेश करें, इस पर हमने वित्तीय सलाहकारों और जानकारों से बातचीत की। सलाहकारों का मानना है कि बच्चों को ध्यान में रखकर कई बीमा कंपनियों ने कई सारी योजनाएँ पेश की हैं। लोगों ने बिना सोचे-समझे उन योजनाओं में निवेश भी किया है। लेकिन इन सबसे

अलग निवेशक को यह देखना चाहिए कि हम कहाँ-कहाँ निवेश करें, जहाँ जोखिम कम और **रिटर्न**[1] अधिक हो। इसके लिए निवेशक को एक अलग से **पोर्टफोलियो**[2] का निर्माण करना होगा, जिसमें नगदी, लचीलापन और अच्छा रिटर्न सभी शामिल होना चाहिए।

आपको पोर्टफोलियो के निर्माण के दौरान यह भी ध्यान रखना होगा कि यह पैसे आपको कब निकालने हैं या फिर रिटर्न आपको कब चाहिए। जैसे बच्चे की उच्च शिक्षा के बाद उसकी शादी। जो सबसे बड़ी परेशानी है, वह यह है कि आपको यह कब पता चलेगा कि कितनी रकम आपको कब चाहिए। यदि आपको अधिक धन चाहिए तो आपको क्या करना होगा? ऐसे में आपको **पोर्टफोलियो**[2] निर्माण के दौरान कई सारी चीजों को एक साथ शामिल करना होगा। वैसे बच्चों के भविष्य को ध्यान में रखकर न केवल बीमा कंपनियों में, बल्कि **म्यूचुअल फंड**[3] कंपनियों, **बांड्स**[4] और **पीपीएफ एकाउंट**[5] में पैसे निवेश कर अच्छा फायदा उठा सकते हैं। वैसे कई लोगों का मानना है कि बांड्स और **म्यूचुअल फंड**[3] सिर्फ बड़ों के निवेश के लिए होता है। ऐसे में यदि आपको बच्चों के लिए किसी भी बांड और फंड में निवेश करना है तो यह भी बेहतरीन विकल्प हो सकता है।

क्या है निवेश की गाड़ी

क्या आप जानते हैं की इन्वेस्टमेंट प्रोडक्ट्स को इन्वेस्टमेंट व्हीकल्स भी कहा जाता है। इसका सीधा-सा कारण है जिस प्रकार वाहन आपको एक जगह से दूसरी जगह ले जाने का साधान होता है, निवेश भी आपकी आज की वितीय स्थिति और कल के लक्ष्यों के बीच एक साधान का काम करता है। इनका उद्देश्य आपके लक्ष्यों की प्राप्ति को सुनिश्चित करना होता है। उदाहरण के लिए यदि आपकी बेटी दो वर्ष की है और आप उसकी 22 वर्ष की आयु में शादी करने की योजना बनाकर चल रहे हैं। यानि पॉइंट ए आपकी आज की स्थिति है और बी वह स्थिति है जहाँ बीस वर्ष में आप पहुँचना चाहते हैं। यहाँ आपका लक्ष्य बेटी के विवाह के लिए जरुरी रकम जमा करना है। ऐसी स्थिति में आपको एक ऐसे वाहन की जरुरत है जो आपको आपकी स्थिति से लक्षित स्थिति तक पहुँचा सके। कभी-कभी आपका लक्ष्य छोटा होता है और कभी लम्बा।

इसे बेहतर तरीके से समझने के लिये अपनी बाइक के गियरों पर गौर करें। अमूमन वाहनों में चार या पाँच गियर होते हैं जिनका प्रयोग एक खास गति पर पहुचने के लिये किया जाता है। जब आपकी मंजिल पास ही हो आप पहले या

---

1. लाभ
2. निवेश सूची
3. साझा कोष
4. ऋण पत्र
5. पीपीएफ खाता

दूसरे गियर में गाड़ी चलाते हैं और गति भी कम होती है लेकिन दूर जाना है चौथे और पाँचवें गियर में तेजी से गाड़ी चलाते हैं। जहाँ तक निवेश उत्पादों का सवाल है तो ये मुख्यत: दो प्रकार के होते हैं। एक डेट और दूसरा इक्वटी डेट उत्पाद वे होते हैं जिनमे हमें ब्याज के रूप में रिटर्न मिलता है, इसके आम उदाहरण हैं फिक्स्ड डिपोजिट, पीपीएफ, पोस्ट ऑफिस खाता आदि जबकि इक्वटी किसी कम्पनी या कारोबार में एक मिलिकियत या हिस्सेदारी होती है और शेयरधारित के जरिये लाभ व हानि का साझा किया जाता है।

डेट धीमी गति गियर होता है, इसमें से यदि मुद्रास्फीति को घटा दिया जाये तो परिपक्वता पर रिटर्न नगण्य हो जाते हैं। जब हम छोटी अवधि का लक्ष्य लेकर चल रहे हों तब निवेश के डेट विकल्पों का उपयोग किया जाना बेहतर होता है। उदाहरण के लिये यदि आपको बेटी की शादी दो-तीन वर्ष में ही करनी हो, ऐसे में चूँकि इनमे आपकी पूँजी सुरक्षित रहती है अत: ये बेहतर विकल्प साबित होते हैं

लेकिन यदि बेटी दो वर्ष की है और बीस वर्ष बाद शादी की योजना है तो ऐसे में भी आप निवेश के डेट विकल्प ही चुनेगें? यह कुछ ऐसा ही हुआ की लम्बी दूरी तक गाड़ी को पहले या दूसरे गियर में चलाया जाये। विवेकपूर्ण फैसला होगा चौथे या पाँचवें गियर का प्रयोग। हालाँकि ऐसे में दुर्घटना होने का भी जोखिम होता है लेकिन इतना भी तय है की यदि आप अपनी काबलियत को ध्यान में रखकर जोखिम का आकलन कर सकते हैं। यदि आप जोखिम ही नहीं लेना चाहते हैं, तो ध्यान रहे तेज सड़क पर धीमे गाड़ी चलाना उससे भी बड़ा जोखिम हैं।

जीवन बीमा और बच्चे

जीवन बीमा से जुड़ी कई कंपनियों ने बच्चों और उनके भविष्य को ध्यान में रखकर कई बीमा पॉलिसियाँ लांच की हैं। वह अपने विज्ञापनों द्वारा यह बताते भी हैं कि आपका लाडला जो बनना चाहता है, वही बनेगा। अब उसके सपने और आपके खर्चे में आने वाली परेशानियाँ सब कुछ आपके निवेश के बाद बीमा कंपनियों के ऊपर चली जाती है। लेकिन इन सबके बीच आपको पॉलिसी लेते समय जरा ध्यान रखना होगा, जो आपको बाद में परेशानियों मे न डालें। जीवन बीमा कंपनियों के चिल्ड्रेंस प्लान में जीवन बीमा एक महत्त्वपूर्ण मुद्दा होता है। आइए आगे बढ़ने से पहले जानते हैं-

क्या है चाइल्ड प्लान

चाइल्ड प्लान एक निवेश की तरह ही है। जिसमें निवेश करके व्यक्ति भविष्य के लक्ष्यों को हासिल कर सकता है। साथ जरूरत के समय भी यह निवेश मददगार

साबित होता है। कहा जाता है चाइल्ड प्लान में किया गया निवेश उसी तरह बढ़ता है जिस तरह समय के साथ आपके बच्चे भी बड़े होते हैं।

चाइल्ड प्लान लेते समय क्या ध्यान रखें

कोई भी चाइल्ड प्लान लेते समय पहले **प्रपोजल फॉर्म**[1] में दी गयी सारी जानकारी अच्छी तरह से पढ़ लें। वहीं साथ ही प्लान लेते समय यह ध्यान रखें कि भविष्य में यदि आप ना हों तब ये प्लान बच्चे का सहारा बन सके। प्लान लेते समय इस बात का ध्यान रखें कि आप जो प्लान ले रहे हैं वह चाइल्ड प्लान ही है, क्योंकि कई बार चाइल्ड प्लान के नाम पर धोखाधड़ी हो जाती है। इसलिए जरूरी है कि प्लान लेते समय यह जाँच लें कि जो प्लान आप ले रहे हैं वह चाइल्ड प्लान ही है या कोई दूसरा प्लान जिसे अकसर चाइल्ड प्लान के नाम पर आपको धोखे में थमा दिया जाता है।

कैसे लें सही चाइल्ड प्लान

चाइल्ड प्लान एक इंश्योरेंस प्लान है। जो एंडॉवमेंट और यूलिप दोनों की स्वरूपों में उपल्बध है। साथ ही समय-समय पर यह आपको रिटर्न भी देता है। प्लान लेते समय यह सुनिश्चित कर लें प्लान की **मैच्युरिटी**[2] पर मिलने वाली राशि आपके बच्चे की जरूरतों को पूरा कर पायेंगे या नहीं। चाइल्ड प्लान में यह भी देखें की आपके बच्चे की शिक्षा, करियर और भविष्य के साथ-साथ भविष्य में कोई अप्रिय घटना होती है तो उसकी पूर्ति भी प्लान के द्वारा की जा सके।

प्लान की मैच्युरिटी सही समय पर जरूरी

चाइल्ड प्लान की **मैच्युरिटी**[2] आपके बच्चे की भविष्य की जरूरत के समय ही पूरी हो इस बात का पूरा ध्यान रखें। इसलिए प्लान लेते समय प्लान की मैच्युरिटी का समय और आपकी जरूरतों का समय आपस में मेल खाते हो ऐसा होना सबसे महत्त्वपूर्ण है।

एंडॉवमेंट-यूलिप चाइल्ड प्लान में कौन सा बेहतर

अगर व्यक्ति कम जोखिम के साथ 10 वर्ष में **मैच्योरिटी**[2] चाहता है तो उसे चाइल्ड एंडॉवमेंट प्लान चुनना चाहिए। इसमें रिटर्न भले ही कम होता है लेकिन बाजार की अनिश्चितताओं से आपको सुरक्षा मिलती है। एंडॉवमेंट चाइल्ड प्लान में प्रीमियम के रूप में राशि का भुगतान करना होता है। जिसमें राशि को इश्योरेंस कंपनियाँ बॉन्ड अथवा दूसरे फिक्स इंस्ट्रूमेंट में जमा करती हैं। यूलिप प्लान की तुलना में एंडॉवमेंट प्लान का रिटर्न कम होता है। लेकिन यह यूलिप प्लान की अपेक्षा ज्यादा सुरक्षित प्लान है क्योंकि इसके रिटर्न में बाजार की अस्थिरता के साथ उतार-चढ़ाव नहीं

---

1. प्रस्ताव पत्र
2. परिपक्वता

आता। सुरक्षा के लिहाज से एंडॉवमेंट प्लान बेहतर होते हैं। तो यदिआपका बच्चा बड़ा है और आप अच्छे रिटर्न के साथ पूँजी को सुरक्षित रखना चाहते हैं ऐसे समय एंडॉवमेंट प्लान मददगार साबित होते हैं।

यूलिप प्लान में निवेश करना यह निवेशकों की पसंद पर निर्भर करता है। यदि आपका बच्चा बहुत छोटा है और आपके पास निवेश के लिए काफी समय है तो यूलिप चाइल्ड प्लान लेना सही रहता है। अगर आपकी जोखिम लेने की क्षमता मध्यम और अधिक के बीच की है तो आपको यूनिट लिंक्ड चाइल्ड प्लान के बारे में सोचना चाहिए। इसमें 10 वर्ष से अधिक का निवेश बेहतर रहता है। इस प्लान में जोखिम को कम करने के लिए मैच्योरिटी से तीन वर्ष पहले आप अपना निवेश इक्विटी से सुरक्षित फंडों में शिफ्ट कर सकते हैं। चाइल्ड प्लान के **फीचर्स**[1] पर भी ध्यान देना जरूरी होता है।

बच्चे के कोई आश्रित नहीं होते और इसी वजह से उसके नाम पर प्लान खरीदने का कोई मतलब नहीं है। इसलिए अगर आप बच्चे के नाम पर पॉलिसी खरीदना चाहते हैं तो उसके साथ प्रीमियम से छूट का **राइडर**[2] जुड़ा होना चाहिए। इससे अभिभावक की मृत्यु की स्थिति में बच्चे को प्रीमियम के भुगतान की जरूरत नहीं होती और उसे पॉलिसी के लाभ भी मिलते रहते हैं। इसके साथ ही, आप बच्चे की शिक्षा या विवाह के अनुसार पॉलिसी की अवधि को भी देखना होता है। अधिक शुल्क और कम रिटर्न वाले प्लान से बचना चाहिए।

चाइल्ड प्लान के फायदे

1. चाइल्ड प्लान का यह सबसे बड़ा फायदा है कि इसमें पॉलिसी धारक की मृत्यु के साथ-साथ पॉलिसी के मैच्युरिटी पूरी होने पर पैसे मिलते हैं। यह दोहरा फायदा आपके बच्चे के भविष्य को सुरक्षित बनाने में मदद करता है।
2. चाइल्ड प्लान में यह और एक बड़ा फायदा है कि पॉलिसी की मैच्युरिटी से पहले यदि अभिभावक की मौत हो जाती है तो बाकी के बचे हुए प्रीमियम इंश्योरेंस कंपनी भरती है ताकि उसके बच्चे का भविष्य अंधकारमय न हो। हालाँकि यह सुविधा वैकल्पिक होती है जिसका चुनाव पॉलिसी लेते समय करना होता है। साथ ही प्रीमियम की रकम के अलावा थोड़ी और रकम का भुगतान करना होता है, जिसे दूसरी भाषा में राइडर भी कह सकते हैं।
3. चाइल्ड प्लान में यह फायदा एक है कि प्लान की मैच्युरिटी या पॉलिसी धारक की मृत्यु के बाद मिलने वाली राशि को अंशों में निकाला जा सकता है। जिसके लिए 5 साल तक की समय अवधि होती है। इस सुविधा का फायदा यह है कि एक साथ पैसे निकालने की जगह उसे अपनी जरूरतों के मुताबिक निकाला जा सकता है।

---

1. विशेषताएँ   2. जोड़

5. चाइल्ड प्लान में आपको राइडर की भी सुविधा मिलती है। जिससे आप मौजूदा प्लान में ही अतिरिक्त कवरेज ले सकते हैं। यह राइडर किसी अप्रिय घटना, विकलांगता और प्रीमियम के भुगतान में असमर्थता के समय मदद करता है।

बाजार में मौजूद एंडॉवमेंट चाइल्ड प्लान-
आईसीआईसी प्रू स्मार्ट किड
एचडीएफसी चिल्ड्रेन्स प्लान
एलआईसी कोमल जीवन
मैक्स न्यूयॉर्क स्टेपिंग स्टोन
बजाज एलियांज चाइल्ड प्लान
एलआईसी जीवन अनुराग

बाजार में मौजूद यूनिट-लिंक्ड प्लान-
मैक्स न्यूयार्क शिक्षा प्लस 2
टाटा एआईजी लाइफ यूनाइटेड उज्जवल भविष्य सुप्रीम
एसबीआई लाइफ-स्मार्ट स्कॉलर
बीएसएलआई ड्रीम्स चाइल्ड प्लान
अविवा यंग स्कॉलर
इंडिया फर्स्ट यंग इंडिया प्लान

चाइल्ड प्लान में परेशानी

1. अन्य बीमा योजनाओं के विपरीत चाइल्ड प्लान में पॉलिसी की पूरी अवधि तक प्रीमियम का भुगतान करना होता है। अगर आप तीन या पाँच साल के बाद प्रीमियम का भुगतान बंद कर देते हैं तो पॉलिसी समाप्त हो सकती है। अगर आप प्रीमियम का भुगतान बंद कर देते हैं तो आपको लॉयल्टी एडीशन का नुकसान होता है और आपका रिटर्न कम हो जाता है।
2. चिल्ड्रन प्लान आमतौर पर बाजार से जुड़े अन्य प्लान के मुकाबले महँगे होते हैं। इसकी बड़ी वजह यह है कि **मॉरटैलिटी चार्ज**[1] **समएश्योर्ड**[2] और **क्लेम**[3] की स्थिति में भविष्य के प्रीमियम के मूल्य पर लगाया जाता है। मॉरटैलिटी चार्ज जरूरी होता है कि क्योंकि यह जीवन सुरक्षा देता है। अगर आप चाहें तो विकल्प के तौर पर अधिक सुरक्षा वाली एक **टर्म इंश्योरेंस**[4] भी खरीद सकते हैं। चाइल्ड इंश्योरेंस प्लान में मूल धन की गारंटी वाला इक्विटी आधारित प्लान एक अच्छा विकल्प है। बहुत से लोग

---

1. मृत्यु शुल्क
2. बीमित राशि
3. दावा
4. अवधि बीमा

बच्चे के लिए म्यूचुअल फंड या फिक्स्ड डिपॉजिट के जरिए निवेश करते हैं जो एक आदर्श जरिया नहीं है। बच्चे के लक्ष्य निश्चित होते हैं और अभिभावक के न रहने की स्थिति में भी इन्हें पूरा करने की जरूरत होती है। ऐसी स्थिति में केवल चाइल्ड इंश्योरेंस प्लान ही मददगार होते हैं।

ऐसी योजनाओं को पेश करने का मुख्य उद्देश्य बीमाधारक की आकस्मात या असमय मृत्यु के बाद बच्चों के भविष्य की जरूरतों के लिए बीमा राशि का भुगतान भी इनकी ही सरदर्दी होती है। यदि बच्चा वयस्क नहीं हुआ है, तो यह पैसा बीमित व्यक्ति द्वारा नियुक्त संरक्षक द्वारा नामित बच्चों के लिए खर्च किया जाता है या उन्हें दे दिया जाता है।

इन सबके बीच जो सबसे ज्यादा ध्यान रखने वाली बात है वह है कि बीमा कराते समय योजना माता पिता के नाम होता है और उसके नॉमिनी बच्चे होते हैं। बीमा योजना की परिपक्वता के बाद जैसा कि पॉलिसी में कहा गया है कि धन कोष बीमित व्यक्ति के जीवित रहने पर उसे मिल जाता है। सिर्फ लाइफ इंश्योरेंस कॉरपोरेशन ने बच्चों को ध्यान में रखकर प्लान लांच किया गया है, जिसमें जीवन अनुराग, कोमल जीवन, जीवन किशोर और जीवन छाया प्रमुख हैं। वहीं आईसीआईसीआई, एचडीएफसी समेत कई बीमा कंपनियों ने बच्चों के भविष्य को ध्यान में रखकर योजनाएँ लांच की हैं।

म्यूचुअल फंड में निवेश

बच्चों के बेहतर भविष्य और उनकी आवश्यकताओं को ध्यान में रखते हुए म्यूचुअल फंड कंपनियों ने लगभग 20 से अधिक ऐसी योजनाएँ लांच की हैं, जहाँ निवेश कर बच्चों की आवश्यकताओं को पूरा किया जा सकता है। ये सारी योजनाएँ लम्बी समयावधि के लिए हैं। यह अच्छी धन-राशि जोड़ने के ख्याल से, यानी बच्चों की शिक्षा और शादी को ध्यान में रखकर तैयार की गयी है। फंड के जानकार कहते हैं कि बच्चों की आने वाली जरूरतों को ध्यान में रखकर यदि निवेश किया जाये तो चाहे वह यूलिप हो या इक्विटी डायवर्सीफाइड म्यूचुअल फंड, ये लम्बे समय में बेहतरीन रिटर्न देते हैं। लम्बे समय के लिए यदि निवेश करना है, तो हमेशा म्यूचुअल फंड कंबिनेशन में लेना चाहिए, जैसे डेट और इक्विटी फंड में निवेश करना चाहिए। यह फंड लम्बे समय में बेहतरीन रिटर्न देते हैं। वैसे फंड कंपनियों ने बच्चों के लिए जो योजनाएँ लांच की हैं वे अन्य योजनाओं के बदले सस्ती हैं। वहीं इन फंड योजनाओं का सबसे बड़ा फायदा यह है कि फंड जब भी मैच्योर होता है तो उस पर कर लगता है, लेकिन फंड के साथ सबसे बड़ा फायदा यह है कि जब यह मैच्योर होता है तो वह सीधे बच्चे के एकाउंट में जाता है और इससे अभिभावक के टैक्स पर कोई प्रभाव नहीं पड़ता है।

जबकि फंड योजनाओं की बेहतरीन योजना है सिस्टेमैटिक इन्वेस्टमेंट प्लान (सिप)। इसमें आपको एक बार में ढेर सारे पैसे जमा करने की आवश्यकता भी नहीं है, बल्कि आप आराम से धीरे-धीरे अपनी योजना और बचत के हिसाब से यहाँ मासिक रूप से जमा कर सकते हैं। सिप का चयन आपको ध्यान से करना होगा और आपको यह ध्यान रखना होगा कि आपको हर महीने एक निश्चित राशि इसमें जमा करनी होगी। (इस निवेश की विस्तार से जानकारी आपको अगले अध्यायों में मिलेगी)

पीपीएफ एकाउंट और पोस्ट ऑफिस में निवेश

पारंपरिक निवेश की बात करें तो पीपीएफ से बढ़िया कोई निवेश ही नहीं है। यह एक अच्छा विकल्प है। इसमें जोखिम न के बराबर है और रिटर्न भी अच्छा ही मिलता है। इसलिए निवेश की बहुत सारी चीजें यदि आप समझ नहीं पा रहे हैं तो आप बहुत आराम से पीपीएफ एकाउंट खोल सकते हैं। पीपीएफ फंड में आप एक साल में 70 हजार रुपये तक जमा कर सकते हैं। इस फंड में निवेश से आपको टैक्स में भी लाभ मिलता है। यही नहीं आप बच्चों को ध्यान में रखकर बांड भी खरीद सकते हैं।

बच्चों को ध्यान में रखकर पोस्टऑफिस में कई योजनाएँ मौजूद हैं। बस, आपको अपनी आवश्यकता के अनुसार कितना निवेश करना है, यह देखकर यहाँ की योजनाओं में निवेश करना होगा। किसान विकास पत्र, टाइम डिपोजिट, रेकरिंग डिपोजिट में भी निवेश कर अच्छा फायदा उठाया जा सकता है।

निवेश के दौरान रखें ध्यान

बच्चे के जन्म के बाद आपको बच्चे के लिए निवेश की सलाह इसलिए दी जा रही है क्योंकि अभी आपके पास काफी समय होगा, यह सोचने के लिए कि आप कहाँ और कितना निवेश करना चाहते हैं। जानकारों का कहना है कि पैसे की जरूरत कभी भी पड़ सकती है, इसलिए जब भी यूलिप और म्यूचुअल फंड में निवेश करें तो उसके पिछले रिटर्न पर अवश्य नजर डाल लें और यह भी देख लें कि आपको जितने रिटर्न की आवश्यकता है वह पूरा हो रहा है कि नहीं। इन सबके बीच जो सबसे महत्त्वपूर्ण बात है वह यह है कि यह सुनिश्चित करें कि यदि अकस्मात किसी आवश्यकता के लिए आपको पैसों की जरूरत पड़ गयी तो किस वर्ष में कितनी निकासी संभव है। वैसे म्यूचुअल फंड में तो आप कभी भी निकासी कर सकते हैं। जिस दिन आपको पैसे की आवश्यकता हो, आप पैसे भुना सकते हैं। लेकिन कुछ फंडों में निकासी पर शुल्क भी लगता है। जीवन बीमा की जितनी भी योजनाएँ हैं, उनमें लॉक इन अवधि होती है। उसके बाद ही आप पैसे निकाल सकते हैं। कुछ ऐसा ही यूनिट लिंक्ड योजनाओं में भी होता है। यहाँ अब आईआरडीए की नई योजना के अनुसार इसे पाँच वर्षों में भुनाया जा सकता है। अगर आप अपनी पॉलिसी भुनाते हैं तो अच्छी खासी राशि सरेंडर चार्ज के तौर पर देनी पड़ती है।

तो आने वाले सालों में आप अपने बच्चे की उम्र, उसकी पढ़ाई और शादी को ध्यान में रखकर योजना बनायें और निवेश करें। यकीन मानिए, बुरे दिनों में यह निवेश फायदे का सौदा ही साबित होगा।

बच्चों की शिक्षा के लिए इन्वेस्टमेंट प्लान

बच्चों की योजना के बारे में जितना लोग सोचते हैं, उससे भी ज्यादा जटिल है। आपकी वित्तीय योजना में निम्नलिखित बातें शामिल होना चाहिए–

पहला कदम

सबसे पहले इस बात का फैसला करना होगा कि अनुशासन के लिहाज से भारत में अच्छे स्कूल हैं या फिर विदेश में। आप अपने बच्चे को अंडर-ग्रेजुएट और पोस्ट-ग्रेजुएट की शिक्षा विदेश में दिलाना चाहते हैं या सिर्फ पोस्ट-ग्रेजुएट शिक्षा विदेश में दिलाने को तरजीह देंगे। आखिरकार, फैसला जो भी हो आपको शिक्षा के हिसाब से रकम जुटानी ही होगी। हिसाब लगाइए कि अपने बच्चे के लिए आप कितना पैसा जमा करना चाहते हैं। मान लीजिए कि जब वह 18 साल का होगा तब तक आप एक लाख रुपये जमा करना चाहते हैं। उसे शुरू कर दीजिए।

दूसरा कदम

मौजूदा स्कूल के फीस का ढाँचा, जो भविष्य के महँगाई दर पर अनुमानित हो अगर आपका बच्चा अभी छोटा है, तो इस बात की जानकारी अवश्य जुटा लें कि स्कूल की फीस कितनी है। लेकिन फीस की गणना अपने बच्चे की शिक्षा के अनुरूप भविष्य की महँगाई दर के मुताबिक करें। अकसर देखा जाता है कि स्कूलों की फीस में ज्यादा बढ़ोतरी देखने को नहीं मिलती है। फिर भी सालाना फीस में थोड़ी बहुत बढ़ोतरी स्वाभाविक है। लिहाजा महँगाई दर के उच्चतम स्तर के हिसाब से अपने बच्चे के लिए औसत फीस की गणना करें। यहाँ हम बताना चाहेंगे कि ट्यूशन फीस में सालाना आधार पर 8 फीसदी से लेकर 12 फीसदी की बढ़ोतरी संभव होती है। मान लीजिए कि किसी स्कूल की फीस मौजूदा समय में 25 लाख रुपये है और अगले 5 साल बाद आपका बच्चा उस स्कूल में पढ़ाई के लिए जाने वाला है। ऐसे में अगले 5 साल में 8 फीसदी की सालाना महँगाई दर के हिसाब से फीस 36.73 लाख रुपये पर पहुँच जायेगी। वहीं 12 फीसदी की महँगाई दर से फीस 44.05 लाख रुपये पर पहुँच जायेगी। महँगाई दर के बढ़ने से फीस की लागत में काफी बढ़ोतरी दिख रही है और 44 लाख रुपये का इंतजाम करना कोई आसान बात नहीं है। एक निश्चित महँगाई दर को मानकर रकम इकट्ठा करना शुरू कर दें। आप 10 फीसदी की दर से महँगाई बढ़ने की गणना करते हुए अपने बच्चे के लिए पढ़ाई का इंतजाम करना शुरू कर दें। इसलिए ध्यान दें जब आपका बच्चा एक साल का होगा तब आपको बच्चे के मद में कितना धन रखना चाहिए।

तीसरा कदम

संभावित खर्चों का हिसाब लगा लीजिए। कोई नई मुसीबत का सामना करना पड़ सकता है आपके बच्चे ने एडमिशन के लिए तैयारी शुरू कर दी और उसे दाखिला भी मिल जाता है, लेकिन आप पायेंगे कि आपकी गणना के अतिरिक्त भी कुछ नई लागत आपका बोझ बढ़ा सकती है। इन खर्चों में हवाई जहाज का टिकट, खाने का खर्चा, रहने का खर्चा, पॉकेट मनी जैसे अतिरिक्त खर्च जुड़ सकते हैं। हालाँकि इन खर्चों को हासिल किया जा सकता है। अगर संभव है, तो उसी स्कूल में पढ़ने वाले छात्रों के अभिभावकों या फिर खुद छात्रों से ही बात इसका पता लगाएं कि कोर्स के दौरान कितना अतिरिक्त खर्च है।

चौथा कदम

रकम जुटाने के लिए निवेश की तैयारी करें बच्चे की शिक्षा के लिए निवेश करना है तो सही समय का चुनाव करें। अगर आपके पास 3 साल से भी कम समय का वक्त बचा है तो इक्विटी और सोने में निवेश से बचें। इस दौरान केवल डेट फिक्स्ड इनकम वाले प्रोडक्ट में निवेश करने की रणनीति अपनायें। अगर आपके पास 3 साल से ज्यादा और 10 साल से कम समय है तो 40-60 फीसदी निवेश इक्विटी, 10-20 फीसदी सोने और बाकी का डेट या फिक्स्ड इनकम में निवेश करने की रणनीति अपनायें। वहीं आपके पास 10 साल से भी ज्यादा का समय है तो फिर आप इक्विटी में 75 फीसदी तक निवेश कर सकते हैं। साथ ही 10-20 फीसदी सोने और एक छोटा सा हिस्सा फिक्स्ड इनकम में निवेश करें। यहाँ ध्यान देने वाली बात यह है कि अपनी कमाई का सारा निवेश बच्चे की पढ़ाई के लिए ना करें। सबसे बेहतर ये होगा कि अपना पोर्टफोलियो बनाने के लिए किसी एक्सपर्ट की सलाह जरूर लें।

पाँचवाँ कदम

सुनिश्चित कीजिए कि आपको प्रतिफल की कितनी दर चाहिए। अपने जोखिम का एक प्रोफाइल तैयार कर लीजिए। इसके अलावा जीवन बीमा जरूर करायें। बच्चे की पढ़ाई में सबसे बड़ा रोड़ा इस वाकये को लेकर आ सकता है कि जिस व्यक्ति के बल पर वो पढ़ाई कर रहा है और उसका आकस्मिक निधन हो जाये। लिहाजा कम से कम बच्चे के पढ़ाई के खर्चे के लागत वाला टर्म प्लान निकाल लें। इस पहल में एक और अच्छी बात यह है कि जिंदगी सही सलामत रही तो जीवन बीमा के पैसे से आगे की जिंदगी भी संवारी जा सकती है।

छठा कदम

आप जितने रिटर्न की उम्मीद कर रहे हैं, उसके आधार पर निवेश के आयाम का चुनाव कीजिए। इसलिए चाइल्ड प्लान के झंझट में न पड़ें चाइल्ड प्लान खासकर

ऐसे ही बनाए जाते हैं कि माता-पिता की मृत्यू के बाद बच्चे का जीवन संवर सके। कई मौकों पर बच्चों की शादी या शिक्षा के लिए भी चाइल्ड प्लान का सहारा लिया जाता है। लेकिन सही जानकार की सलाह मानें तो बीमा और निवेश को अलग-अलग नजरिये से देखना चाहिए। चाइल्ड प्लान में पाया जाता है कि इनके **चार्जेस**[1] काफी ज्यादा होते हैं। लिहाजा अगर म्यूचुअल फंड का अच्छा **पोर्टफोलियो**[2] बनाकर निवेश करते हैं तो बीमा पर लगने वाले **चार्जेस**[1] से छुटकारा पा सकते हैं।

सातवाँ कदम

सही समय पर योजना बनायें आपकी योजना में जरा भी देरी हुई तो लक्ष्य हाथ से कोसों दूर खिसक सकता है। अभी बच्चा छोटा है और बाद में पढ़ाई-लिखाई के बारे में सोचेंगे, इन धारणाओं को दूर कर आज से ही निवेश करने की रणनीति अपनायें। सही समय पर की गयी निवेश की शुरूआत से आने वाले दिनों में आपको कम लागत का बोझ उठाना पड़ेगा।

एक पोर्टफोलियो बनाइए और उसमें धन लगाइए जब आप एक बार इन सातों कदमों पर अमल कर लें तब आपको निम्नलिखित परिणाम मिलेंगे–

1. आपको अपने बच्चे की जिंदगी के लिए अतिरिक्त धन जुटाने के बारे में कोई चिंता नहीं करनी पड़ेगी।
2. जब भी जरूरत होगी हर साल आप बदलाव कर सकेंगे।

अगर आपको बीमा पालिसी या बैलेंस्ड फंड या आक्रामक इक्विटी फंड या **डायरेक्ट इक्विटी**[3] की जरूरत होगी तो आप इसको जान जायेंगे। आप अपने आकलन की पुनर्गणना कर सकेंगे।

बच्चे की उच्च शिक्षा और उसकी शादी में होने वाले खर्च की व्यवस्था जितनी जल्दी शुरू की जाये उतना बेहतर है। अगर बच्चे की उम्र 5 साल से कम है तो निवेश पोर्टफोलियो का 60 से 80 फीसदी इक्विटी डाइवर्सिफायड म्यूचुअल फंड और शेष पब्लिक प्रोविडेंट फंड और डीप डिस्काउंट बांड में आवंटित किया जा सकता है।

इसलिए अपने बच्चे के सुरक्षित भविष्य की योजना अभी से बनाने के लिए इन बातों पर भी ध्यान दीजिए–

- तरलता
- लचीलापन

---

1. व्यय, खर्च
2. निवेश सूची
3. प्रत्यक्ष इक्विटी

➲ सबसे अच्छे रिटर्न

तरलता और निकासी शुल्क

पैसों की जरूरत कभी भी पड़ सकती है, इसलिए निवेश से पूर्व यह सुनिश्चित करें की निवेश किये जा रहे योजना में निकासी प्रभार किस वर्ष में कितना है। म्यूचुअल फंड के मामलों में आप जब चाहें निकासी कर सकते हैं। लेकिन निवेशक को प्राय: 12 महीने की अवधि तक निकासी प्रभार देना होता है। जीवन बीमा कंपनियों में **लॉक इन अवधि**[1], **मार्केट लिंक्ड**[2] योजनाओं के मामले में 5 वर्षों का होता है। 5 वर्षों के भीतर अगर आप अपनी पॉलिसी भुनाते हैं तो अच्छी-खासी राशि सरेंडर चार्ज के तौर पर देना पड़ सकता है।

आपकी योजना का कोई प्रारूप पहले से तैयार नहीं होना चाहिए। जैसे, जब आपका बच्चा ग्रेजुएट होगा, तब भुगतान मिलना चाहिए आदि। असली दिक्कत अनुकूलता के **पैटर्न**[3] में है, क्योंकि आपको कैसे पता चलेगा कि कब, कितनी रकम आपको चाहिए? अगर आपको ज्यादा धन चाहिए तो आप क्या करेंगे?

अपनी योजना बनाने के लिए आपके पास एक अच्छा रास्ता है। आप अपनी और बच्चे की जिंदगी को बेहतर बनाने के लिए यह रणनीति अपना सकते हैं।

लचीलापन

अगर आप यह मानते हैं कि एकमुश्त रकम निवेश नहीं की जा सकती है, तो **एसआईपी**[4] का रास्ता अपना सकते हैं। इसके जरिए आप जो भी निवेश करेंगे, आपकी रकम की **एवरेजिंग**[5] होती जायेगी। मसलन जैसे-जैसे बाजार ऊपर जायेगा, आपके निवेश की कीमत भी बढ़ती जायेगी। इक्विटी आधारित म्यूचुअल फंड में निवेश करके इस रास्ते पर आगे बढ़ा जा सकता है। मान लीजिए आपका बेटा अभी 3 साल का है। उसकी हायर एजुकेशन के लिए आपको 18 साल की उम्र में ज्यादा रुपये की जरूरत होगी। इस दशा में आप 15 साल की **एसआईपी**[4] (Systematic Investment Plan) ले सकते हैं। एसआईपी आपको अपने नाम से लेनी होगी। इसमें नॉमिनी अपने बेटे को रख सकते हैं। अगर आप इस प्लान में 3,000 रुपये हर महीने निवेश करते हैं और आपको 12 फीसदी का औसत रिटर्न हर साल मिलता रहे, तो आपको 15 साल बाद 15,00,000 रुपये मिल जायेंगे। अगर इसी रिटर्न को बढ़ाकर आप 15 फीसदी सालाना के आधार पर आकलन करें, तो ये रिटर्न बढ़कर 20,00,000 रुपये हो जाता है। अगर बाजार बहुत अच्छा हो जाता है, और आपको

---

1. निश्चित अवरूद्धता अवधि
2. बाजार से जुड़े
3. ढाँचे
4. एसआईपी (व्यवस्थित निवेश योजना)
5. औसतन

सालाना 18 फीसदी तक रिटर्न मिल जाता है, तो ये रकम बढ़कर 26,00,000 रुपये हो सकती है। इस प्लान में लाइफ इंश्योरेंस की सुविधा पहले महीने के बाद शुरू हो जाती है। हादसे की दशा में ये पूरा पैसा ग्राहक को मिल जाता है। इस प्लान की खास बात ये है कि अगर निवेश की अवधि में माता-पिता के साथ कोई अनहोनी हो जाती है, तो बच्चे को अवधि पूरी होने पर फंड वैल्यू का पैसा मिल जाता है। अगर कोई अनहोनी नहीं होती है, तो माता-पिता इस पैसे का इस्तेमाल बच्चे के भविष्य के लिए कर सकते हैं। ये एसआईपी अधिकतम 15 साल के लिए उपलब्ध हैं। ऐसे निवेशक जिनकी उम्र 20 से 40 साल के बीच है, वे इसे 15 साल के लिए ले सकते हैं। जिन निवेशकों की उम्र 40 से 45 साल के बीच है, उनको इस बात का ध्यान रखना होगा कि अवधि ऐसी चुनें, जो 55 की उम्र तक एसआईपी बंद हो जाये। ऐसे ही कुछ मजबूत उपाय कर अपने बच्चों का भविष्य संवारा जा सकता है। कहीं ऐसा न हो कि आप पैसों की धूल उड़ाते रहें और जब संतान के लिए पैसे की आवश्यकता हो तो इधर-उधर हाथ फैलाना पड़ जाये।

सबसे अच्छे रिटर्न

सभी तरह की रिसर्च करने के बाद आपके लिए अंतिम चरण उन उत्पादों की पहचान करना है, जहाँ निवेश करने की जरूरत है। ताकि आप अपने बच्चे के भविष्य को सुरक्षित कर सकें। निवेश इस तरीके से होना चाहिए कि जरूरी समय पर पर्याप्त रकम मिल सके। अगर लम्बी अवधि के लिए निवेश करना है तब **इक्विटी आधारित एसेट**[1] का चुनाव करना बेहतर रहेगा। एक बार जब आप अपने लक्ष्य के करीब पहुँच जायें, तब पैसे को किसी सुरक्षित एसेट में स्थानांतरित कर देना चाहिए, ताकि आपका फंड सुरक्षित रख सकें और जरूरत पड़ने पर उपलब्ध भी हो सके। आप जिस **प्रॉडक्ट**[2] का चयन करते हैं, वह आपकी जोखिम लेने की क्षमता पर निर्भर करता है। साथ ही, यह अवधि और उत्पाद में रिटर्न की क्षमता पर भी निर्भर करता है।

आप नियमित तौर पर अपने निवेश को ट्रैक करते रहें। अगर आप किसी निवेश के खराब प्रदर्शन करने का आकलन कर रहे हैं, तब आप अपनी संपत्ति आवंटन योजना में थोड़ा बदलाव कर दोबारा अपनी पूरी योजना की समीक्षा करें। जरूरत पड़ने पर अपने पोर्टफोलियो में बदलाव करें। आप इक्विटी में निवेश को भुनाने के लिए अंतिम क्षण का इंतजार नहीं करें। विशेषज्ञों के मुताबिक, आप जरूरत पड़ने वाले समय से एक-दो साल पहले ही उसे भुना लें, ताकि बाजार में आने वाली किसी अस्थिरता से पहले अपने लक्ष्य के मुताबिक पैसे की जरूरत को पूरा कर सकें। उसके बाद आप उस पैसे को एफडी या डेट म्यूचुअल फंड स्कीम में लगा दें, ताकि जरूरत पड़ने पर वह पैसा आपको वापस मिल सके।

---

1. इक्विटी आधारित सम्पत्ति
2. उत्पाद

एजुकेशन लोन और आप

देश में कई बैंक हैं जो एजुकेशन लोन दे रहे हैं लेकिन उनमें ज्यादा उत्पाद मौजूद नहीं हैं। एजुकेशन लोन में छात्र को उतने समय के लिए लोन मिलता है जितने समय वो पढ़ाई करता है। जब छात्र पढ़ाई पूरी कर लेता है तो उसके बाद उसे लोन चुकाना होता है। एजुकेशन लोन उन दोनों ही कोर्स के लिए, लिए जा सकते हैं जो भारतीय विश्वविद्यालय और विदेशी विश्वविद्यालय द्वारा कराए जाते हैं। कोई भी 30 लाख रुपये तक का एजुकेशन लोन ले सकता है और इस पर 11.5 फीसदी से लेकर 17 फीसदी तक की ब्याज दर लगती है। इसके अलावा इस पर आपको आयकर की धारा 80ई के तहत टैक्स में छूट भी मिलती है। इसके तहत एजुकेशन लोन पर जो ब्याज दिया जाता है वह आपकी कर योग्य आय में से कट जाता है।

अगर आप आईसीटीई, यूजीसी, आईएमसी जैसी नियामक संस्थाओं से सत्यापित कोर्स में दाखिला लेते हैं या किसी मान्यता प्राप्त विदेशी यूनिवर्सिटी के कोर्स में एडमिशन लेते हैं तो एजुकेशन लोन पाना शायद बहुत मुश्किल काम नहीं है। हालाँकि असली मुश्किल लोन मिलने के बाद शुरु होती है।

भारत में बहुत से छात्र अपना एजुकेशन लोन नहीं चुकाते हैं। बैंकों के रिटेल एसेट पोर्टफोलियो में ये नॉन फॉर्मिंग एसेट (एनपीए) का बड़ा हिस्सा रखते हैं। इंड्स्ट्री के अनुमान के मुताबिक जहाँ बैंको के सारे लोन पोर्टफोलियो का 2 फीसदी हिस्सा खराब लोन यानी बैड लोन में जाता है वहीं एजुकेशन लोन का 6 फीसदी हिस्सा बैड लोन में जाता है। कई बार ऐसे असली मामले आते हैं जब छात्र को कोर्स पूरा करने के बाद तुरंत नौकरी नहीं मिलती वहीं कई बार जानबूझकर **डिफॉल्ट**[1] करने वाले छात्र भी आते हैं। लेकिन इन दोनों ही मामलों में बैंक लोन ना चुकाने वालों के आगे डिफॉल्टर लिख देते हैं। यह किसी भी छात्र की सिविल रिपोर्ट बिगाड़ देती है। जब वह अपना करियर शुरु करता है तो ऐसे छात्रों को फिर किसी भी बैंक से लोन नहीं मिलता है। साथ ही जब वह होम लोन या बिजनेस लोन के लिए आवेदन करते हैं तो भी उन्हें कोई लोन नहीं मिलता और वह अपना पैसा लगाने के बावजूद मुश्किल में पड़ जाते हैं।

अगर आप और आपका बच्चा जान लेते हैं कि उसके कोर्स खत्म करने के बाद उसे तुरंत नौकरी नहीं मिल रही है तो आप दोनों के लिए बेहतर यही होगा कि आप बैंक के पास जायें और उन्हें सच बता दें। यह बात बैंक समझ सकते हैं कि भारत की धीमी आर्थिक ग्रोथ के चलते इस तरह की स्थिति सामने आ रही है। कोई भी नौकरी शुरू कर बैंक का लोन चुकाने के लिए कहेंगे ताकि लोन से

1. रुपये न चुकाना

पूरी तरह मुक्त हों और अपना सिविल स्कोर सकारात्मक रखें।

कई छात्र ऐसे होते हैं, जो कोर्स पूरा करने के बाद विदेश चले जाते हैं और अच्छी नौकरी पाने के बाद बड़ी आसानी से उस लोन को भूल जाते हैं जो उन्होंने पढ़ाई के लिए लिया था। उनके लिए विदेश में नौकरी पाना और वहीं बस जाने की योजना को सफल बनाना लक्ष्य होता है लेकिन वह ये भूल जाते हैं कि भारत में छोड़े गये एजुकेशन लोन की छोटी राशि उन्हें आगे भारी मुसीबत में डाल सकती है। इससे उनके लिए भारत के आर्थिक सहायता के दरवाजे हमेशा के लिए बंद हो सकते हैं। इसलिए अपने एजुकेशन लोन को समय पर अवश्य चुकायें और अपने अच्छे क्रेडिट स्कोर को बनाने की स्वस्थ शुरुआत करें।

बचत के लिए बजट कैसे बनायें?

सही बजट आपको अपने खर्चों की प्राथमिकताएँ तय करने और फालतू खर्चों से बचने में मदद करता है। नतीजा यह होता है कि आप ज्यादा पैसा बचा सकते हैं। बजट बनाने से आप अपने खर्चों को नियंत्रित कर सकते हैं। आपके खर्चों पर नजर रहना जरूरी है। बचत के तरीकों की जानकारी लें। एक बार बचत की आदत बन गयी तो हर महीने आप ऐसा करेंगे ही। बजट के जरिए आप लम्बी अवधि के लिए अपने पैसे का प्रबंधन कर सकते हैं। समय के साथ आपकी वित्तीय जिम्मेदारियाँ घटती-बढ़ती रहती हैं। उसके लिए भी बजट बनाकर ही प्लानिंग करनी चाहिए। मसलन बच्चों की पढ़ाई, उच्च शिक्षा, शादी, कार, घर खरीदना आदि।

पैसों की आवाजाही का प्रबंध (कैश फ्लो मैनेजमेंट) का अर्थ यह है कि आप किसी और उद्देश्य को देखते हुए पैसों को जमा करने का लक्ष्य पूरा करें। इस प्रकार एक तरह से यह आपकी योजना प्रक्रिया की शुरुआत होती है। मनी मैनेजमेंट बुनियादी तौर पर कैश फ्लो से जुड़ा होता है। जो पैसा आपको काम के बदले मिलता है, वह कैश इनफ्लो है और जो पैसा आप खर्च करते हैं, वह आउटफ्लो। इसी वजह से कैश मैनेजमेंट आसान नहीं होता। अगर आपको किसी से गिफ्ट में कुछ पैसा मिलता है तो कैश फ्लो बढ़ जाता है। वहीं, अगर आपने जॉब की शुरुआत में ही कार खरीद ली तो इससे मनी मैनेजमेंट बिगड़ सकता है।

घर के लिए बजट बनाना वित्तीय योजना का अहम हिस्सा है। अगर आपको यह पता नहीं है कि आप किस चीज पर कितना खर्च करते हैं तो वित्तीय लक्ष्य के लिए पैसा बचाना मुश्किल होगा। साथ ही हो सकता है कि जरूरत पड़ने पर आपके पास पैसा न रहे। घर के लिए बजट बनाने से पहले इन सवालों के जवाब जानना जरूरी है -

1. आपकी वास्तविक इनकम क्या है?
2. आप कितना खर्च करते हैं?
3. आपका लक्ष्य क्या है?
4. क्या आपके पास कोई बचत है?
5. जरूरी फंड और करेंट सेविंग के बीच अंतर कितना है?

जैसे मनुष्य काँच में अपना मुँह देखकर अपना श्रृंगार करता है वैसे ही बजट में बेहद जरुरी खर्चों का पहले से अनुमान हो जाता है। यदि वह आय से अधिक है तो पहले से ही काट-छाँट की जा सकती है। अपने परिवार के सुख-चैन के रक्षार्थ, आर्थिक असुविधा और कर्जदारी से बचने लिए अपने परिवार के आय-व्यय (बजट) का ब्यौरा उचित रुप से मितव्ययता के साथ बनाकर एक जिम्मेदार व्यक्ति की तरह जिन्दगी चलानी चाहिए।

यदि आप बचत की योजना शुरु करते हैं तो आपको अपने बजट पर ध्यान देना होगा। इन सात बातों से आप अपने बजट पर समुचित ध्यान दे सकते हैं -

- जितना जल्दी हो बचत शुरु कर दें।
- लक्ष्य बनायें (छोटी और लम्बी अवधि के लक्ष्य हों)
- अपने परिवार के लोगों के साथ विचार करें
- बजट के मुताबिक अपनी योजना को व्यवहारिक रूप दें
- अलग-अलग विकल्पों पर विचार करें, लेकिन स्थिर रहें
- अपनी योजना को लिखें
- हर महीने या दो महीने में अपनी योजना की जाँच करें

बजट का एक उपयुक्त फॉर्मेट बनायें

आप इन्हें इंटरनेट से डाउनलोड कर सकते हैं-आपको अपनी मासिक आय के हिसाब से चलना होगा और इसके आधार पर ही लागत निकालनी होगी। सारी अंकगणना और हिसाब-किताब इस तरह से करें कि आपके साल भर का बजट तैयार हो जाये। एक हफ्ते के बजट को 52 हफ्तों से गुणा करें और इसके बाद देखें कि आपकी सालाना आमदनी में ये फिट हो रहा है या नहीं। अगर यह सही तरह से फिट नहीं हो रहा है तो इसका मतलब है कि आपकी गणना में कोई गलती है।

एक महीने के बजट को 12 से गुणा करें। इसी तरह तिमाही बजट को 4 से गुणा करें जिससे आपको पता चले कि आपका हिसाब आपकी जरूरतों के हिसाब से सही है या नहीं।

आपको अपने बजट में क्या जोड़ना चाहिए?

आप उसमें अपनी सारी आमदनी को जोड़ें साथ ही इसे भी जोड़ें –

- अपनी तनख्वाह
- उन पैसों को जो आप नौकरी के अतिरिक्त कमाते हैं किराये का पैसा (यदि किसी संपत्ति का आप किराया लेते हैं) अपने खर्चों को जोड़ें जैसे –
- रेंट (किराया) या बांड
- घर की देखभाल में खर्च (घर के लिए पैसा देना या जमा करना या फिर घर की मरम्मत)
- आवश्यक सुविधाओं पर खर्च (बिजली, पानी का दर इत्यादि)
- टेलीफोन बिल्स
- वाहन का ऋण
- वाहन का खर्च
- पेट्रोल
- परिवहन खर्च (यदि आपके पास कार नही है)
- ग्रोसेरीज
- कपड़ों पर खर्च
- घरेलू कर्मचारी (आया, माली, सेवक इत्यादि)
- चिकित्सा पर खर्च
- बीमा पर खर्च
- राशन पर खर्च
- क्रेडिट कार्ड्स
- पर्सनल लोन (व्यक्तिगत ऋण)
- डेबिट ऑर्डर/स्टॉप ऑर्डर
- स्कूल फी
- मनोरंजन पर खर्च

सिर्फ बजट बनाना ही काफी नहीं है, बल्कि यह भी देखें कि आपका बजट केवल कागजों पर ही नहीं बल्कि असली जिंदगी में भी सही चल रहा है या नहीं। एक सही बजट वही है जो देखने में भले ही साधारण हो लेकिन आपकी

आवश्यकताओं को पूरा करने में सफल साबित हो। बजट बना लेने पर भी उसके अनुसार चलने में तब तक कठिनाई ही बनी रहेगी, जब तक मनुष्य उसके प्रति पूरी तरह ईमानदार नहीं रहेगा।

मान लीजिए, किसी ने अपनी सौ रुपये की आमदनी में से बचत की मद में दस रुपये निकाल कर बाकी नब्बे रुपये महीने के शुरु में ही विविध मदों में बाँटकर अपना बजट बना लिया, किन्तु वह उसके अनुसार निष्ठापूर्वक चलता नहीं है, कभी इस मद का खर्च काटकर उस मद में बढ़ा दिया तो कभी इस मद का खर्च काटकर उस मद में, ऐसे में तो उस ढीले-ढाले व्यक्ति का बजट फेल हो जायेगा। और पारिवारिक व्यवस्था सुविधा सम्पन्न नहीं रह पायेगी। जिस सरलता एवं स्निग्धता के लिए आपने बजट बनाया था, वह उद्देश्य पूरा नहीं हो सकेगा। इसलिए बनाये हुए बजट के प्रति ईमानदार रहना बहुत आवश्यक है। जब तक बजट बन रहा है तब तक ही उसमें हस्तक्षेप का अपना अधिकार समझिए, पर ज्यों ही वह एक बार बनकर अंतिम रुप में सामने आ जाये, उसका उसी प्रकार पालन करना चाहिए जिस प्रकार कानून का पालन किया जाता है। बजट बनाना आपके अधीन रहता है, पर एक बार पूरा बजट बन जाने पर आप अपने आपको उसके मातहत समझिए।

आप अपनी बचत योजना की एक सूची बनायें और उस योजना को शामिल करें जिससे हर महीने एक निश्चित राशि जमा हो सके। आप शुरुआत में छोटी बचत जरूर कर सकते हैं लेकिन कोशिश करें कि उन रुपयों को जमा करने के बाद ही बाकी रुपयों को खर्च करें।

यदि आपका खर्च आपकी आमदनी से ज्यादा है तो यह आपकी समस्या बन सकती है, उपाय ढूँढ़े कि किस जगह आप अपने खर्च में से कटौती कर सकते हैं।

आपको अपनी हर खरीदारी पर नजर रखने की आवश्यकता है- चाहे एक कप कॉफी हो या सिनेमा देखने का खर्च इन्हें लिख लें और साथ में रसीद भी रखें। लिखें कि हर महीने किस क्षेत्र में आपने कितना पैसा खर्च किया। उन रुपयों को भी नहीं भूलें जो अपने भविष्य के लक्ष्य को पूरा करने के लिए हर महीने आप बचाते हैं। अपने बजट के प्रति सही नजरिया अपनायें ताकि आपके लिए उसे पूरा करना आसान हो।

अच्छे बजट का रहस्य उसकी सरलता और उसके अच्छे रिकॉर्ड में है। ठीक वैसे ही जब आप बजट की शुरुआत करते हैं तो आपको अपनी आमदनी और खर्च का रिकार्ड रखना होता है। यही उपाय आपके लिए भी कारगर साबित होता है जब आप अपने खर्च को लिखते हैं और सारी खरीददारी की रसीद रखते हैं।

यदि आपके पास करंट अकाउंट (चालू खाता) है तो बैंक आपको डाक से स्टेटमेंट भेजता है। अपने स्टेटमेंट को सावधानी से पढ़ें और देखें कि आपने किस पर कितना खर्च किया। यदि आपको लगता है कि कुछ ऐसे खर्च हैं जिन्हें आप

नहीं समझ पा रहे हैं तो अपने बैंक को फोन कर इसके बारे में पता करें। यदि आप चेक से बिल का भुगतान करते हैं तो अपने चेकबुक में उसका रिकॉर्ड रखें कि किसको कितना आपने भुगतान किया। इस तरह आप इसे अपने स्टेटमेंट से भी मिला सकते हैं। यदि आप किसी दूसरे तरह का खाता रखते हैं तो आप एटीएम से मिनी स्टेटमेंट निकाल सकते हैं या आपने इंटरनेट बैंकिंग सेवा ली है तो ऑनलाइन स्टेटमेंट भी निकाल सकते हैं।

यदि आप खरीदारी के लिए ज्यादातर एटीएम, डेबिट या क्रेडिट कार्ड का इस्तेमाल करते हैं तो अपने पास उसकी स्लीप (रसीद) रखें और देखें कि आपने कितना खर्च किया है। अपने पास एटीएम की रसीद भी रखें और हमेशा एटीएम से जाँच करते समय यह जानकारी लें कि आपके अकाउंट (खाता) में कितनी राशि शेष बची है।

अपने महीने भर की खर्चे की तुलना करें

हर महीने के अंत में अपने बजट से खर्च की तुलना करें। अपनी योजना के अनुसार ही खर्च सीमित रखने की कोशिश करें और उन रास्तों को तलाशें जिनसे खर्च में कटौती की जा सकती है।

यदि आपका बजट कुछ महीनों तक सख्त दिखता है तो फिर भी योजनाओं पर अमल करना नहीं छोड़ें। कुछ समय संतुलन बनाने में लगता है जो आपके लिए कारगर साबित होता है। लचीलापन रवैया अपनायें। यदि आपका बजट आपके मुताबिक नहीं है तो उस पर बने रहें वह संतुलित हो जायेगा। यदि आवश्यकता पड़े तो अपने परिवार और दोस्तों की मदद लीजिए खासकर जब आप खरीदारी का ज्यादा शौक रखते हैं। ऐसा करने से आपका बजट संतुलित हो जायेगा।

बजट एक प्रकार से पारिवारिक खर्च का पूर्व विधान है। इसका निर्माण यथासंभव परिवार के हर बालिग सदस्य को सम्मिलित करके ही करना चाहिए और इसे सर्वसम्मति से पास होना चाहिए। ऐसा संभव हो सकने पर न तो किसी को असंतोष का कारण ही रहेगा और न तब कोई उसका उल्लंघन करने की हिम्मत करेगा। आगे बढ़ने और समृद्धि परिवार अधिकतर बचत का काफी ध्यान रखते हैं। जितना कमाया, उतना खर्च कर डाला, बचा कुछ नहीं, बैंक में कुछ नहीं, घर या मकान नहीं, अधिक बाल-बच्चे, यदि ऐसी हालत में हो तो पतन निश्चित है।

बजट सबके सामने रखना चाहिए, इससे परिवार के सभी छोटे-बड़ों में एक उत्तरदायित्व पूर्ण किफायतदारी की आदत का विकास होगा। परिवार की आर्थिक व्यवस्था का स्पष्ट ज्ञान न रहने और उसके साथ अपनी जिम्मेदारी जुड़ी रहने से कोई भी सदस्य किसी खर्च की निश्चित सीमा से बाहर जाने में अपनी हीनता महसूस नहीं करेगा।

इस प्रकार बचत करने के लिए पहले बजट बनाना जरुरी है। परमिट एवं सर्वसम्मत बजट बनाने और उसे सुविधापूर्वक चलाने के लिए हर अपेक्षाकृत सयाने सदस्य को अपने से छोटे की सुख-सुविधा का पूरा ध्यान रखते हुए प्रत्येक की परिस्थिति एवं आवश्यकताओं के अनुसार ही व्यवस्था करनी चाहिए। बजट से परिवार के सदस्यों में एक-दूसरे के लिए निःस्वार्थ त्याग और सहयोग की भावना का विकास होगा। किसी भी पारिवारिक बजट में सर्वसम्मति दवाब अथवा प्रभाव से ही प्राप्त की जा सकती है, किन्तु उसमें सफलता तभी मिलेगी, जब खर्चों की मदों में आवश्यकताओं की अनिर्वायिता के अनुसार क्रम दिया जायेगा।

खर्च में बचत के १०० टिप्स

क्या आपके लिए हर माह पैसे बचाना असंभव है? हालाँकि इसके लिए उच्च मुद्रास्फीति पर आरोप लगाना आसान है, लेकिन शायद यह आपके खर्च करने के व्यवहार पर है जो उच्च अपव्यय के लिए जिम्मेदार है। किसी दार्शनिक ने कहा भी है कि पैसा एक अच्छा सेवक हो सकता है, लेकिन मालिक बनते ही पैसा नियंत्रण से बाहर होने लगता है। इसलिए सबसे पहले तो आपको निवेश और बचत का महत्त्व समझना चाहिए। बचत करना एक कला है। बचत और कंजूसी में फर्क होता है पैसे के अपव्यय के सामान्य कारणों का पता लगाने से आप भी बचत कर सकते हैं। इसके लिए सबसे पहले बैंक से शुरुआत करते हैं –

क्रेडिट कार्ड

- आपके कार्ड बिल पर आने वाली किसी भी फीस या चार्ज को आँख मूंदकर स्वीकार न करें। वार्षिक फीस या कार्ड इस्तेमाल न करने का चार्ज ज्यादातर बैंक आपको मुफ्त क्रेडिट कार्ड की पेशकश करते हैं,लेकिन आपको दो चीजें देखनी चाहिए। अगले साल से कितनी फीस होगी? और क्या कार्ड इस्तेमाल न करने की फीस है? अकसर क्रेडिट कार्ड केवल पहले साल के लिए फ्री होता है। तो अगले साल से आपको 100-1,000 रुपये की वार्षिक फीस देनी होती है। कुछ प्रीमियम कार्ड्स में एक तय समय में न्यूनतम रकम खर्च करने पर ही कार्ड फ्री होता है। स्टैंडर्ड चार्टर्ड जैसे कुछ बैंक एक साल के अंदर कार्ड इस्तेमाल न करने पर 250 रुपये की **नॉन-यूसेज**[1] फीस लगाते हैं। इसके अलावा क्रेडिट कार्ड पर **लेट पेमेंट**[2] फीस भी लगती है। कुछ बैंकों ने इसे बढ़ाकर 350-600 रुपये कर दिया है।

---

1. अनुपयोग

2. देर से भुगतान

- अपने क्रेडिट कार्ड के बैलेंस को अधिक न बढ़ायें, ऋण लेना धन बर्बाद करने का सबसे बड़ा तरीका है। एक अच्छे ऋण, जैसे कि होम लोन, की मदद से आप एक परिसंपत्ति का निर्माण कर सकते हैं, जबकि एक बुरे ऋण, जैसे क्रेडिट कार्ड का **रोलओवर बैलेंस**[1], आपकी बचत को खत्म कर सकता है। होम लोन, एजुकेशन लोन आपको टैक्स में फायदा देंगे तो क्रेडिट कार्ड का लोन हर वक्त आपका खून चूसता रहेगा। लोन लेते समय उसकी अवधि को अपनी मासिक आय के हिसाब से तय करें। यह आपकी मासिक आय के 40-45 फीसदी से ज्यादा न हो। होम लोन की लागत को कम करने के लिए जितना जल्दी हो सके, उसे चुकाने की व्यवस्था करें।
- कार लोन लेने से पहले अपनी जेब को टटोल लें और जितना कम से कम हो उतना ही लोन लें।
- पर्सनल लोन लेते समय यह देख लें कि कहीं और किसी जरिये से लोन का जुगाड़ हो सकता है क्या? क्या आपकी एफडी, मकान या गोल्ड को गिरवी रखकर आपको लोन मिल सकता है? इनसे मिलने वाला लोन, पर्सनल लोन से सस्ता ही होगा। क्रेडिट कार्ड से मिलने वाले लोन से तो तौबा ही भली। 40 से 50 प्रतिशत सालाना की दर पर मिलने वाले इस लोन से आपको बचना ही बेहतर होगा। अगर किसी मजबूरी में इसे लेना भी पड़े तो आप इसका भुगतान समय पर करते रहें और जितना जल्दी हो सके इससे पीछा छुड़ा लें।
- उन क्रेडिट कार्ड का उपयोग करें जो आपके लिए फायदेमंद हो सकते हैं। जिनके बिल का भुगतान समय पर और पूरा करने पर आप एक अच्छे क्रेडिट इतिहास बना सकते हैं। इसके अलावा, ज्यादातर कार्ड नकदी वापस और इनाम के अंक जैसे आकर्षक ऑफर्स के साथ आते हैं। जैसे आईसी आईसी आई बैंक के प्लेटिनम क्रेडिट कार्ड को ही ले लीजिए, जो हर सौ रुपये के खर्च पर तीन प्वांइट्स ऑफर करता है। 2000 प्वाइंट्स एकत्रित करने पर, आपको लोकप्रिय रीटेल स्टोर से 500 रुपये का उपहार वाउचर मिलता है।
- जब आप रोजाना की खरीदारी भी क्रेडिट कार्ड से करने लगते हैं तो आपके क्रेडिट कार्ड के महँगा होने की आशंका बढ़ जाती है। आप जितनी भी बचत कर रहे हैं, उसे ब्याज के रूप में चुका देंगे। नकद भुगतान सबसे अच्छा विकल्प है।
- अपना बिल देख लें क्रेडिट कार्ड हो या म्यूचुअल फंड की रसीद जिसमें भी वित्तीय झंझट हों, उसका ध्यान रखें। बिल चुकाने से पहले अच्छी तरह जाँच लें।
- जब हो वाकई जरूरत तभी एटीएम जायें। इन दिनों हर बैंक अपने एटीएम

लगाने में जुटा है और आपको अपने आसपास कई एटीएम दिख जाते हैं। यानी अब आपको पैसे निकालने के लिए अपने बैंक की शाखा में नहीं जाना पड़ता। पड़ोस के एटीएम से काफी सुविधा हो गयी है। लेकिन इस सुविधा से एक दिक्कत भी है। आपका खर्च बढ़ गया है। नकदी की आसान उपलब्धता चाहे वह वॉलेट में हो या पास के एटीएम में आपका खर्च बढ़ा देती है। एटीएम जाने से पहले यह सुनिश्चित करें कि क्या आपको वाकई कैश की क्या जरूरत है।

- जो धन आपके पास नहीं है उसे आप नहीं उड़ा सकते। यह बात पुरानी हो गयी है। कई बैंक **ओवरड्राफ्ट**[1] सुविधा देते हैं। मतलब डेबिट कार्ड का इस्तेमाल करने से भी आप अपने बैंक अकाउंट को चूना लगा सकते हैं। सारी मुसीबतों से बचने के लिए जब कुछ खरीदें, तो नकद खरीदें।
- फाइनेंशियल प्लानर्स का मानना है कि आपके बचत खाते में पड़े कैश से आपके खर्च में बढ़ोतरी की संभावना रहती है। ऐसी स्थिति में बचत करने के लिए **ऑटोमैटिक सेविंग्स**[2] का सहारा लिया जा सकता है। हर महीने कुछ सौ रुपयों के ऑटोमैटिक सेविंग्स से शुरुआत की जा सकती है। बाद में जब ऐसा लगे कि दिक्कत नहीं आ रही, तो यह एमाउंट बढ़ाया जा सकता है। इस तरह आप एक अच्छी-खासी राशि बचा लेते हैं, जो संकट के समय काफी मददगार साबित होगा। बहुत सारे बैंकों में इस तरह की सुविधा उपलब्ध है। अब बारी आपकी है, अपने बैंक जायें और इस सुविधा का लाभ उठायें।
- आज की जीवनशैली ऐसी हो गयी है कि हम सब पर सदा कर्ज रहता है। इस कर्ज को हम ईएमआई के जरिए चुकाते रहते हैं। कर्ज चुकने के बाद भी आपको यह मान कर चलना है कि आप री-पेमेंट कर रहे हैं। इससे पहले भी आप हर महीने उस राशि का जुगाड़ कर ही रहे थे। अगर आगे भी इतने रुपयों का प्रबंध करते रहेंगे तो आप काफी रुपये भविष्य में बचा सकेंगे।
- क्रेडिट कार्ड पर बकाया रकम पर 16-25 फीसदी के बीच इंटरेस्ट लगता है। पर्सनल लोन का इंटरेस्ट 14 फीसदी से ज्यादा होता है। यहाँ तक कि कार लोन के लिए भी 12-14 फीसदी का इंटरेस्ट चुकाना पड़ता है। हाई-कॉस्ट डेट जल्द चुकाना चाहिए। इससे आप पर कर्ज का बोझ घट जायेगा और हर महीने **इंटरेस्ट**[3] के रूप में जाने वाली रकम कम हो जायेगी। क्रेडिट कार्ड आउटस्टैंडिंग, पर्सनल लोन या व्हीकल लोन को **प्रॉयरिटी बेसिस**[4] पर चुकाना चाहिए।

---

1. अति आहरण
2. स्वत: बचत
3. ब्याज
4. प्राथमिकता के आधार पर

मोलभाव आपका जन्मसिद्ध अधिकार है, इसलिए डिस्काउंट के बारे में पूछने पर कभी भी शर्मिंदगी महसूस न करें, चाहे फिर आप लैपटॉप या कार ही क्यों न खरीद रहे हों। हर व्यापारी बिक्री के लिए उत्सुक रहता है, इसलिए वह अपने कमीशन पर एक समझौता करने को तैयार हो जायेगा। आमतौर पर, यह डिस्काउंट 5-10 फीसदी से कम मूल्य का हो सकता है। एक अच्छी रिसर्च आपको मोलभाव के लिए बहुत बेहतर ढंग से तैयार करती है। एक ही वस्तु की कीमतों में अंतर का पता करने के लिए ऑनलाइन स्टोर और कुछ दुकानों पर जरूर घूमें। अगर आप नगद भुगतान कर रहे हैं तब आप ज्यादा डिस्काउंट के लिए पूछ सकते हैं, क्योंकि इससे विक्रेता को क्रेडिट कार्ड कंपनी को कोई भुगतान नहीं करना होगा। किसी दुकान में यदि आप वस्तुओं के दाम की तुलना करने के लिए कीमत का लेबल चेक करेंगे तो इससे आपकी इज्जत दाँव पर नहीं लग जायेगी। सोचसमझ कर मोलभाव करके सामान खरीदें। आजकल फोन कनेक्शन लेते समय लोग कितना सोचते हैं! जिसमें ज्यादा से ज्यादा फायदा होता है उसे ही चुनते हैं। यही नीति दूसरी चीजें खरीदते समय भी क्यों न अपनाई जाये?

- आपके बैंक के आधार पर प्रति क्वार्टर या 6 महीने में केवल 1 चेकबुक मुफ्त मिलती है। हर एक्सट्रा चेकबुक के लिए आपको 50 रुपये देने होते हैं। **डुप्लिकेट डाक्युमेंट्स**[1] या पुराने रिकॉर्ड के लिए भी चार्ज लगता है। कोई सर्विस लेने से पहले बैंक की वेबसाइट पर यह देख लें कि कहीं उसके लिए आपको कोई चार्ज तो नहीं देना होगा। आपको अपने बैंक अकाउंट में एवरेज बैलेंस पर भी नजर रखनी चाहिए। बैंकों ने इसके लिए **क्वॉर्टरली**[2] की बजाय मासिक आधार कर दिया है। **एवरेज बैलेंस**[3] न रखने पर आपको प्रतिमाह 350-500 रुपये की चोट पड़ सकती है।
- पिछले कुछ महीनों में, बैंकों ने विभिन्न सेवाओं के लिए शुल्क में संशोधन किया है, अगर आप अपने पैसे को जुर्माने से बचाना चाहते हैं आपने अभी तक इन नये संशोधनों के बारे में जानकारी नहीं ली है तो जरूर ले लें। उदाहरण के लिए, सभी बैंकों ने बचत खाते में न्यूनतम रकम को मेंटेन करने की अनिवार्यता तीन माह से घटाकर प्रत्येक माह कर दी है और ऐसा करने के लिए लगने वाले जुर्माने में भी वृद्धि कर दी है। इसी प्रकार एक तिमाही में 12 मुफ्त ब्रांच ट्रांजेक्शन को घटाकर एक माह में चार कर दिया गया है। इसके लिए भी जुर्माना बढ़ाया गया है। कुछ ट्रांजेक्शन शुल्क बचाने का सबसे अच्छा तरीका फोन और नेट बैकिंग हैं।

---

1. दस्तावेज की नकल
2. त्रैमासिक
3. औसत राशि

शॉपिंग समझदारी से करें

- पैसा हाथ में आते ही यह जरूरी नहीं कि आप शॉपिंग पर निकल पड़ें। इससे बेहतर होगा कि आप पहले आवश्यक सामान की लिस्ट बनायें और केवल उन्हे ही खरीदें।
- आदतन खरीददारी से बचें - जिस दिन आप नया टीवी लेकर आते हैं उस दिन घर में कितना उत्साह होता है! नई कार में बैठकर शोरूम से घर आते समय दिल बल्लियों उछलता है। ये तो बड़ी महँगी चीजें हैं, लोगों को तो नए जूते का डब्बा खोलते समय भी बड़ा रोमांच लगता है। लेकिन कितने समय तक? याद रखें, सब ठाठ यूँ ही पड़ा रह जायेगा इसीलिए हम कहते हैं, वही खरीदो जो जरूरी हो।
- अपनी खरीदारी की योजना बनायें। जो भी चीज सामने आये उसे खरीदते रहेंगे तो आप ज्यादा खर्च करेंगे। एक सप्ताह के भोजन की योजना बनायें कि आपको क्या खरीदने की जरूरत है। सूची में शामिल वस्तुएं ही खरीदें।
- सही मुकाम पर जायें स्टोर पर आप अपनी जरूरत का सामान खरीदने के लिए भी लम्बी दूरी तय करते हैं। तब आप ऐसी चीज भी खरीद लेते हैं जिसकी आपको जरूरत नहीं होती। जरूरत का सामान स्टोर के कोने में पड़ा रहता है। जब खरीदारी करने जायें तो अपनी जरूरत के हिसाब से सही मुकाम पर जायें।
- जब आप भूखे होते हैं तब बहुत सारी चीजें खरीद लेते हैं। इनमें बहुत सी गैर-जरूरी चीजें भी होती हैं। जब पेट भरा होता है तो गैरजरूरी चीजें खरीदने से बचें।
- जब आप घर से निकल रहे हैं तभी पानी की बोतल साथ रख लीजिए। यह बाहर जाकर बोतल खरीदने से अच्छा है।
- हो सकता है कि सुपरमार्केट में आपकी सारी जरूरतों की चीजें एक साथ मिल जाती हैं लेकिन अगर आप थोड़ा सा खोजें और कीमतों की तुलना करें तो पायेंगे कि स्थानीय दुकानों पर भी उत्पाद मिल जाते हैं, वह भी कम कीमत पर।
- जब भी खरीददारी करने निकलें, बच्चों को घर छोड़ दें। बच्चे साथ रहते हैं तब आप अनावश्यक चीजें तो खरीदते ही हैं, आपसे खर्च भी ज्यादा होता है।
- थोक में खरीदें थोक में खरीदने से काफी पैसे बचते हैं। फैमिली साइज पैक खरीदना अच्छा है। लेकिन बड़ी मात्रा में खरीददारी करने का नुकसान भी है। अगर आप कोई खास चीज ज्यादा इस्तेमाल नहीं करते तो वह बेकार जायेगी।
- अगर आप बार-बार किसी एक स्टोर पर जाते हैं तो वहाँ के रिवार्ड कार्ड का इस्तेमाल करें। बिना कार्ड के आपका बिल ज्यादा हो सकता है। कई बार कार्ड पर आपको दूसरी सुविधाएँ भी मिल जाती हैं।

- स्थानीय उत्पाद खरीदिये आप स्टोर में जाकर अमेरिकी अंगूर मत खरीदिये। जैसे स्थानीय फल-सब्जियाँ काफी कम दाम पर बाजार में मिल जायेंगे।
- अनब्रांडेंड सामान लेंब्रांडेड और अनब्रांडेड सामान की कीमतों में भारी अंतर होता है। ड्राई फ्रूट जैसी वस्तुओं की कीमतों में भी ब्राण्ड से अंतर आता है। कई बार तो ब्राण्डेड कार्नफ्लैक्स, बिना ब्राण्ड के ड्राई फ्रूट से भी महँगा होता है।
- पुरुषों में खरीददारी के समय धैर्य नहीं होता। वे जल्दी में होते हैं और सबसे महँगा सामान खरीदते हैं।
- कीमतों की तुलना करें जो लोग कीमतों की तुलना करते हैं उन्हें यह भी पता चल जाता है कि कौन-सा सामान कहाँ अच्छा मिलता है। वे योजना बनाकर खरीदते हैं और कम खर्च करते हैं।
- बार-बार न खरीदें, जितनी बार दुकान या स्टोर पर जायेंगे, उतना कम सामान खरीदेंगे और ज्यादा बार जाने से आपकी लागत बढ़ जायेगी।
- मानसून में लैदर का सामान और ठंड में छतरी खरीदें। आफ सीजन में खरीददारी करने से लागत कम हो जाती है। ठंड में इस्तेमाल होने वाला सामान गर्मियों में और ठंड में छतरियाँ हमेशा सस्ती मिलती हैं।
- अगर आप बचत करने की सोच रहे हैं तो फालतू खरीददारी करने से खुद को रोकना ही होगा वर्ना बचत के बाकी सारे उपाय व्यर्थ हो सकते हैं।
- हमेशा ब्राण्डेड उत्पादों के पीछे न भागें। इसके लिए चाहें तो कुछ सस्ते उत्पाद भी खरीद सकते हैं जो आपके काम को पूरा कर सकते हैं।
- अगर आप समझदारी से खरीददारी करें तो काफी बचत कर सकते हैं। लम्बे समय तक चलने वाले उत्पाद जैसे साबुन, शैंपू, क्लीनिंग प्रोडक्ट को इकट्ठा खरीदने से आप एक बार बड़ा खर्च करते हैं, लेकिन लम्बे समय तक खर्च से बच जाते हैं। अगर इन्हें किसी के साथ बाँटते हैं तब आपकी लागत और भी कम हो सकती है।
- केवल शौकिया खरीददारी के लिए बाजार न जायें-तभी खरीददारी करने की सोचें जब आपको वास्तव में जरूरत हो। सामान की लिस्ट बनायें और जितना जरूरी हो उतना ही खरीदें।
- रेडी टू ईट के जाल से बचें क्योंकि ये न तो सेहतमंद होते हैं और बजट को भी कई गुना बढ़ाते ही हैं।
- परिवार के साथ शॉपिंग पर न जायें। अगर आपके बच्चे युवा हैं तो आपका बिल बढ़ता जायेगा और आपको पता भी नहीं चलेगा।

- डिस्काउंट का फायदा उठाएं और फैक्ट्री आउटलेट पर पैसे बचाऐं-ऐसे स्टोर में कई बार आपको भारी वैराइटी आकर्षक दामों पर मिल सकती है।
- सेल्स ऑफर का लाभ लें सितंबर से दिसंबर के दौरान अकसर त्योहार की छूटें दी जाती हैं। हिंदू, मुस्लिम व ईसाइयों के त्योहार इस दौरान आते हैं। स्टोर में काफी छूटें चलती हैं, इनका फायदा उठाएं।
- ऑनलाइन शॉपिंग ज्यादा फायदा दिलाता है। इसके जरिए पेट्रोल भी बचता है और आपको सस्ती लागत पर उत्पाद मिल सकते हैं, क्योंकि ज्यादातर ऑनलाइन शॉपिंग पर छूट मिलती है।
- सिर्फ सेल के लालच में खरीदारी करने न निकलें। कई सेल में ऐसे उत्पाद बेचे जाते हैं जो घटिया क्वालिटी के होते हैं और आप अनजाने में उन्हें सस्ता नहीं बल्कि महँगा खरीद लेते हैं क्योंकि ये किसी काम के नहीं होते हैं। बेहतर होगा कि आप ऐसी लुभावनी सेल से दूर ही रहें।
- जो सामान रोज ही लेना पड़ता हो उसे घर पर ही बुलाने लगें घर में दो छोटे बच्चे हैं और दूध तो रोज लेते ही है। अकसर घर के छोटे बच्चे को गोद में लेकर कॉलोनी की दुकानों से दूध लेने जाने पर दुकान में बच्चे दूसरी चीजें जैसी चॉकलेट-चिप्स लेने की जिद करते ही हैं और आपको लेना पड़ता है क्योंकि आप बच्चे के मामले में कंजूसी पसंद नहीं करते लेकिन चॉकलेट-चिप्स जैसी चीजें स्वास्थ्यकर नहीं हैं। इन चीजें की खरीद से बचने के लिए आप दुकान वाले को रोज दूध घर पर देने के लिए कह सकते हैं। बच्चे के साथ दुकान जितना कम जायेगें, गैरजरूरी सामान पर खर्चा भी उतना ही कम होगा। और बच्चे को घर में ही स्वास्थ्यकर चीजें बनाकर दें।
- घर में जब कभी खरीदने के लिए कोई जरूरी सामान याद आ जाता है तो उसी समय उसे लिख लें जब बाहर जायें तो लिस्ट के अनुसार ही खरीददारी करें। बाहर जाने के पहले लिस्ट चेक कर लें कि कोई सामान छूट तो नहीं रहा है। इस तरह आप बार-बार बाहर जाने से बच जाते हैं, नतीजतन खर्चा भी कम होता है।
- खर्चे को टालने का प्रयास करने के लिए एक 30-दिवसीय लिस्ट बना शुरू कर दें। जब भी कुछ खरीदने कि इच्छा हो तो यह संकल्प कर लें कि इसे 1 महीने बाद ही लेंगे। यदि 1 महीने बाद भी उसे खरीदना जरूरी लगे तभी उसे खरीदें (पैसा होना भी जरूरी है)। लिस्ट में सामान नोट करते रहने से जागरूकता आती है और सामान लेना टाल देने के कारण आपकी आदत पर कुछ लगाम लगती है। खरीददारी के लिए जाने से पहले एक लिस्ट बनाना काफी फायदेमंद होता है। इससे आपके बिल में कटौती

हो जाती है। आपको यकीन नहीं हो रहा तो इसे खुद आजमा लें। एक बार बिना लिस्ट के शॉपिंग करने जायें और एक बार लिस्ट के साथ। फर्क खुद-ब-खुद समझ में आ जायेगा।

- किफायत से चलने वाले को खरीददारी करने दें घर में पति पत्नी में से जो भी किफायती हो उसे ही खरीददारी के लिए आगे करें। बंधी मुठ्ठी से चलना पैसा बचाता है।
- सस्ती चीजों के लोभ से बचें। एक के साथ एक फ्री, 60 परसेंट प्लस 30 परसेंट डिस्काउंट, केवल तीन दिनों के लिए भारी छूट- इस तरह की चीजों से आकर्षित हो जाना इनसानी फितरत है। कई-कई बार हम केवल इसलिए खरीदारी करने लगते हैं कि सेल लगी होती है। ध्यान दें, तीन दिनों के लिए किसी आइटम पर भारी छूट का यह मतलब कतई नहीं है कि आपको उस आइटम की वाकई जरूरत है।
- फुटकर करें गुल्लक के हवाले। आपको पढ़ कर हँसी आ रही होगी, लेकिन पैसे बचाने का यह अच्छा तरीका है। इसका सूत्र यह है कि हर सुबह घर से बाहर निकलते समय आपके वॉलेट में फुटकर नहीं होना चाहिए। यानी आपको करना यह है कि शाम को घर लौटने के बाद छोटे-छोटे नोट और सिक्कों को गुल्लक में डाल देना है। यकीन मानिए, यह बहुत कारगर होता है और कुछ समय बाद इसमें अच्छी राशि एकत्र हो जाती है।

वॉर्डरोब सेविंग

- वॉर्डरोब से पुराने या अनुपयोगी कपड़ों की छँटाई अवश्य करें। इससे पता चलता है कि कितने कपड़ों की वास्तव में आपको जरूरत है और कितने ऐसे कपड़े हैं जिन्हें आप पहनते ही नहीं। कुछ पुराने कपड़ों को भी अगर चाहें तो नई स्टाइल दे सकते हैं।
- जैकेट्स, कोट, पुलोवर अप्रैल से जून तक और कॉटन सूट्स, शर्ट्स व टी-शर्ट्स नवंबर से जनवरी तक खरीदना फायदे का सौदा है। ऑफ सीजन या क्लियरेंस सेल का लाभ उठाएं और अगले मौसम के लिए कपड़े खरीद लें।
- हर बार ड्राई क्लीनिंग क्यों जरूरी है? घर पर भी सही तरीके से कपड़ों की धुलाई संभव है। इसे आजमाएं और लॉन्ड्री का खर्च कम करें। कपड़ों को ओवर-वॉश न करें। गर्मी के मौसम में ड्रायर का उपयोग न करें, इससे कपड़े ज्यादा सिकुड़ते हैं और इस्तरी करने में परेशानी होती है। गीले कपड़े सुखाने के लिए हैंगर का इस्तेमाल करें। इससे कपड़े कम सिकुड़ते हैं।
- बच्चों के लिए खरीदारी करते समय ध्यान रखें कि उनके कपड़े एकाध इंच बड़े हों। बेहतर यह है कि उनके लिए ज्यादा महँगे कपड़े न खरीदें, क्योंकि अगले मौसम तक वे उन्हें फिट नहीं होंगे।

- मिक्स एंड मैच जरूरी हिस्सा है वॉर्डरोब का। रोजमर्रा के कपड़ों में कुछ ऐसी अवश्य हों, जिन्हें मिक्स एंड मैच करके पहन सकें। अलग-अलग कपड़े खरीदना मतलब वॉर्डरोब को अनावश्यक भरना, और ऐसे सूट खरीदना जो काफी महँगे हों। बेहतर होगा कि मिक्स एंड मैच की रणनीति अपनाई जाये।
- वार्डरोब को अस्त-व्यस्त न रखें। महीने में एक बार इसकी साफ-सफाई जरूरी है, ताकि पता चलता रहे कि कितने कपड़े आपके पास हैं।
- धोकर पहनने लायक कपड़े खरीदें- ड्राइ-क्लीनिंग महँगी भी होती है और पर्यावरण के लिए भी नुकसानदायक होती है क्योंकि इसमें सफाई के लिए पेट्रोलियम का प्रयोग होता है।

बिजली के बिल में करें कैसे कटौती?

- ब्यूरो ऑफ एनर्जी एफीसिएंसी की वर्ष 2010 में आई एक रिपोर्ट के अनुसार एक भारतीय घर में हर वर्ष बिजली की कुल खपत का लगभग 5 फीसदी प्रयोग उपकरणों के स्टेंडबाय मोड पर किया जाता है। वह इलेक्ट्रॉनिक आइटम, जिनमें घड़ी होती है, जैसे माइक्रोवेव या रेडियो, और वह जो रिमोट द्वारा चलाए जाते हैं जैसे डीवीडी प्लेयर और एयर कंडीशनर मुख्य रूप से इसके लिए जिम्मेदार हैं। जैसे, एक एयर कंडीशनर स्टेंडबाय मोड पर एक घंटे में 40 वाट बिजली की खपत करता है। इसका मतलब यह है कि आप बिना किसी कारण के अपने बिजली के बिल में प्रतिमाह 75 रुपये अतिरिक्त जोड़ रहे हैं। वास्तव में अपने बिजली के बिल को कम करने के लिए इन उपकरणों को प्लग से अलग निकाल कर रखें। यदि आप व्यक्तिगत रूप से प्रत्येक प्लग को पॉवर प्वाइंट से अलग करने में आलसी हैं तो आप एक पॉवर स्ट्रिप में अपने सभी उपकरणों के प्लग लगाकर उन्हें एक साथ बंद और चालू कर सकते हैं। स्मार्ट स्ट्रिप को पॉवर ऑफ करने से यह सभी उपकरणों को बिजली सप्लाई बंद कर देगा।
- आपको अपने घर में बिजली की बचत करनी होगी। केवल लाइटिंग पर ही बिजली की वार्षिक खपत की 9% से अधिक खपत होती है। यदि आप वास्तव में कुछ सीधे-सादे नुस्खे अपनाते हैं तो करीब 20% बिजली की खपत कम हो सकती है।
- लैम्प, बल्बों, ट्यूबलाइटों और पंखों पर जमा धूल साफ करें।
- गैलरी, लॉबी, बालकनी और बाथरूम में डिम लाइट का प्रयोग करें।
- रूम छोड़ने से पहले लाइट बंद करें।
- रेफ्रिजरेटर का दरवाजा बार-बार खुला और बन्द न करें। ऐसा करने में ज्यादा बिजली की खपत होती है।

- टीवी, टेप रिकॉर्डर और म्युजिक सिस्टम को स्टैंडबाई मोड पर न रखें। बिजली की बचत हेतु इन्हें स्विच ऑफ करें। बिजली की कुल खपत में से पाँच से अधिक प्रतिशत खपत टीवी सेट पर होती है। यदि आप टीवी सेट को स्टैन्ड बाई मोड पर न रखकर बन्द करते हैं। तो प्रतिवर्ष 70 किलो वाट घन्टे की बचत कर सकते हैं।
- दिन में सूर्य प्रकाश का अधिकतम उपयोग करें। दिन में आपको बल्ब और टयूब जैसे कृत्रिम लाइट की आवश्यकता नहीं होती। खिड़कियों और दरवाजों पर लगे परदों को दिन में हटायें ताकि प्राकृतिक रोशनी मिले और इलेक्ट्रिकल लाइट की जरूरत न पड़े।
- गीजर पर अधिकतम बिजली खर्च होती है। केवल जितना पानी आवश्यक हो उतना ही गर्म करें। थर्मोस्टेट को कम तापमान अर्थात् 45 से 50 डिग्री तक रखें।
- लिफ्ट का प्रयोग कम करें। बच्चों को एलिवेटर्स के साथ खेलने न दें।
- डेस्क पर टास्क लाइटिंग (अर्थात् पढ़ने के लिए टेबल लैम्प) आदि की व्यवस्था करें ताकि सम्पूर्ण कमरे में बत्ती जलाये बिना अपनी गतिविधियों को जारी रखा जा सके
- यदि संभव हो तो कमरे के किसी कोने में लैम्प रखे जायें जहाँ से एक के बदले दो दीवारों पर प्रकाश परावर्तित हो सकें।
- कॉम्पेक्ट फ्लोरेसेन्ट बल्बों का प्रयोग करें। यह आपको मन्द प्रकाश देंगे और इसके प्रयोग से 75 प्रतिशत बिजली की बचत होती है। ये 10 गुना अधिक चलते हैं। विशेषत: 23 वॉट का कॉम्पैक्ट फ्लोरेसेन्ट बल्ब एक 90 या 100 वॉट के बराबर रोशनी देता है।
- जहाँ संभव हो वहाँ कम रोशनी वाले बल्बों का प्रयोग करें।
- बच्चों को एक कमरे में लैम्प लगाकर पढ़ाई करने की सलाह दी जाती है। यह लैम्प पढ़ाई के लिए पर्याप्त प्रकाश देता है। उन्हें अपने-अपने लैम्प बन्द करने की हिदायते दें।
- बिजली की बचत हेतु आई.एस.आई. चिन्हित उपकरणों का प्रयोग करें।
- बल्बों के स्थान पर टंगस्टन लैम्प (टीएफएल) टयूबों का प्रयोग करें। वे लागत प्रभावी होते हैं तथा लम्बे समय तक चलते हैं।
- सीएफएल लैम्प का उपयोग करें। सीएफएल बल्ब की तुलना में टयूब लाइट या बल्ब को ज्यादा इलेक्ट्रिसिटी की जरूरत होती है। दो 75 वॉट लाइट बल्बों के स्थान पर दो 15 वॉट के ऊर्जा बचत वाले लैम्प का प्रयोग करने से आप प्रति वर्ष करीब 18 किलो वॉट घंटे बचा सकते हैं। इस प्रकार आप प्रति वर्ष करीब 18 किलो वॉट घंटे बचा सकते हैं।

- आप विद्युत गीजर के बदले गैस गीजर का भी उपयोग कर सकते हैं।
- आवासीय परिसर हेतु फोटोइलेक्ट्रिक कन्ट्रोल या टाइमर स्थापित करें ताकि यह सुनिश्चित किया जा सके कि दिन में आउटडोर लाइटिंग बंद की गयी है।
- ईपीएबीएक्स कमरों में एसी यूनिट का समय प्रति दिन चार से पाँच घंटे तक कम किये जायें और अंदर का तापमान 19 डिग्री सें. से कम या ओईएम द्वारा निश्चित सीमा से कम न रखा जायें।
- ओपन एरिया या यार्ड एरिया की लाइटिंग सुबह 6.00 बजे या सूर्योदय होने पर स्विच ऑफ किये जायें तथा फिर शाम को 19.00 बजे या जब सूर्यास्त हो तब स्विच ऑन करें।
- कॉमन एरिया तथा सीढ़ियों पर हर तीसरी टयूबलाइट रखी जायें और हर ट्विन, टयूब लाइट फिटिंग यूनिट में से एक टयूब लाइट कम की जायें।
- वॉटर पम्पों को कम व्यस्त समय अर्थात् सुबह 11.00 से 14.00 तक तथा रात 21.00 के बाद सुबह 5.00 बजे तक बन्द रखना चाहिए, जिसकी सूचना पहले लोगों को दी जायें।
- फ्लैट के अंदर प्रत्येक कमरे में एक इलेक्ट्रिकल लाइटिंग प्वाइन्ट कम किया जायें। सभी अतिरिक्त फिटिंग्ज हटाये जायें या स्थायी रूप से स्विच ऑफ किये जायें।
- यदि कालोनी में पिछले 5-7 वर्षों से इलेक्ट्रिकल ऑडिट किया गया हो या फिर धीरे-धीरे कई नये इन्स्टलेशन किये गये हो तो परिचालनात्मक बदलावों/सुधार (अल्पकालीन या दीर्घकालीन दोनों के लिए) के जरिये ऊर्जा बचत के अवसर खोजने के लिए इलेक्ट्रिकल ऑडिट किया जायें।
- अल्पकालिक एवं लागत प्रभावी उपायों को तुरंत कार्यान्वित किया जायें।
- जहाँ भी बिल्डिंग में दो एलिवेटर्स/लिफ्ट की व्यवस्था हो वहाँ "कम व्यस्त समय" के दौरान केवल एक ही लिफ्ट का इस्तेमाल किया जायें (उदाहरण के लिए सुबह 7.00 बजे से 10.00 बजे तक तथा शाम 17.00 बजे से 22.00 तक का समय छोड़कर दूसरे लिफ्ट का स्विच ऑफ किया जा सकता है।)

कॉलोनी में रहने वाले निवासियों से निम्नलिखित निवेदन किये जायें–

क. एलिवेटर/लिफ्ट का इस्तेमाल केवल तीसरी मंजिल से उपर जाने के लिए ही करें क्योंकि सीढ़ियाँ चढ़ना स्वास्थ्य के हित में है।

ख. नीचे उतरने के लिए एलिवेटर/लिफ्ट का इस्तेमाल न करें। नीचे उतरने के लिए सीढ़ियों का अधिकतम उपयोग करें।

ग. घरेलू उपकरणों पर बिजली की खपत कम करने हेतु हॉट प्लेट, टोस्टर, वॉटर हीटर, दूध गर्म करनेवाले उपकरण, घरेलू फ्लोर मिल, ग्राइन्डर/मिक्सर/ब्लेन्डर, ओवन आदि का इस्तेमाल कम करें, क्योंकि इसमें ज्यादा ऊर्जा खर्च होती है।

- इलेक्ट्रिक माइक्रोवेव ओवन पर भी ज्यादा ऊर्जा की जरूरत होती है अतः इसका इस्तेमाल न करें।
- थोड़ा पानी लेने के लिए बार-बार वॉटर टैप न खोलें, इसके बजाय पर्याप्त पानी लें, इससे वॉटर पम्प को बार-बार शुरू करने और बन्द करने से टाला जा सकता है, जिससे बिजली की खपत कम होती है।
- टीवी, वीसीआर,डीवीडी और कम्प्यूटर आदि उपकरण प्रयोग में न होने पर मेन स्वीच बन्द करें।
- "चार्जेबल बैटरियों" को दिन में रीचार्ज करें जिससे सिस्टम से पीक लोड पॉवर की जरूरत कम हो सकती है।
- बिजली के घरेलू उपकरणों जैसे रेफ्रिजरेटर से आप काफी बचत कर सकते हैं, क्योंकि क्या आप जानते हैं कि, आपकी कुल बिजली की खपत की 25% खपत आपके रेफ्रिजरेटर की होती है। अपने रेफ्रिजरेटर के पीछे या नीचे की कन्डेन्स कॉइल से, खाने की चीजों से आने वाली हीट से मुक्त होने में सहायता मिलती है। जब कॉईल पर धूल जमा होती हैं तब वे अपनी कार्यक्षमता के अनुसार से कार्य नहीं करते, अतः मोटर को अधिक काम करना पड़ता है। सुनिश्चित करें कि रेफ्रिजरेटर बाहर की ओर अभिमुख दीवार के पास न हो।
- फ्रिज को यथासंभव भरा हुआ रखें।
- सुनिश्चित करें कि रेफ्रिजरेटर बाहर की ओर या ऐसी दीवार जहाँ सीधे सूर्यप्रकाश आता हो, के पास न रखा गया हो।
- अपने रेफ्रिजरेटर और फ्रीजर को सही तापमान पर रखें। यदि यह आवश्यकता से केवल 2-3 डिग्री ठंडा हो तो ऊर्जा की खपत 25% से बढ़ सकती है।
- हर महीने में एक बार फ्रिज के नीचे तथा पीछे की ओर से अच्छी तरह साफ करें ताकि एअर फ्लो ठीक रहे और जमी हुई धूल साफ करने से बेहतर रूप से हीट ट्रान्सफर हो सके।
- सुनिश्चित करें कि दरवाजा कसकर बंद किया है, अन्यथा आप ऊर्जा बर्बाद कर रहे हैं।
- रेफ्रिजरेटर में बिना ढक्कन कोई द्रव पदार्थ न रखें। द्रव पदार्थ वाष्प को बाहर निकालते हैं जो कम्प्रेसर के वर्कलोड में जुड़ जाते हैं।

- रेफ्रिजरेटर में खाने की गर्म चीजों को ठंडा कर बाद में रखें।
- हर बार भोजन के समय सभी चीजें एक साथ बाहर निकालें।
- गर्म पानी का कम से कम प्रयोग करें गर्म पानी औसत घरेलू ऊर्जा बिल के लगभग 25 प्रतिशत के लिए जिम्मेदार होता है। इसे कम करने के तरीकों में शामिल हैं।
- ठंडे पानी में कपड़े धोना और पूरा भरने पर ही बर्तन धोने की मशीन चलाना, कम प्रवाह वाला शावरहेड यानि फव्वारे लगाना (बस कुछ ही समय में इसकी कीमत वसूल हो जायेगी) और कम समय के लिए फव्वारे से नहाना।
- कुशल उपकरणों का चयन करके आप ऊर्जा बिल के लगभग एक-तिहाई के लिए जिम्मेदार हो सकते हैं।
- यदि आप एक नया फ्रिज, फ्रीजर, टेलीविजन, कपड़े धोने की मशीन, कपड़े सुखाने की मशीन, बर्तन धोने की मशीन या एयर-कंडीशनर खरीदने वाले हों, तो ऊर्जा मूल्यांकन लेबल ऊर्जा बचत के लिए देखें।
- जितने ज्यादा सितारे होंगे, ऊर्जा की खपत उतनी ही कम होगी। अधिक सितारों वाले नमूनों (मॉडलों) की कीमत कुछ ज्यादा हो सकती है, लेकिन एक सस्ता, कम ऊर्जा-कुशल सामान चुनने से आखिर में लागत और भी ज्यादा पड़ती है। ऐसा इसलिए है क्योंकि सामान के पूरे जीवन-भर में लगने वाला खर्चा कुल मिलाकर शुरू में खरीदते समय मूल कीमत पर की गयी बचत से अधिक हो सकता है।
- माइक्रोवेव, टीवी, और खेलों के चौखटे (पैनल) में प्रयुक्त अतिरिक्त (स्टैंड बाय) ऊर्जा आपके बिजली के बिल के 10 प्रतिशत के लिए जिम्मेदार हो सकती है। यदि सामान में कोई छोटी सी रोशनी या घड़ी का समय दिखाई दे रहा हो, तो इसमें ऊर्जा की खपत हो रही होगी। जब सामानों का उपयोग न किया जा रहा हो, तो दीवार पर इन्हें बंद करके खर्चे को कम किया जा सकता है।
- यदि किसी अतिरिक्त फ्रिज और फ्रीजर की जरूरत न हो, तो उसे हटाकर और कपड़े सुखाने की मशीन में कपड़े सुखाने के बजाय धूप में रस्सी पर कपड़े सुखाने से भी बिजली के खर्च को कम किया जा सकता है।
- प्रत्येक एक डिग्री गर्मी या ठंडक बढ़ने पर ऊर्जा के प्रयोग में 5 से 10 प्रतिशत की वृद्धि होती है। अपने बिलों को नियंत्रण में रखने के लिए सर्दियों में अपने गर्म करने की पद्धति के थर्मोस्टैट को 18-20 डिग्री सेल्सियस और गर्मियों में 25-27 डिग्री सेल्सियस पर नियत करने के बारे में सोचें।

- आप घर के अंदर के दरवाजों को बंद रखकर और केवल उपयोग किये जा रहे कमरों को गर्म या ठंडा करके ऊर्जा की बचत कर सकते हैं।
- घर में ठण्ड आने से रोकना एक सस्ता और आसान तरीका है जिससे कि आप अपने घर को आरामदायक बना सकते हैं और गर्म व ठंडा करने की अपनी लागत में एक-चौथाई तक की बचत कर सकते हैं।
- दरवाजों, फर्श, खिड़कियों और स्कर्टिंग-बोर्ड के इर्द-गिर्द दरारों को सील करके और रेत से भरे कपड़े के सांप जैसे विकल्पों का प्रयोग आप स्वयं ही कर सकते हैं।

ईंधन की खपत से बचत

- कार के ईंधन खपत प्रणाली पर कार द्वारा वहन किये जाने वाले वजन का पूरा असर पड़ता है। कई बार ऐसा देखा जाता है कि लोग अपनी कार में जरुरत से ज्यादा सामान भर कर चलते हैं। सदैव अपनी कार में जरूरत के अनुसार ही सामान लेकर चलें।
- जिन वस्तुओं की जरुरत आपको यात्रा के दौरान नहीं पड़ती है उन्हें कार में न रखें। इससे आपकी कार का वजन कम होगा और इंजन को गति पकड़ने के लिए कम ईंधन की जरुरत होगी।
- ईंधन की खपत पर कार के टायर (पहियों) का आकार भी बहुत मायने रखता है। लोग कार को बेहतरीन लुक देने के लिए कार को मॉडिफाई करातें है यहाँ तक कि कुछ लोग कार के ओरिजनल पहियों की जगह कुछ अलग प्रकार के मोटे (वाइडर) पहियों का इस्तेमाल करते हैं। जिसके कारण इंजन को चलने के लिए ज्यादा ईंधन की जरुरत होती है। कोशिश करें कि आपके कार के पहिये जो कंपनी द्वारा दिये गये हों उन्हीं का प्रयोग करें।
- जब भी आप अपनी कार को घर में या फिर कहीं बाहर पार्क करतें हैं तो ऐसे स्थिति में पार्क करें कि आपको दोबारा निकलने के लिए रिवर्स गियर का प्रयोग न करना पड़े। हमारा मतलब है यदि आप कार को पार्क करतें समय ही बाहर निकलने की तरफ रखेंगे तो आपको दोबारा निकलने के लिए रिवर्स गियर नहीं लगाना होगा। इसका कारण यह है कि जब कार का इंजन ठंडा होता है उस समय ज्यादा ईंधन खपत होती है और यदि काफी देर से खड़ी कार को रिवर्स किया जायेगा तो और भी ज्यादा ईंधन की खपत होगी।
- जब आप सड़क पर होते है और सामने सिग्नल होता है तो आप अपनी कार के इंजन को बंद करना न भूलें। लेकिन कई बार ऐसा देखा गया है कि लोग सोचते है कि थोड़ी देर में सिग्नल ऑन हो जायेगा तो

फिर कार के इंजन को क्यों ऑफ करें। गौरतलब है कि यदि आपको 20 से 30 सेकंड से ज्यादा देर तक रुकना हो तो इंजन को ऑफ कर दें। इससे आप दिन भर में ईंधन की खपत को ज्यादा से ज्यादा कम कर सकेंगे।

- जब आप कार चलातें है तो यह हमेशा ध्यान रखें कि कार के गियर को सावधानी पूर्वक बदलना बेहद आवश्यक होता है। यात्रा के दौरान कम से कम गियर बदलने की प्रक्रिया का प्रयोग करें। जब आपको जरूरत हो उसी वक्त गियर बदलें। जब आप कार की स्पीड ज्यादा हो तभी गियर बढ़ायें और गति के अनुसार ही गियर कम कर लें। ध्यान रहें ज्यादा से ज्यादा गियर का प्रयोग ज्यादा ईंधन की खपत करता है।
- एक्सलेटर वह यंत्र है जिसका सीधा जुड़ाव आपके इंजन और ईंधन टैंक से होता है। मतलब एक्सलेटर की कार के इंजन और फ्यूल टैंक का मिडीएटर होता है। जब आप कार को पहले गियर में आगे बढ़ायें तो धीमे से एक्सलेटर को छोड़ें। कई बार देखा गया है लोग ज्यादा पिक-अप पाने के चक्कर में तत्काल तेजी से एक्सलेटर का प्रयोग करते हैं। आपको बता दें कि ज्यादा तेज एक्सलेटर का प्रयोग ज्यादा ईंधन की खपत करता है।
- कार चलाते समय अपने कार की गति का पूरा ध्यान रखें, आपको बता दें कि शहर के भीतर 40 से 60 किलोमीटर प्रतिघंटा की रफ्तार से चलें इससे न केवल आप अपनी कार के माइलेज को ठीक रखेंगे बल्कि आपकी जिंदगी भी सुरक्षित रहेगी। समय-समय पर कार की सर्विसिंग का भी पूरा ख्याल रखें, एअर फिल्टर को क्लीन कराना ना भूलें। इस कारण से भी ज्यादा से ज्यादा ईंधन की खपत होती है।
- कार पूल करें यदि तीन-चार कलीग्स एक रूट के हैं तो ऑफिस आने-जाने के लिए कार पूल करना एक बेहतर उपाय है। पति-पत्नी के ऑफिस भी यदि एक रूट पर हैं तो अपने समय में थोड़ी हेर-फेर करें और एक गाड़ी से काम चलाएं। इससे सड़क पर भीड़ कम करने में मदद मिलेगी साथ ही आपकी बचत भी होगी।
- अगर आप नई कार खरीदने जा रहे हैं या अपनी पुरानी कार की सर्विस करवा रहे हैं तो आपको कुछ हैरान करने वाले चार्ज चुकाने पड़ सकते हैं। लॉजिस्टिक्स ऐंड हैंडलिंग चार्ज इनमें वेयरहाइस चार्ज, कार में फ्यूल डालने का चार्ज, नंबर प्लेट की कीमत, प्रदूषण जाँच के लिए चार्ज शामिल हो सकते हैं। लॉजिस्टिक्स फीस कार की कीमत का 2-5 फीसदी होती है। अपने बिल को ध्यान से पढ़कर आप इनसे बच सकते हैं।

घर से बाहर खाने में बचत

- बाहर भोजन करना महँगा विकल्प है। अगर आप बाहर खाना खाते हैं तो घर के 50 रुपये के मुकाबले 200 रुपये खर्च करते हैं। यह 150 रुपये आप सिस्टैमेटिक इनवेस्टमेंट प्लान में लगाएं तो 30 साल में 30 करोड़ रुपये हो जाते हैं।
- फिर भी आजकल बाहर खाने-पीने की जरूरत से ज्यादा फैशन बनता जा रहा है। लोगों के बढ़ते आलस्य, रोमांच या आदत के चलते आज रेस्त्रां इंडस्ट्री काफी तेजी से बढ़ रही है। इसलिए डिनर की बजाये लंच पर बाहर जायें। बाहर खाना है तो डिनर की बजाये लंच पर भी अच्छे मेनू और बुफे का लुत्फ उठा सकते हैं।
- अपने दोस्तों और सम्बन्धियों से पूछें कि हाल ही में उन्होंने किस बेहतर होटल में खाना खाया था। इससे आप सस्ती और बढ़िया जगह ढूँढ़ सकते हैं।
- बाहर जाने से पहले घर पर एक ड्रिंक का आनंद लें, अपने खाने का बिल आधा करने का ये एक अच्छा विकल्प है। आजकल कुछ रेस्तरां भी हैप्पी आवर्स के रूप में ऐसी सुविधा मुहैया कराते हैं।
- कैश वाउचर का इस्तेमाल करें जो लोकल मैगजीन में आपको मिल सकते हैं, जिन्हें इस्तेमाल करके आप स्वादिष्ट भोजन का आनंद कम कीमत पर ले सकते हैं।
- समूह में बाहर खाना खाने जायें हालाँकि पहली नजर में ये कुछ अटपटा लग सकता है, लेकिन बाहर खाना खाने में कंपनी भी मिल जायेगी और जब बिल आयेगा तो कुछ बचत भी होगी।
- सप्ताहांत पर बाहर खाने से बचें। ज्यादातर जगहों पर वीकएंड में **कवर/एंट्रैंस**[1] चार्ज होता है, साथ ही ज्यादा लोगों के चलते सेवाओं में भी कुछ देरी देखने को मिलती है।
- मार्केटिंग संदेशों को डिलीट न करें क्योंकि कई रेस्तरां अपने ग्राहकों को डिस्काउंट देते हैं, अगर उनके पास एसएमएस आये हों तो, तो अब से अपने मार्केटिंग संदेशों को डिलीट करने से पहले जाँच लें।
- ध्यान रखें- शुरूआत में **एपेटाइजर**[2] मँगायें और मेन कोर्स को दोस्त के साथ शेयर करें, मीठे को छोड़ा भी जा सकता है।
- बहुत दिखावा वाले अत्यंत महँगे रेस्तरां में डिनर करने से जहाँ तक हो सके बचें। जरूरी नहीं कि महँगे होटलों व रेस्तरां में ही खाना अच्छा मिलता है, कई छोटे रेस्तरां भी सफाई व क्वालिटी का काफी ध्यान रखते हैं।

---

1. प्रवेश शुल्क 2. क्षुधावर्धक

- फैंसी जगहों पर जाने का लालच छोड़ें। पास के ढाबे का खाना चखकर देखें-हो सकता है कि ढाबे का खाने का स्वाद आपको हैरान कर दे और पैसे तो बचेंगे ही।
- आजकल ज्यादातर कार्यालयों में कर्मचारियों के लिए डिस्पेंसिंग मशीन चाय-काफी के लिए लगी होती है। मशीन वाली चाय-कॉफी पीना अपनी आदत बनायें। बाहर से ऑर्डर पर ऐसी चीजें बार-बार लेने से उस समय पता तो नहीं चलता पर काफी पैसा खर्च हो जाता है।
- आफिस में लंच लेकर जायें, आजकल ऐसे इलेक्ट्रिक टिफिन आ रहे है जिनमें रखा खाना आप खाने से पहले चंद मिनटों में गरम कर सकते है। कुछ कार्यालयों में माइक्रोवेव होते है या किचेन में खाना गर्म करने की व्यवस्था होती है। इसे अपनाकर भी आप पैसा बचा सकते है।

मनोरंजन के साथ बचत का फंडा

- **घर बैठे जिन्दगी का लुत्फ लें** - अगली बार घर से बाहर निकलने से पहले सोचें, क्या बाहर जाने की जरूरत है? हो सकता है बाहर निकले बगैर ही काम बन जाये। घर में बैठें और पैसे बचाएँ।
- **मनोरंजन के लिए लोकल अखबार और मैग्जीन देखें और जानें कि शहर में क्या हो रहा है**- आप निश्चित तौर पर ये देखकर हैरान हो जायेंगे कि आपके शहर में कितनी सांस्कृतिक, साहित्यिक और आध्यात्मिक हलचल होती रहती हैं, वो भी हर सप्ताह। सबसे बड़ी बात है कि इसमें से कई मुफ्त होती हैं और कुछ की कीमत आपकी फिल्म की टिकट के आधे के बराबर हो सकती है।
- **बाहर का गुलाम न बनें**- आपने कभी देखा है कि कोई छोटा बच्चा कभी खिलौने से खेलने के बजाय उसके डब्बे से खेलने में ही आनंद लेता है। बच्चों के लिए यह जरूरी नहीं है कि वे तभी खुश होंगे जब उनके पास बहुत कुछ खेलने के लिए होगा। हम बड़े लोग क्यों अपने मजे के लिए दुनिया भर का कबाड़ अपने इर्दगिर्द खरीदकर जमा करते रहते हैं?
- **परिवार के साथ दूसरे तरीकों से समय व्यतीत करें**- कई घरों में हफ्ते में एक बार या महीने में दो-तीन बार बाहर जाने का रिवाज होता है। बाहर जाते हैं तो जरूरी के साथ-साथ गैरजरूरी सामान भी ले ही लेते हैं। हर परिवार में कोई-न-कोई तो पैसा-उड़ाऊ होता ही है। बाहर जाने के बजाय कहीं और जाने की आदत डाल लें जैसे पार्क या मन्दिर। अपने जान-पहचान वालों के घर भी जा सकते हैं।
- अपने आप को किसी शौक में डुबोएं- इसके जरिए आप न केवल नई चीजें सीख पायेंगे, बल्कि क्राफ्ट के अपने पुराने शौक को आजमा पायेंगे

और नए लोगों से भी मिल पायेंगे। इसके जरिए आपको एक क्रियात्मक संतुष्टि भी मिलेगी और शायद आप कुछ नये लोगों से भी मिल सकते हैं।

- अपने शहर को फिर से जानें-चाहें किसी लोकल पार्क में जायें या किसी ऐतिहासिक जगह या संग्रहालय को देखने जायें जिसे अब तक आपने जानने की जरूरत नहीं समझी थी।
- फिल्म देखनी हो तो, तो सीडी या डीवीडी लाकर घर पर फिल्म देखें। आज यदि दो लोग भी थियेटर पर फिल्म देखने जाते है, तो चार-पाँच सौ रुपये खर्च हो जाते हैं। आप चाहें, तो किसी वीडियो लाइब्रेरी से सीडी लाकर भी फिल्म देख सकती हैं।
- फिल्म देखनी ही है तो हफ्ते के बीच में देखें- आमतौर पर फिल्म की टिकटें हफ्ते के बीच में सस्ती होती हैं, जैसे सोमवार या मंगलवार को।
- घर पर ही मनोरंजन करें- अपने दोस्तों को घर बुलाएं, संगीत सुनें, खेल खेलते हुए मजेदार शाम का लुत्फ उठाएं।
- जब भी सप्ताहंत या किसी यात्रा पर जाना हो, तो कॉमिक या नॉवल घर से ले जायें। लम्बी यात्रा पर रास्ते में महँगी किताब खरीदने से बचेंगे और अपना पैसा बचा पायेंगे।
- अगर आपके शहर में बस की बेहतर सुविधा उपलब्ध है, तो रोज ऑटो या टैक्सी पकड़ने के स्थान पर बस से आने-जाने की आदत डालें।
- अगर आपको बार-बार ट्रेवल करना पड़ता है तो आप सालाना पास या ट्रेवल कूपन, पैकेज ले सकते हैं। यह काफी किफायती होता है। ऑफिस जाने-आने के लिए कार पूल भी कर सकते हैं। इससे पेट्रोल की भी बचत होगी और पैसे की भी। अपनी गाड़ी में सीएनजी लगवा सकते हैं। रोज-रोज खर्च करके यात्रा करने के बजाय वीकली ट्रिप कर सकते हैं।
- कम खर्च में यात्रा करना चाहते हैं तो अपनी यात्रा का वक्त कुछ इस तरह तय करें कि या तो इसकी प्लानिंग पीक सीजन शुरू होने से पहले कर लें या उसके खत्म हो जाने के बाद।
- ऐसे वक्त में आपको न तो डिस्काउंट माँगने की जरूरत होगी और न ही टिकट आदि बुक कराने में मशक्कत करनी होगी।
- होटलों, साइटसीइंग, क्रूज आदि की दरें पीक सीजन के मुकाबले ऑफ सीजन में 10 से 30 फीसदी तक सस्ती होती हैं।
- सस्ती हवाई यात्रा के लिए हफ्ते के तीन दिन यानी मंगलवार, बुधवार और शनिवार को आप सस्ते हवाई टिकट खरीद सकते हैं।
- सुबह जल्दी और देर रात की फ्लाइट के मुकाबले जो फ्लाइट सुबह देर से और दोपहर में होती हैं, वे अपेक्षाकृत सस्ती पड़ती हैं।
- बहुत ज्यादा जल्दी बुकिंग कराना भी उतना ही नुकसानदायक है, जितना कि बहुत देर से।

- आमतौर पर कंपनियाँ डिपार्चर डेट से तीन से चार महीने पहले किराये थोड़े सस्ते करती हैं। इस दौरान ही टिकट बुक करायें।
- रुकने में बचत करने के लिए सर्विस अपार्टमेंट और घरों पर रुकना होटलों में रुकने से हमेशा सस्ता पड़ता है। रुकने के लिए ऐसी जगहों को ढूँढ़ना चाहते हैं तो tripadvisor.com, homeaway.com, roomwale.com जैसे पोर्टल्स की मदद ले सकते हैं।
- होटलों में बुकिंग सीधा करायें। इससे डिस्काउंट और होटलों द्वारा बुकिंग पर दी जा रही फ्री सुविधाएँ, मसलन स्पॉ ट्रीटमेंट आदि का फायदा आप ले सकते हैं, लेकिन इस नियम को आँख बंद करके न मानें। कई बार पोर्टल उन रेटों से सस्ते में बुकिंग देते हैं, जो खुद होटल देते हैं। अच्छा यही है कि होटलों में कॉन्टैक्ट करने से पहले इधर-उधर हाथ पैर मार लिए जायें।
- खाने पर कम खर्च के लिए जिस होटल में आप रुक रहे हैं, वहाँ खाने का खर्च महँगा हो सकता है।
- जब भी घूमने के लिए होटल या दूसरे किसी जगह से निकलें, लोकल लोगों से पूछें कि आमतौर पर वे बाहर खाना खाने किस जगह जाते हैं। इससे आपको खाने के लिए सस्ते और बेहतर आउटलेट का पता चल सकेगा।
- लोकल अखबार में यह नजर डाल लें कि कहीं आसपास के किसी रेस्तरां में कोई ऑफर तो नहीं है।
- आने-जाने के खर्च में कटौती करने के लिए- प्राइवेट कार, टैक्सी आदि की तुलना में पब्लिक ट्रांसपोर्ट के साधन कहीं ज्यादा सस्ते होते हैं। लेकिन अगर आपके पास अपना वाहन है तो यह भी सस्ता हो सकता है।
- बड़े शहरों में प्राइवेट कार करके घूमना महँगा भी पड़ता है और पार्किंग की समस्या से दो-चार होना पड़ता है, वो अलग।
- अगर कुछ और लोगों का ग्रुप बन जाये तो कोई बड़ी गाड़ी की जा सकती है, जो सस्ती पड़ती है।
- कार ही करनी है तो उसे ऑनलाइन बुक कराना चाहिए। इससे भी आप पैसा बचा सकते हैं।
- लोकल घूमने-फिरने के खर्च को भी अगर पैकेज में शामिल करा लिया जाये तो यह और भी सस्ता पड़ता है।
- फ्लाइट, होटल और **साइटसीइंग**[1] का कॉम्बो आपको अलग-अलग सारे खर्च करने के मुकाबले करीब 15 फीसदी सस्ता पड़ता है।
- ऐसे होटल में बुकिंग करायें जो एयरपोर्ट के करीब हो। इससे आपके आने-जाने का खर्च कम होगा।

---

1. सैर-सपाटा

- आखिरी समय की बचत के लिए बुकिंग थोड़ी पहले कराना अच्छा रहता है, लेकिन कई बार अंतिम पलों में की जाने वाली बुकिंग भी डिस्काउंट दिला सकती है। इसमें 15 से 30 फीसदी की बचत कर सकते हैं।
- कई कंपनियाँ एक घंटे के भीतर बंद होने वाली फ्लाइट और होटल कॉम्बो डील पर अच्छा डिस्काउंट ऑफर करती हैं।
- बुकिंग कराते वक्त ऑनलाइन ट्रैवल एजेंट के माध्यम से आपको सस्ते टिकट मिल सकते हैं, लेकिन सिर्फ एक या दो टिकटों के लिए।
- अगर आप ग्रुप में टिकट लेना चाहते हैं तो आपको ऐसे सस्ते टिकटों का फायदा नहीं मिलता।
- वैसे यात्रा, रुकना, खाना, लोकल ट्रांसपोर्टेशन आदि सभी एक साथ ही बुक करा लें तो इससे पैसे की बचत हो जाती है।
- ट्रैवल एजेंट आपसे जो फॉर्म भरवाते हैं, उसमें उसे पूरी जानकारी दें। जाने वाले लोगों की संख्या और लगेज की संख्या के बारे में भी एजेंट को बता दें क्योंकि इसी के हिसाब से वह आपको बड़ी या छोटी गाड़ी उपलब्ध करायेंगे। बुकिंग के बाद रसीद लेना न भूलें।
- ज्यादातर अनुभवी ट्रैवलर्स यह जानते हैं कि एयरलाइंस कम बेस फेयर का विज्ञापन देकर अतिरिक्त टैक्स और सरचार्ज लगाती हैं। इसी तरह की स्ट्रैटेजी अब होटल भी अपनाने लगे हैं। ज्यादातर होटल कस्टमर्स को कम रूम रेट का आकर्षण देते हैं और होटल छोड़ते समय फाइनल बिल में कई तरह के चार्ज जोड़ देते हैं। इनमें इंटरनेट एक्सेस चार्ज और पूल के इस्तेमाल की फीस शामिल हो सकती है। इस पर बिल के भुगतान के समय सजग रह कर बचा जा सकता है
- विदेश जा रहे हैं तो फोन कॉल के लिए कई ऐसे सर्विस प्रोवाइडर हैं जो स्पेशल इंटरनैशनल कॉलिंग कार्ड ऑफर करते हैं। इनसे आपको सस्ते में कॉल करने का चांस मिलेगा।
- अपने फोन पर इंटरनैशनल रोमिंग एक्टिवेट कराने की बजाय आप उस देश का लोकल कनेक्शन ले लें।
- अगर फ्री इंटरनेट सुविधा है या सस्ता साइबर कैफे मिल जाये तो स्काइपी आदि के जरिए चैट ऑप्शन का इस्तेमाल कर अपने दोस्तों से बातचीत कर सकते हैं।

फोन के बिल में कटौती

- कोई भी स्कीम लेते समय अपने ऑपरेटर से इसकी जानकारी ले लें। तय करें कि आपकी आउटगोइंग कॉल्स में लोकल ज्यादा हैं या नेशनल-इंटरनेशनल।

अगर इंटरनेट का उपयोग कर रहे हैं तो भी देख लें कि किस समय उसका उपयोग करते हैं और वह कितना है, इसी के हिसाब से ऑपरेटर आपके फोन पर कोई स्कीम देगा।

- फोन के प्रयोग में समय का ध्यान रखें। कई बार बातें निरर्थक और लम्बी हो जाती हैं। फोन पर बेहद जरूरी बात ही करें। अगर आसपास के किसी व्यक्ति से बात करनी हो तो बेहतर होगा कि उससे मिलकर ही बात कर लें।
- आजकल मोबाइल फोन पर रिंगटोन या अन्य कई अतिरिक्त सुविधाओं के लिए एस.एम.एस. या कॉल्स आती रहती हैं। इन्हें लेते समय ध्यान रखें कि आपके फोन का बिल कितना बढ़ेगा।
- क्या आपका काम ऐसा है जिसमें ज्यादा एस.एम.एस. करने पड़ते हैं तो सर्विस प्रोवाइडर से बात करके कोई ऐसी स्कीम लें जिसमें अनलिमिटेड एस.एम.एस. की सुविधा हो।
- ऐसा प्लान लें जिसमें प्रति सेकंड कॉल दरें हों। इसी तरह कम दरों में लोकल और एसटीडी कॉल्स प्लान भी हैं, जिन्हें आप अपनी जरूरत के मुताबिक ले सकते हैं।
- अपने एक्स्ट्रा कॉलिंग टाइम को कट करने के लिए प्रीपेड कनेक्शन लें। ताकि जितनी कॉल आप करें आपको पता चल सके कि आपके पास बैलेंस कितना बचा है। बेहतर होगा कि आप लाइफ टाइम वैलिडिटी प्लान अपनायें।
- आजकल घर में सबके पास अपना सेलफोन होना जरूरी समझा जाता है। क्या आपके घर में भी हर सदस्य के पास अलग-अलग फोन है और एक लैंडलाइन फोन भी है? सारे फोन बिल्स को जोड़कर देखें और तब तय करें कि वाकई इतने फोन घर में जरूरी हैं? यह बजट से बाहर है तो एकाध फोन कम करें।
- बहुत से लोग मोबाइल हाथों में होने पर अपने पर नियंत्रण नहीं रख पाते। उनके हाथ लगातार सक्रिय रहते है और इसी कारण वे अकसर जाने-अनजाने नई से नई रिंगटोन लोडकर अपना बिल बढ़ाते रहते है।

शादी-ब्याह में खर्च घटाने के अहम टिप्स

शादी आपकी जिंदगी के लिए सबसे अहम दिन लेकर आती है, लेकिन इसके बाद के खर्चों पर भी ध्यान देना जरूरी है। ऐसे में आयोजन के दौरान पाँव चादर से ज्यादा न फैलायें।

आमंत्रण पत्र

शादी के मौके पर आमंत्रण कार्ड पहला कदम होता है। कार्ड की कीमत 50 रुपये से लेकर 50,000 रुपये तक हो सकती है। यह कार्ड की गुणवत्ता, डिजाइन और सजावट पर निर्भर करता है। अब सवाल यह पैदा होता है कि कार्ड को क्या चीज महँगा बनाती है? चित्रकारी, रंगीन स्याही, कई फोल्ड और इसका बड़ा आकार। इसके बजाय आप साधारण, लेकिन बढ़िया दिखने वाले थर्मोग्राफ्ड आमंत्रण का इस्तेमाल कर सकते हैं, जिसमें काली स्याही और आइवरी कागज का इस्तेमाल होता है। आप इको-फ्रेंडली तरीका भी अपना सकते हैं।

कंप्यूटर और इंटरनेट इस्तेमाल करने वाले दोस्तों को आमंत्रण भेजा जा सकता है। आप मेल में कुछ पंक्तियाँ लिख व्यक्तिगत स्पर्श दे सकते हैं।

सीजन से परहेज कीजिए

अगर आप अंधविश्वासी नहीं हैं, तो मार्च-मई और नवंबर-फरवरी जैसे पीक सीजन से परहेज कर सकते हैं, जब शादी के आयोजन से जुड़ी हर चीज काफी महँगी होती है। ऑफ सीजन तारीख चुनिए जिससे समारोह स्थल किराये पर लेने में आपको काफी फायदा होगा। जल्द कदम उठाने वाले खिलाड़ी ज्यादा नफे में रहेंगे। बुकिंग काफी पहले करा लीजिए, ताकि ऐन मौके पर जेब ज्यादा ढीली करनी की जरूरत न पड़े। कोटेशन लीजिए और बातचीत के लिए उसे ही आधार बनाइए।

दुल्हन का साजो-सामान

हर दुल्हन शादी के दिन सबसे खूबसूरत दिखना चाहती है, जिसका मतलब यह होता है कि इस मोर्चे पर समझौते की गुंजाइश काफी कम बचती है, लेकिन आप डिजाइनर फैब्रिक खरीदने के लिए कुछ होलसेलर डीलर के पास जा सकते हैं।

समारोह स्थल

आप अपने किसी दोस्त को फार्महाउस बुक कराने के लिए कह सकते हैं, जिसमें शादी की दावत दी जा सके। इसी तरह अगर आपका कोई रिश्तेदार किसी क्लब या जिमखाना का सदस्य है, तो रियायती दर पर बैंक्वेट हॉल किराये पर लिया जा सकता है।

खाना और सजावट

शादी के बजट में 50 फीसदी से ज्यादा खर्च खाने और सजावट के ऊपर होता है। इसके मायने यह हुए कि खर्च में कटौती के लिए इन पर निशाना साधा जा सकता है। आप कुर्सियों के लिए वाइट लिनन इस्तेमाल कर सकते हैं। यह बढ़िया दिखती है और जेब पर भी ज्यादा भार नहीं डालेंगी। अगर आप रंगीन लिनन उपयोग में लाते हैं, तो डेकोरेटर को विजुअल अपील लाने के लिए रंगों का संयोजन करना होगा। रंग जितने ज्यादा होंगे, कीमत भी उतनी अधिक होगी। इसके अलावा शादी के सीजन के हिसाब से डेजर्ट चुन सकते हैं।

आदतों को काबू में करें

विज्ञापनों की खुराक कम करें। विज्ञापन जानलेवा हैं! शायद ही कोई इस बात से इनकार करे। विज्ञापन निर्माता विज्ञापनों की रचना इस प्रकार करते हैं कि आपको अपने जीवन और अपने आसपास कमी ही कमी दिखने लगती है। वे आपमें उत्पादों की कभी न बुझनेवाली प्यास जगाना चाहते हैं। वे आपको यकीन दिलाते हैं कि अमुक चीज के बिना आप अधूरे हैं। विज्ञापन देखने से बचें।

एक बुरी लत पैसे चूसने वाला ब्लैक होल बन सकता है। यदि आप एक दिन में पाँच सिगरेट पीते हैं तो आपकी इस लत को पूरा करने में 10,000 रुपये प्रतिवर्ष खर्च आता है। गुटखा उपयोगकर्ता, जो एक दिन में पाँच पाउच प्रयोग करते हैं, वह लगभग 7,000 रुपये प्रति वर्ष इस पर खर्च करते हैं। इसका प्रभाव केवल आपके स्वास्थ्य पर ही नहीं बल्कि वार्षिक खाने के खर्च और जीवन बीमा और स्वास्थ्य बीमा के प्रीमियम पर भी पड़ता है। इस लत की वजह से आपको अधिक प्रीमियम का भी भुगतान करना पड़ता है। उदाहरण के लिए, एक 30 वर्षीय धूम्रपान न करने वाला व्यक्ति 30 साल के लिए 50 लाख रुपये का ऑनलाइन बीमा कवर करने के लिए हर वर्ष 4100 रुपये का भुगतान करता है, लेकिन अगर वह धूम्रपान करता है तो, प्रीमियम 40 प्रतिशत बढ़ कर 5800 रुपये हो जायेगा।

आमतौर पर समय या श्रम को बचाने के लिए बाल धोने तक के लिए आप पार्लर चल देती हैं। यदि छोटे-मोटे काम घर पर ही कर लें तो आप बहुत सा पैसा बचा पायेंगी।

अकसर हम देखते हैं कि किसी जोड़े का एक पार्टनर कुछ ज्यादा खर्चीला होता है। अगर आप भी ऐसे ही हैं तो अपने पार्टनर से अपने खर्चीलेपन की आदतों के बारे में खुल कर बात करें। खर्च को कम करने का तरीका खुद-ब-खुद निकल कर बाहर आयेगा। अपने पार्टनर या दोस्त को शामिल करना एक अच्छी आदत है और इससे पैसे बचाने में काफी मदद मिलती है।

अगर आपकी बजाय आपका जीवनसाथी अधिक खर्चीला है तो उसके लिए भी एक उपाय है। आप उसे बिना बताए एक बैंक खाता खोलें और अपनी छोटी सेविंग्स उसमें डालते जायें। कुछ वक्त बाद जब आप अच्छे पैसे जोड़ लें तो उसे दिखायें। शायद उसे इससे बचत की प्रेरणा मिल जाये।

महँगे गिफ्ट्स देने से बचें

दोस्त का जन्मदिन आ रहा है और आप उसे कुछ सस्ता और सुंदर गिफ्ट देना चाहते हैं? उसे पत्र लिखें। सच मानें, आज के जमाने में इससे अच्छा और सस्ता उपहार हो ही नहीं सकता। हर हफ्ते थोड़ा सा समय निकाल लें और अपने प्रियजनों को चिठ्ठी लिखें। हाथ से लिखे खत की बात ही कुछ और है। चिट्ठी लम्बी हो यह

जरूरी नहीं है, महत्त्वपूर्ण हैं आपकी भावनाएँ और आपका लिखना। यदि लिखना सम्भव न हो तो अपने हाथ से ग्रीटिंग कार्ड बना सकते हैं। माना कि आप कलाकार नहीं हैं लेकिन आपके हाथ का बना ग्रीटिंग कार्ड इतना बुरा भी नहीं होगा कि कोई उसे पाते रो पड़े।

अपने परिवार या मित्रों के लिए कीमती स्टोर से कीमती गिफ्ट खरीदने का कोई मतलब ही नहीं बनता। बर्थडे हो या एनिवर्सरी, किसी भी तरह की पार्टी हो, अपने बजट के हिसाब से ही गिफ्ट चुनें। ऐसा गिफ्ट जो आपकी भावनाओं को आपके अपनों को व्यक्त कर सके, मुफीद होगा न कि महँगा या कीमती। आपके पति-पत्नी व बच्चे आपके ही हैं, गिफ्ट कीमती या सस्ते होने से वे आपको छोड़कर कहीं नहीं जायेंगे और न ही नाराज होंगे।

आप चाहें तो अपने हाथ से कलाकारी करके जैसे पेंटिंग, बंच ऑफ "लवर्स, होम बेक्ड, कुकीज या कुछ क्राफ्ट वर्क गिफ्ट कर सकते हैं। हार्ड बोर्ड पर अपनी कविता लिखकर दे सकते हैं। यह तोहफा आपके अपनों के लिए अनमोल होगा।

बचत और स्वास्थ्य का आँकड़ा

बचत के लिए जरुरी है कि आप स्वस्थ रहें। डाक्टर जेम्स एम् रिप बहुत बड़े हृदय रोग विशेषज्ञ और लेखक हैं। वे कहते हैं कि हमारी फिटनेस का ऊँचा स्तर हमारे लम्बे जीवन को सुनिश्चित करता है। कोई बूढ़ा आदमी जिसका दिल मजबूत है वह उस जवान आदमी से बेहतर है जो दौड़भाग नहीं कर सकता। अपनी फिटनेस का स्तर बढ़ाकर हम अपनी जैविक घड़ी को पीछे कर सकते हैं। जिससे डाक्टरी खर्च बच सकता है।

इंस्टेंट नुस्खों से परहेज करें - आज हर चीज को क्विक-फिक्स करने की लहर चल पड़ी है। मोटापा घटाने के लिए भूख मारनेवाले कैप्सूल खाना, लोग आसान समझते हैं, कम खाना और कसरत करना बहुत मुश्किल काम लगता है। मेहनत करने से कतराते हैं क्योंकि जेब में पड़ा पैसा दूसरों से मेहनत करवाना जानता है। हर बात के लिए मेहनत करने का सरल विकल्प त्याग देना और पैसे के दम पर काम निकालने में कैसी समझदारी है?

पड़ोसी की चिंता करना छोड़िये- क्योंकि यदि रुपया-पैसा ही खुशियाँ लाता है, तो दुनिया के धनी देशों में लोग दुखी क्यों हैं? यह पाया गया है कि किसी देश का धनी होना उसके नागरिकों के सुखी होने की गारंटी नहीं है, क्यों? क्योंकि धनी लोग अपनी तुलना अपने से और अधिक धनी से करते हैं। वे उनसे जलते-कुढ़ते हैं। पश्चिमी देशों में यह बहुत बड़े सामाजिक अवसाद का कारण है।

बुरे दिनों के लिए खुद को तैयार रखें - आज सब कुछ बहुत बढ़िया चल रहा है और आप खुद को हिमालय की चोटी पर महसूस कर रहे हैं लेकिन आपको

स्वयं को आड़े वक्त के लिए तैयार रखना चाहिए। हो सकता है कल कुछ बुरा हो जाये और आपकी आजीविका संकट में आ जाये। पैसे की हिफाजत करें, पैसा आपकी हिफाजत करेगा। जितना जरूरी हो उतना ही खर्च करें और बाकी पैसा बचा लें। दूसरों से होड़ करने के चक्कर में आप छोटी-सी आर्थिक चोट सहने के लायक भी न रह पायेंगे।

आप अच्छी तरह जानते हैं कि आपात्कालीन स्थिति कभी भी आ सकती है। यह पहले से बताकर नहीं आती हैं। बढ़ती जीवन सीमा के साथ नई बीमारियों की संभावनाएं भी हमारे आसपास खतरे के रूप में मंडराती रहती हैं। इसे ध्यान में रखते हुए हरेक को मेडिकल इंश्योरेंस कराने के बारे में गंभीरता से विचार करना चाहिए।

अलग-अलग आयु वर्ग की हरेक व्यक्ति के जीवन में डॉक्टर की फीस, पैथोलॉजिकल टेस्ट और दवाइयों के खर्चे जुड़े होते हैं। इसके लिए या तो हम इंश्योरेंस से पैसा जुटा सकते हैं या फिर इसके लिए अपने पास मौजूद पूँजी का इस्तेमाल करना पड़ता है। अगर आप कामकाजी व्यक्ति हैं और देर रात तक पार्टी करने में यकीन रखते हैं, कम सोते हैं, आपके खाने-पीने की आदतें समय के मुताबिक नहीं हैं तो जाहिर तौर पर आपके बीमार होने की संभावना बढ़ जाती हैं।

वाहन चलाने वाले के लिए पर्सनल एक्सीडेंट इंश्योरेंस होना काफी जरुरी है। हालाँकि अगर आप अनुशासित व्यक्ति हैं तो भी आपको अपने बच्चों के लिए मेडिकल इंश्योरेंस करवाना चाहिए। उन्हें ऐसा सुरक्षा कवच मुहैया कराना तब तक आपकी जिम्मेदारी है जब तक वो स्वयं काबिल नहीं हो जाते हैं।

कंपनी का इंश्योरेंस या खुद का इंश्योरेस

हममें से ज्यादातर लोग इस बात पर यकीन रखते हैं कि जिस कंपनी में हम काम करते हैं वो हमारे साथ हमारे परिवार को भी इंश्योरेंस के दायरे में रखती हैं। हम ये सोचकर निश्चिंत हो सकते हैं, बशर्ते जीवन भर हम उसी कंपनी में काम करने का इरादा रखते हों। अगर किसी कारण आप नौकरी छोड़ते हैं, तो आपके ऊपर से कंपनी द्वारा मुहैया कराया गया इंश्योरेंस का कवच भी हट जाता है। इसके अलावा कंपनी द्वारा कराए गये इंश्योरेंस में गंभीर बीमारियों को भी कवर नहीं किया जाता है।

भारत में विभिन्न कंपनियों की मेडिकल इंश्योरेंस पॉलिसी में अंतर होता है। कुछ पॉलिसी गंभीर बीमारियों के लिए बिल्कुल भी कवर नहीं करती हैं। वहीं कुछ पॉलिसी के तहत शुरुआती सालों में गंभीर बीमारियों के लिए कवर का प्रावधान नहीं होता है। हम आपको सलाह दे रहे हैं कि आप अपना खुद का मेडिकल इंश्योरेस करायें जिससे जोखिम कम हो सके। जितनी जल्दी आप मेडिकल इंश्योरेंस करायेंगे उतना ही आपको फायदा होगा।

व्यक्तिगत पॉलिसी लें या फैमिली फ्लोटर

अगर आप खर्च को उठा सकने में सक्षम हैं तो बेहतर यही होगा कि आप परिवार के हर सदस्य के लिए अलग-अलग इंडीविजुअल पॉलिसी लें। इससे आपको ज्यादा कवर तो मिलेगा साथ ही आपका हर पारिवारिक सदस्य पूरी तरह सुरक्षित होगा। आपके अस्पताल में भर्ती होने की सूरत में 5 लाख रुपये तक के कवर की उम्मीद रख सकते हैं।

हालाँकि अगर आप कुछ कम पैसा खर्च करना चाहते हैं तो फैमिली फ्लोटर लेना भी बुरा विकल्प नहीं है।

उदाहरणः- एक परिवार जिसमें पति और पत्नी और उनके दो बच्चे हैं। पति और पत्नी की आयु 30 साल के करीब है। ऐसे परिवार ने 5 लाख रुपये के कवर का फैमिली फ्लोटर लिया है जिसका सालाना प्रीमियम 7500 रुपये है। इसके हिसाब से अगर आप अस्पताल में भर्ती होते हैं और इलाज पर खर्चा किया जाता है तो पूरे परिवार के 5 लाख के कवर में से राशि कम हो जायेगी। वहीं अगर आपने इंडीविजुअल पॉलिसी ली होती तो एक सदस्य के अस्पताल खर्च के बावजूद बाकि परिवार के मेडिकल कवर में कोई कमी नहीं आयेगी।

हालाँकि एक बात जरूर ध्यान रखनी चाहिए कि हेल्थ और मेडिक्लेम पॉलिसी से रकम रिंबर्समेंट के रूप में मिलती है और इस **रिइंबर्समेंट**[1] के लिए भी कुछ खर्च करना पड़ता है।

---

1. प्रतिपूर्ति

मनी एजुकेशन और बच्चों की बचत

हर माता-पिता या अभिभावक अपने बच्चों को अच्छी शिक्षा दिलाकर सफल नागरिक बनाने का सपना देखते हैं। वे चाहते हैं कि उनके बच्चे पढ़-लिख कर अच्छे नागरिक बनें और जीवन की सभी सुविधाएं, सुख व समृद्धि पायें। अभिभावक चाहते हैं कि किसी से भी उनके बच्चे किसी भी क्षेत्र में पीछे नहीं रहें। इसके लिए वे बच्चों को पढ़ाई के साथ-साथ खेल, संगीत, नृत्य आदि भी का प्रशिक्षण दिलाने की भी पूरी कोशिश करते हैं, ताकि उनका बच्चा हर क्षेत्र में पारंगत हो सके। ऐसे में आपके लिए यह निहायत जरूरी हो गया है कि आप अपने बच्चों को पैसे का महत्त्व अथवा उसकी कीमत समझाएं। बच्चों को पैसों का महत्त्व समझाने का तात्पर्य केवल इतना है कि उन्हें बचत का तरीका सिखाएं अथवा उनकी आदत ऐसी डालें कि वे अपने आप बचत करने लगें। एक सर्वे के अनुसार पूरे विश्व में बहुत कम माता- पिता अपने बच्चों को पैसों की सही कीमत आंकने की शिक्षा दे पाते हैं।

कम उम्र में बचत शुरू करने के फायदे

हममें से बहुत से लोग निवेश शुरू करने की योजना को टालते रहते हैं। ऐसा करने से पहले शायद हम यह भूल जाते हैं कि कम उम्र में निवेश शुरू करने के बहुत सारे फायदे हैं। जल्दी निवेश शुरू करने से उस पर मिलने वाला चक्रवृद्धि ब्याज और नियमित निवेश जीवन के दूसरे पड़ाव के लिए बहुत ही महत्त्वपूर्ण साबित होता है। ऐसे में थोड़ा ही सही लेकिन नियमित निवेश शुरू करने में देरी नहीं करनी चाहिए। जल्द निवेश का फायदा यह है कि यह लगातार बढ़ता रहता है और यह एक बड़ी

रकम का रूप ले लेती है। उदाहरण के लिए मानो आपने अपने रिटायरमेंट के लिए वर्ष 2008 में निवेश शुरू किया। यदि आप एक लाख रुपये सालाना निवेश करते हैं और इस पर 15 फीसदी सालाना रिटर्न मिलता है तो 2038 तक आपका निवेश 4.35 करोड़ रुपये की भारी रकम का रूप ले लेगा। लेकिन यदि आपने इसमें दो साल की भी देरी की और वर्ष 2010 से निवेश शुरू किया तो 2038 में आपके हाथ में केवल 3.27 करोड़ रुपये ही होंगे। यानी आपको केवल दो साल की देरी की वजह से 1.08 करोड़ रुपये का घाटा उठाना पड़ जायेगा। यही नहीं आप केवल एक साल की भी देरी करते हैं तो तब आपकी रकम 3.77 करोड़ रुपये ही बनती है यानी 58 लाख रुपये का नुकसान। ये 58 लाख रुपये और कुछ नहीं हैं बल्कि आपके निवेश पर हासिल होने वाला 15 फीसदी रिटर्न ही है। छोटी बचत वालों पर भी यह बात उतनी ही लागू होती है। ऐसा इसलिए होता है क्योंकि बाद के सालों में आप चक्रवृद्धि ब्याज का फायदा नहीं ले पाते हैं। नीचे दो केस स्टडीज से हम देखेंगे कि जल्दी निवेश कैसे फायदेमंद है।

स्टडी-1. राकेश और देवेश ने अपना करियर एक साथ 23 साल की उम्र में शुरू किया।

केस.1 (देवेश) देवेश कम उम्र में निवेश शुरू करने के महत्त्व को समझता था और उसने 25 साल की उम्र में 50,000 रुपये सालाना निवेश शुरू कर दिया। 10 फीसदी सालाना रिटर्न के हिसाब से 10 वें साल के आखिर तक उसके पास 7.97 लाख रुपये की पूँजी जमा हो चुकी थी। यह सालाना ब्याज पर आधारित है न कि चक्रवृद्धि ब्याज पर। इसके बाद उसने 65 की उम्र तक कोई निवेश नहीं किया और केवल 7.97 लाख रुपये पहले 10 साल में बचाए जो बढ़ते रहे। जब 65 साल का हुआ तो उसके पास एक करोड़ 40 लाख रुपये थे।

केस.2 (राकेश) राकेश ने पहले खूब खर्च किया और शुरुआती सालों में बचत पर ध्यान नहीं दिया। जब वह 35 साल का हुआ तो उसने निवेश शुरू किया और अगले 30 साल तक 50,000 रुपये सालाना बचाता रहा, जब तक वह 65 साल का हो गया। उसे भी निवेश पर सालाना 10 फीसदी रिटर्न मिला। ऐसे में राकेश ने अजय के मुकाबले 20 साल ज्यादा निवेश भी किया फिर भी उसके हाथ में 65 की उम्र में केवल 82.2 लाख रुपये थे जो अजय से 43 फीसदी कम हैं।

स्टडी-2. माना कि 100 साल बाद राकेश और देवेश का पुनर्जन्म होता है। इस बार राकेश एक्सट्रा स्मार्ट है और अजय एक सॉफ्टवेयर इंजीनियर है। दोनों की उम्र 25 साल हो गयी है और वे 60 की उम्र में रिटायर होना चाहते हैं। दोनों अच्छी कमाई करते हैं (एक लाख रुपये सालाना तक निवेश कर सकते हैं) जिस पर 12 फीसदी सालाना रिटर्न मिल सकता है।

केस.1 राकेश जल्दी निवेश शुरू करता है और अगले 10 साल तक एक लाख रुपये सालाना बचाता है और रिटर्न के साथ यह एक अच्छी रकम हो जाती है। इसे वह अपने रिटायर होने तक के लिए निवेश कर देता है। वह अगले 20 साल के लिए भी निवेश कर सकता है, लेकिन अब वह अपने एक लाख रुपये को हर साल घूमने-फिरने पर खर्च करता है।

केस.2 देवेश सोचता है कि राकेश ईडियट है। वह अपने जीवन का आनंद ही ले रहा है। अगर वह पाँच साल बाद निवेश शुरू करेगा तो क्या बिगड़ जायेगा। उसका मानना है कि कुछ साल तो आनंद लेना ही चाहिए।

केस.2.1 पाँच साल बाद देवेश एक लाख रुपये सालाना निवेश शुरू करता है। पाँच साल बाद वह देखता है कि राकेश तो निवेश बंद कर जिंदगी के सारे आनंद ले रहा है, तो वह भी ऐसा ही करता है। वह भी निवेश रोक देता है।

केस.2.2 पाँच साल बाद देवेश निवेश शुरू करता है और सोचता है कि वह रिटायर होने तक अगले 30 साल निवेश करेगा। आखिर में वह राकेश से ज्यादा धन 12 फीसदी रिटर्न पर चाहता है।

केस 2.1 देवेश के पास रिटायर होते समय कितना पैसा होगा? 66 लाख रुपये।

केस.2.2 में देवेश को कितना हासिल होगा-1.64 करोड़ रुपये। और राकेश, पहले 10 साल तक निवेश कर अगले 20 साल तक आनंद लेने के बाद रिटायरमेंट के समय उसके 1.72 करोड़ रुपये होंगे।

यदि आप भी अपने बच्चों में पैसा बचाने की आदत डालना चाहते हैं और यह भी चाहते हैं कि आपका बच्चा बड़ा होकर अच्छी जगह पैसे का निवेश करे, तो उसे निम्न बिंदुओं के द्वारा शिक्षित करें।

धन का महत्त्व शुरू से ही बतायें- अपने बच्चों को उस दिन से पैसे का हिसाब किताब सिखाना शुरू कर दें, जिस दिन से वह अंकों का जोड़-घटाव सीखना शुरू करते हैं। कहानियों और खेलों के माध्यम से धन के महत्त्व को समझाएँ।

बच्चों से बातचीत करते रहें- जैसे-जैसे बच्चे बड़े होते हैं, उनकी जरूरतें और ख्वाहिशें भी बढ़ने लगती हैं। परिवार में सामूहिक वार्ता के दौरान अथवा किस्से-कहानियाँ सुनाने के दौरान बच्चों को धीरे-धीरे पैसे की कीमत समझाएँ। उन्हें अपने संघर्ष की सच्चे किस्सों के अलावा यह भी बतायें कि कितनी कठिनाइयों के साथ पैसा कमाया जाता है। उन्हें ईमानदारी के साथ पैसा खर्च करना सिखाएँ।

बच्चों की माँग को समझें और समझाएँ- इस बात को भी तय करें कि बच्चों की कौन-सी माँग वाजिब है और कौन-सी टाली जा सकती है क्योंकि बच्चे नासमझ होते हैं, वे किसी भी चीज की जिद कर बैठते हैं, उनकी कई ऐसी माँगें

भी होती हैं, जो गैर जरूरी होती हैं। ऐसे में आप उन्हें बतायें कि वे जो माँग कर रहे हैं, वह कितनी गलत है और कितनी सही। उसके बाद उन्हें निर्णय लेने दें कि उन्हें क्या चाहिए।

पॉकेट मनी निश्चित करें- उनकी हर जरूरतों के लिए एक निश्चित धनराशि दें। उन्हें विकल्प देने के प्रयास करें। उन्हें बतायें कि जितना पैसा वे बचा कर लाएंगे, वह उनकी बचत के लिए रख दिया जायेगा।

मद का पता अवश्य लगायें- अधिकांशतः देखा गया है कि अभिभावक उन्हें नासमझी में या अपनी झूठी शान शौकत में अपनी संपन्नता का ऐसा प्रदर्शन करते हैं कि बड़ा होकर बच्चा स्वयं परेशान होता है। वास्तव में बच्चों को मनमाना जेब खर्च और सुविधा के नाम पर ऐशोआराम की दी जाने वाली वस्तुएँ पंगु बना देती हैं। बच्चा किसी लायक नहीं रह जाता है। आज संपन्न परिवारों में जिस तरह से भौतिक चमक का प्रभाव पड़ा है। उससे बच्चे भी अछूते नहीं हैं। वह भी जेबखर्च के नाम पर मिली इस धनराशि का दुरुपयोग करते हैं और माता-पिता बच्चे के दुर्गुणों से अनभिज्ञ रहते हैं। इसलिए आवश्यक हो तो बच्चों की जरुरत भर जेब खर्च दें। साथ ही उस धनराशि का उपयोग बच्चे ने किस मद में किया है, इस बात का पता अवश्य लगा लें।

बच्चों के खर्चों पर नजर रखें- बड़े होने पर बच्चों को दैनिक अथवा मासिक खर्च दिया जाता है। उनके खर्च पर सख्ती से नजर रखें। उनसे कहें कि वे अपने खर्च की सूची बनायें और आपको दिखायें। उन्हें समझायें कि यह सब आप उनके भले के लिए ही कर रहे हैं। ऐसा करने से वे आगे चलकर बड़ी राशियों पर बचत करने में सक्षम होंगे।

बच्चों को प्रोत्साहित करें- आपके प्रयासों और शिक्षा से यदि आपका बच्चा अच्छी खासी रकम बचाता है, तो उसे प्रोत्साहित करें। आप उसे कोई अच्छा तोहफा लाकर दें। इससे बचत के लिए वह और ज्यादा उत्साहित होगा।

प्रेक्टिकल बनें, बच्चों की जमा रकम से उधार लें- बच्चों के साथ व्यवहारिक बनें। इसके लिए वे कभी-कभी बच्चों की जमा रकम में से कुछ राशि उधार भी लें और बाद में वही राशि ब्याज जोड़ कर उन्हें लौटायें। ऐसा करने से बच्चे यह आसानी से समझ जायेंगे कि व्यावहारिक जीवन में किस तरह ब्याज के दम पर अपने पैसे को बढ़ाया जाता है। इसका दूसरा फायदा यह होगा कि आपके बच्चे जितनी ज्यादा बचत करेंगे, आप उतनी ही बड़ी राशि उनसे माँग सकेंगे और उसी पर ब्याज लगाकर ज्यादा धन लौटाकर उनका मनोबल बढ़ा सकेंगे। यदि बचपन में बच्चे ऐसा देखेंगे, तो बड़े होकर वे बड़े निवेश करने में और उनका हिसाब रखने में सक्षम होंगे।

बच्चों को पैसे के लेन-देन के बारे में जरूर बतायें- यदि निवेश या पैसे के लेन-देन से सम्बन्धित कोई भी सवाल बच्चा पूछे तो उसे मना मत करें। बच्चों से पैसे लेने के बाद, जब भी उन्हें जो पैसा लौटायें तो हर बार लाभ के साथ नहीं लौटायें, कभी-कभी उन्हें घाटा भी होने दें, ताकि उन्हें पता चले कि यहाँ घाटा होने पर कैसी परिस्थितियों का सामना करना पड़ता है।

दबाव की स्थिति न बनने दें- कई लोग अपने बच्चों को बड़े महँगे स्कूलों में डालते हैं। अगर आप आसानी से ऐसा नहीं कर सकते हैं तो ऐसा नहीं करना चाहिए क्योंकि इससे भी कई तरह की दिक्कतें होती हैं। मसलन बच्चे पर भी महँगे स्कूल में आने वाले बच्चों के रहन-सहन आदि को देखकर दबाव की स्थिति बनती है। ऐसे में आप पर हैसियत से ज्यादा खर्च करने का दबाव बढ़ेगा क्योंकि आप यह कोशिश करेंगे कि आपका बच्चा किसी दूसरे बच्चे के मुकाबले खुद को उपेक्षित न महसूस करे।

युवा होते बच्चे और बचत- यंगस्टर्स का सर्वाधिक खर्च होता है बस-ऑटो के किराये और मोबाइल पर। इसलिए कॉलेज आने-जाने के लिए स्टूडेंट पास बनवा कर रखें।

मोबाइल का बिल कम करने के लिए कस्टमर केयर में फोन करके स्कीम्स के बारे में पता करें। खासतौर पर एसएमएस स्कीम्स के तहत मिलने वाली छूट का फायदा जरूर उठाएं। बेहतर हो कि प्रीपेड प्लान लें।

सेविंग अकाउंट- पोस्ट ऑफिस में बचत खाता खुलवाना छात्रों के लिए अच्छा विकल्प है। स्टूडेंट्स के लिए बनी पॉलिसीज की जानकारी लें। जीरो बैलेंस सुविधा के अलावा कई बैंक निःशुल्क डिमांड ड्राफ्ट जैसी सुविधाएं भी प्रदान करते हैं, इनका लाभ उठाएं।

आपको ध्यान रखना है- अपनी निवेश को इस प्रकार से योजनाबद्ध कीजिए कि यदि आप अपने अवयस्क बच्चे के नाम पर भी निवेश करें तो ऐसे निवेश से होने वाली आय आपकी आय में शामिल न हो। यदि आप वास्तविक जीवन में ऐसा कर पाते हैं तो निश्चिततौर पर आप अपने करों का भार कम करने में समर्थ हो जायेंगे और आपका निवेश आपके और आपके परिवार के लिए अच्छा लाभप्रदान करेगा।

यह सर्वविदित ज्ञात तथ्य है कि अवयस्क बच्चे की आय को माता या पिता की आय के साथ मिलाया या जोड़ा जाता है। जब माता-पिता की ओर से नहीं बल्कि अन्य सम्बन्धियों से अवयस्क बच्चे के नाम पर कोई उपहार आदि प्राप्त किया जाता है तो भी ऐसी ही स्थिति होगी। अतः यह पूरी तरह से स्पष्ट है कि यदि किसी सम्बन्धी आदि से भी कोई उपहार प्राप्त होता है, तब भी उस अवयस्क बच्चे की प्राप्त आय को माता-पिता की आय में जोड़ा जायेगा। उदाहरणार्थ- माना मास्टर अनुराग नामक बालक को अपने पिता विकास से 1 लाख रुपये का उपहार मिलता

है। ऐसे ही अनुराग को अपनी नानी सुशीला से भी 1 लाख रुपये का उपहार प्राप्त होता है। उपहार के रूप में मिले दो लाख रुपयों को अनुराग के नाम पर बैंक में फिक्स्ड डिपॉजिट करवाया जाता है जहाँ बैंक प्रतिवर्ष 7 प्रतिशत की दर से ब्याज देता है। पिता व अन्य सम्बन्धी से मिले इस उपहार पर कुल 14000 रुपये वार्षिक की दर से ब्याज देता है। दोनों उपहारों पर ब्याज के रूप में मिली धनराशि को भी विकास की आय में जोड़ा जायेगा। अब यह मान लिया जाता है कि विकास के पास प्रतिवर्ष 8 लाख रुपये से अधिक की कर योग्य आय है! इस विषय में अवयस्क बालक अनुराग के नाम पर बैंक में जमा फिक्स्ड डिपॉजिट पर मिलने वाले 14000 रुपये के ब्याज पर दिये जाने वाला आयकर इस राशि पर 30 प्रतिशत की दर से अतिरिक्त आयकर देने का भार डालेगा जो कि 4200 रुपये होगा। इस प्रकार अवयस्क पुत्र अनुराग से सम्बन्धित ब्याज के सम्बन्ध में यह 4200 रुपये की राशि आयकर देनदारी बनेगी जो उसके पिता विकास की आय में जोड़ दी गयी थी।

अब विकास और उस जैसे सभी लोगों के लिए, जिनके परिवार में अवयस्क बच्चे हैं, श्रेष्ठ इन्वेस्टमेंट यंत्र हैं कि वे अपने अवयस्क बच्चे के नाम पर एक '100 प्रतिशत **स्पेसिफिक बेनिफिशियरी ट्रस्ट**[1]' की स्थापना करे और उस ट्रस्ट के नाम से ही सभी उपहार दे। इस संदर्भ में भारत के सर्वोच्च न्यायालय ने एम.आर. दोषी मामले में दिये गये महत्त्वपूर्ण व लोकप्रिय निर्णय के आधार पर यह निर्दिष्ट है कि अवयस्क बच्चे के इस '100 प्रतिशत **स्पेसिफिक बेनिफिशियरी ट्रस्ट**[1]' की आय को उस बच्चे के माता-पिता की आय के साथ नहीं जोड़ा जायेगा विशेषकर जब ट्रस्ट डीड में प्रावधान हो कि बच्चे के अवयस्क रहने तक उस ट्रस्ट का कोई पैसा बच्चे पर खर्च नहीं किया जायेगा।

इस तरह महत्त्वपूर्ण इन्वेस्टमेंट मंत्र यह है कि वे सभी लोग जिनके परिवार में अवयस्क बच्चे हैं और वे उनके लिए निवेश करने के इच्छुक हैं तो वे एम.आर. दोषी मामले में भारत के सर्वोच्च न्यायालय द्वारा दिये गये निर्णय के आधार पर कानून के निर्दिष्ट नियमों को दृष्टिगत रखकर अवयस्क लाभार्थी के लिए एक विशिष्ट ट्रस्ट की स्थापना करें और इस प्रकार से अवयस्क की आय को अपनी आय में जुड़ने से बचायें। बड़ी मात्रा में किये जाने वाली एक बचत के समान अवयस्क के लिए अलग फंड बनाना भी संभव है। यदि आप अपने अवयस्क बच्चे के लिए '**स्पेसिफिक बेनिफिशियरी ट्रस्ट**[1]' का निर्माण करते हैं तो निश्चित तौर पर यह बचत की जा सकती है।

पढ़ाई के लिए घर से बाहर रहने वाले छात्रों द्वारा बचत

घर से बाहर निकलने के बाद बच्चों को असली जिंदगी का बोध होता है। घर पर

1. विशिष्ट लाभार्थी ट्रस्ट

हर काम के लिए माता-पिता पर निर्भर रहने वाले बच्चों को बाहर अपना काम खुद करना पड़ता है। बाहर निकल कर ही उन्हें जीवन की सच्चाइयों का अहसास होता है। साथ ही उनमें एक नये उत्साह, उमंग और आत्मसम्मान का निर्माण भी होता है। पढ़ाई के साथ-साथ उनका सामना कई परेशानियों से भी होता है। इनमें सबसे आम समस्या है पैसों के सदुपयोग और बचत की।

उन्हें महीने के हिसाब से घर से जेब खर्च भिजवा दिया जाता है। लेकिन कई बार महीने के अंत तक या तो उनके पास पैसे खत्म हो जाते हैं या फिर जरूरत के हिसाब से कम पड़ जाते हैं। इसका मुख्य कारण उनकी फिजूलखर्ची और पैसों के उपयोग का सही ज्ञान न होना है।

- सबसे पहले अपनी निर्णय लेने की क्षमता को विकसित करें। किसी की देखा-देखी या फिर किसी के कहने पर कोई भी वस्तु न खरीदें।
- किसी भी चीज को लेने से पहले हमेशा यह सोचें कि आपको उस चीज की कितनी जरूरत है। अगर आपको उस चीज की वास्तव में आवश्यकता है तभी उसे खरीदें अन्यथा व्यर्थ खर्च न करें।
- अपने पूरे महीने का एक बजट तैयार करें और उसी के अनुसार काम करें। हमेशा अपने जेब खर्च का कुछ हिस्सा आपातकालीन परिस्थितियों के लिए अलग निकाल कर रखें हो सके तो उसमें से कुछ महीने की बचत के रूप में भी अलग रखें।
- हमेशा खरीददारी पर जाने से पहले जरूरी चीजों की एक लिस्ट बनायें और उसी के अनुसार खरीददारी करें। बिना मतलब की वस्तुओं पर ध्यान न दें। फ्री ऑफर्स के लालच में न आयें। सस्ते सुपर मार्केट को ढूँढ़ें और वहीं से शॉपिंग करें। बार-बार खरीददारी पर जाने से बेहतर है सारी शॉपिंग एक साथ ही करें। यह आपके पैसों और समय दोनों की बचत में कारगर साबित होगा।
- हमेशा वही सामान लें जो आपके बजट में समाए। खरीददारी करते समय हमेशा स्टूडेंट डिस्काउंट के बारे में पूछना न भूलें। कोई भी वस्तु लेने से पहले दो-तीन जगह उसकी कीमत को पता करें। कहीं बाहर से खरीददारी कर रहे हैं तब मोल-भाव जरूर करें और अगर आप इस कला में माहिर नहीं हैं तो ऐसी दुकानों से खरीददारी करें जहाँ प्रोडक्ट्स के फिक्स रेट हों।
- कोर्स की पुस्तकों को खरीदने की बजाय रेंट पर लें। कॉलेज लाइब्रेरी से ईशू करायें या ऑनलाइन पढ़ें। अगर कोई पुस्तक लेना अनिवार्य ही है तब ही उस पर खर्चा करें और आगे उपयोग न होने पर उसे बेच दें। ऐसा करना आपकी जेब पर भारी नहीं पड़ेगा।

- अगर संभव हो सके तो कहीं पार्ट टाइम जॉब करें, लेकिन ध्यान रखें कि इससे आपकी पढ़ाई प्रभावित न हो। अगर इससे आपकी पढ़ाई पर विपरीत असर पड़ता है तो जॉब न ही करें।
- मेडिकल ट्रीटमेंट में होने वाले खर्चों को भी कम करने के लिए जरूरी है कि सेहत का ध्यान रखें। जैसे-खाने के पहले अपने हाथों को जरूर साफ करें। अच्छे सेनेटाइजर का इस्तेमाल करें। वाहन को सावधानी-पूर्वक चलाएं।
- अपने कपड़ों-वाहनों आदि को लांड्री, गैराज में धुलवाने से अच्छा है, उन्हें आप घर पर ही अपने हाथ से धोएं।
- बहुत लंबा सफर तय करना हो और समय की पाबंदी न हो तो पब्लिक ट्रांसपोर्ट का इस्तेमाल करें। संभव हो सके तो आने-जाने के लिए भी पब्लिक ट्रांसपोर्ट का ही इस्तेमाल करें।
- जिम जाने की जगह सुबह-सुबह जॉगिंग पर जायें। यदि जिम जाना ही है तो किसी सस्ते जिम का चयन करें।
- अगर कोई चीज बिगड़ गयी है और वह ठीक हो सकती है तब उसे बदलने की जगह उसे रिपेयर करवाएँ।
- दोस्तों को अपने हाथ से बना कुछ गिफ्ट दें। यह गिफ्ट बाजार के खरीदे गये गिफ्ट की तुलना में आपका कम खर्चा करवाएगा।
- पैसों के सही उपयोग के साथ-साथ निवेश करने की भी आदत डालें।
- अगर आप में ड्रिंक, स्मोकिंग जैसी बुरी आदतें हैं तो इन्हें छोड़ दें।
- सजने-संवरने के लिए सस्ते और अच्छे पार्लर का चयन करें। किसी दोस्त की बातों में आकर महँगे प्रोडक्ट्स न लें अन्यथा ये बिना वजह आपकी जेब का भार बढ़ा देंगे।

विदेशों में पढ़ाई

विदेशी कॉलेजों और संस्थानों में पढ़ने की चाहत हर किसी की होती है और ज्यादातर छात्र अपने सपने को साकार करने में सफल भी हो जाते हैं। भारत की तुलना में विदेशों में रहकर पढ़ाई के दौरान दूसरे तमाम खर्च भी काफी होते हैं। हर छात्रों में अलग-अलग तरीके की आदतें होती हैं और वे उसी के मुताबिक काम भी करते हैं। ऐसे में, तय करना पड़ता है कि उनके पास कितने पैसे हैं और कितनी आमदनी होती है।

सभी छात्रों को इस बात का ध्यान रखना चाहिए कि जब वे स्वदेश से इतनी दूर रहेंगे तो वहाँ उन्हें अपनी सहायता खुद ही करनी होगी, स्वतंत्र रहना होगा।

- खर्च के तौर पर लिविंग एक्सपेंसेज-हाउसिंग, मील एकेडमिक एक्सपेंसेज-ट्यूशन, बुक्स ट्रैवल एक्सपेंसेज-एयरफेयर, पासपोर्ट, वीजा, लोकल ट्रांसपोर्टेशंस कम्युनिकेशन एक्सपेंसेज-इंटरनेट एक्सेस, सेल फोन प्रोग्राम एक्सपेंसेज-एप्लीकेशन फी, ग्रुप एक्सकर्सन हेल्थ एंड सेफ्टी एक्सपेंसेज-इंश्योरेंस, इम्युनिजाइशन पर्सनल एक्सपेंसेस-सोवेनियर्स, इंटरटेनमेंट का बजट जरुर बनायें।
- अपने बजट से अधिक कभी भी खर्च न करें। यह न भूलें कि आप एक छात्र हैं और विदेश में अध्ययन करना काफी खर्चीला है और चीजें मुफ्त में नहीं मिलतीं।
- विदेशों में आपकी इच्छा दोस्तों के साथ बाहर खाना खाने, फिल्म देखने या फिर लोकल बार में जाने की हो सकती है, ऐसें में खुद पर कंट्रोल रखना जरूरी है। यदि जरूरी हो, तभी जायें।
- अपने बजट को संतुलित रखने के लिए आप अपना मासिक बजट बनायें और हर हफ्ते उसे चेक करते रहें कि उनका खर्च मासिक बजट से अधिक न हो। यदि संभव हो तो हर दिन अपने खर्च को लिखें। हमेशा इस बात का ख्याल रखें कि पूरे महीने के लिए आपके पास कितना पैसा है और कितना खर्च होगा। यदि किसी हफ्ते अधिक खर्च हो गया तो अगले हफ्ते इस खर्च का ख्याल रखें। इससे आपका बजट काफी संतुलित रहेगा।
- अपनी रूटीन लाइफ को हमेशा मैनेज करें और याद रखें कि आप अपने घर पर नहीं रह रहे हैं। आकस्मिक खर्च के लिए हमेशा कुछ न कुछ पैसा अपने पास जरूर रखें। हमेशा क्रेडिट कार्ड का प्रयोग न करें। डेबिट कार्ड का प्रयोग करते समय इस बात का ख्याल रखें कि आपके पास कितने पैसे हैं और कितने पैसे खर्च कर रहे हैं।
- अपने बजट को मैनेज करने के लिए कोई न कोई जॉब करें। ऐसा विदेश में पढ़ने वाले ज्यादातर छात्र करते हैं। एजुकेशन कंसल्टेंट 'द चोपड़ा' जी के मुताबिक, पार्टटाइम जॉब तो हमेशा मिल जाता है जिससे आप अपने मासिक बजट को संतुलित कर सकते हैं।
- विदेश में पढ़ाई के दौरान एक्स्ट्रा खर्च काफी होता है, ऐसे में पार्टटाइम जॉब काफी राहत देता है। इससे जहाँ आप पढ़ाई के दौरान काम सीख सकते हैं, वहीं आपमें जिम्मेदारी की भावना भी आती है।
- विदेशी संस्थानों में अध्ययन करने वालों को हमेशा इस बात का ध्यान रखना चाहिए कि उन्हें कहाँ से स्कॉलरशिप के साथ आर्थिक सहायता मिल सकती है. यह सहायता आपके बजट को नियंत्रित रखता है।
- इस बात को भी सुनिश्चित करें कि आपको स्कॉलरशिप के तहत मिले फंड में से कितना अंश कोर्स को देना है और खुद पर कितना खर्च कर सकते हैं। इस सम्बन्ध में तमाम जानकारी मसलन लोन, ग्रांट, स्कॉलरशिप आदि की जानकारी होनी चाहिए।

- अपने बजट को संतुलित रखने के लिए हमेशा **एक्सचेंज रेट**[1] को ध्यान में रखें. जब आप विदेश जाने की तैयारी करें तो बजट तय कर लें। फूड, ट्रेवलिंग, लॉजिंग, **सोवेनियर**[2], **एक्स्ट्रा कैश**[3] आदि को लेकर करें।
- विदेश जाने के प्रोसेस, आवेदन, वीजा, कॉलेज ट्यूशन फीस के अलावा रहने के बजट को भी ध्यान देना चाहिए। यदि पढ़ाई के दौरान कैंपस में न रहकर बाहर रहना सस्ता होता हो, तो बाहर रहें। कैंपस से सटे इलाके में रहें।
- अकेले रहने में अधिक खर्च होता हो, तो अपने दोस्तों के साथ शेयर में रहें। इससे जहाँ आप सामाजिकता सीख पायेंगे, वहीं लोगों के साथ कैसे तालमेल बिठाया जाता है, जान पायेंगे। यदि आप किसी प्रोजेक्ट पर काम कर रहे हैं तो उसका कुछ रुपये आप स्थानीय बैंक में फिक्स डिपॉजिट के तौर पर जमा कर सकते हैं। जब आपको जरूरत हो तो उस रुपये को निकाल भी सकते हैं।

डेटिंग में बचत

- अभिभावकों द्वारा युवाओं को मिलने वाला जेब खर्च बहुत सीमित होता है ऐसे में अगर वे अपना सारा पैसा डेट पर ही व्यय कर देंगे तो वह अपने लिए कुछ नहीं बचा पायेंगे. अगर आप भी ऐसी ही किसी परेशानी से घिरे हुए हैं, अपनी गर्लफ्रेंड के साथ डेट पर जाना तो चाहते हैं लेकिन उस पर होने वाले खर्चे के बारे में सोचकर ही डर जाते हैं, तो निम्नलिखित कुछ बिंदु आपकी यह समस्या दूर कर सकते हैं. इन्हें पढ़ने के बाद आप यह जान सकते हैं कि आप सस्ती डेटिंग कैसे कर सकते हैं।

- आप अपनी डेट के लिए स्थान चुनने से पहले सस्ती मगर फैशनेबल जगह का चुनाव करें। लेकिन अपने साथी को यह अहसास न होने दें कि आपने पैसे को बचाने के लिए इस स्थान पर जाने की योजना बनायी है. सस्ती डेट के लिए आपको ऐसी जगह चयनित करनी होगी जहाँ बड़े-बड़े मॉल और रेस्तरां न हों।
- आजकल आप जो भी करें, कहीं भी खायें सब एक ट्रेंड ही है। डेटिंग को सिर्फ बनावटीपन प्रदान ना करें। आप वहीं जायें जहाँ आप जाना पसंद करते हैं। इतना ही नहीं अपने साथी को भी सामान्य रहने के लिए प्रेरित करें।

---

1. विनिमय दर
2. स्मारिका
3. अतिरिक्त रकम

- डेट को रोमांचक बनाने के लिए आप प्रकृति के नजदीक भी जा सकते हैं। बोटिंग करना एक सबसे बेहतर विकल्प है। इसके अलावा आप किसी पार्क में भी बैठ सकते हैं या फिर खुले आसमान के नीचे कुछ पल साझा कर सकते हैं।
- डेटिंग पर जाने से पहले थोड़ा सोच-विचार करना अच्छा रहेगा। अपने खर्चे की सीमा तय करें और उसी के अनुसार कार्य करें। आप लांग ड्राइव पर जा सकते हैं या फिर हाथ में हाथ डाले मीलों पैदल भी चल सकते हैं। एक-दूसरे के करीब आने का इससे बेहतर तरीका तो कोई हो ही नहीं सकता।
- गर्लफ्रेंड को प्रभावित करने के लिए जरूरी नहीं कि आप महँगे होटल में ही जायें। एक सस्ते ढाबे और होटल में भी आप बढ़िया चाय या कॉफी का लुत्फ उठा सकते हैं. लड़कियों को भेल-पूरी, गोल-गप्पे बहुत पसंद होते हैं जिन पर खर्च करना ज्यादा महँगा नहीं है।
- आप घर में कुछ अच्छे दोस्तों को बुलाकर भी अपने साथी के साथ अच्छा समय बिता सकते हैं। इसमें बहुत ज्यादा खर्च भी नहीं आयेगा।
- आप घर पर भी कैंडल लाइट के माध्यम से डेटिंग का भरपूर आनंद उठा सकते हैं. अपने हाथ के लजीज पकवानों द्वारा अपने साथी को खुश कर सकते हैं।

हाल ही में निवेशों के सम्बन्ध में बदलती प्रवृत्ति में व्यापक बदलाव आया है, जहाँ हम पाते हैं कि निवेशक, विशेषकर नये युवा निवेशकों ने गैर-परंपरागत संपत्तियों में निवेश करना प्रारंभ कर दिया है। गैर-परंपरागत निवेश में दुर्लभ सिक्के, डाक टिकट तथा अच्छी प्रकार की शराब भी शामिल होगी। ये निवेश अब से आने वाले वर्षों में निवेशकों के लिए बड़ी सफलता लाने जा रहे हैं। पश्चिमी देशों में कई अरबपति, आजकल उपरोक्त वर्णित गैर-परंपरागत स्रोतों (संपत्तियों) में निवेश कर रहे हैं। अगले एक दशक में हम इन मूर्त संपत्तियों में निवेश की अभूतपूर्व ऊँचाइयाँ देख सकेंगे। समझदार व दूरदर्शी निवेशकों इन दुर्लभ मदों में निवेश हेतु सावधानीपूर्वक सोचना चाहिए क्योंकि इनका भविष्य अत्यंत उज्ज्वल है। उदाहरणार्थ; विश्व में डाक टिकटों में प्रतिवर्ष 10 अरब अमेरिकी डॉलर का व्यापार होता है। डाक टिकटों से सम्बन्धित "एस.जी. 100 इडेक्स" नामक एक इडेक्स भी है जो महीने-दर-महीने अपडेट किया जाता है। यहाँ तक कि कई ऑपरेटर "गारंटिड मिनिमम रिटर्न कांट्रेक्ट" (जी.एम.आर.सी.) की अवधारणा का संचालन भी करते हैं, जिसके माध्यम से वे निवेशकों को उनके निवेश पर न्यूनतम 15 प्रतिशत रिटर्न या दस वर्षों पर 50 प्रतिशत की वृद्धि का प्रस्ताव देते हैं। इसी तरह यू.के. में भी "प्रीमियर क्रू" नामक एक अत्यंत लोकप्रिय निवेश फंड है जो सक्रिय रूप से वाइन इन्वेस्टमेंट फंड में संलग्न है।

शॉपिंग में समझदारी

एक जमाना था जब शॉपिंग का मतलब होता था सौदा सुल्फ खरीदना। उन दिनों घरों में गृहिणियाँ सब सौदा बोलतीं थीं और घर का जिम्मेदार सदस्य उसकी सूची बना लेता था। फिर वह दुकानदार के पास पहुँच कर उसे सूची पकड़ा देता था। उधर वो बैठकर दुकानदार से राजनीति और दूसरी इधर-उधर की बातें बतियाता रहता था, इधर थोड़ी ही देर मे नौकर लोग सामान बाँध देते थे और वो दुकानदार को पैसे चुकाकर वापस घर का रास्ता नापता था। लेकिन आजकल आधुनिक समाज में शॉपिंग को कई नये आयाम दिये गये हैं और शॉपिंग को एक नये शिखर पर पहुँचाया गया है।

विदेशों में तो खास तौर से शॉपिंग को काफी महत्व दिया जाता है। वहाँ की पूरी अर्थव्यवस्था ही उपभोक्तावाद पर कायम है। वहाँ पर शॉपिंग पर कई तरीके के अनुसंधान होते है। कुछ लोग शॉपिंग और उपभोक्ताओं की जरूरतों के गुरु माने जाते हैं, तो कुछ लोगों ने इन विषयों मे डाक्टरेट तक किया हुआ होता है। कई विश्वविद्यालय इन विषयों पर डिग्री भी प्रदान करते हैं।

इसी तरह भारत में भी आज त्योहारों के अवसर पर बड़ी दुकानों के द्वारा विशेष डिस्काउन्ट दिये जाते हैं। उपभोक्ताओं में खरीद की होड़-सी लगी जाती है। जिसका एक्सटेंशन हमें मॉल में दिखाई देता है।

मॉल में खरीददारी

आज के समय में सम्पूर्ण मध्यम वर्ग मानो मॉल कल्चर में रम गया है। मॉल में शॉपिंग और सोशलाइजिंग के पीछे प्रमुख कारण है कि बढ़ती आबादी के कारण लोगों के पास घूमने के लिए स्थान कम होते जा रहे हैं। पार्क कम हैं और इनका रख रखाव भी ढीला है। समुद्र एवं नदियों के तट प्रदूषित हैं। टहलने के लिए सड़कों पर स्थान नहीं है। शांति से बैठकर एक कप कॉफी पीने की जगह नहीं

है। इस कमी को पूरा कर रहे हैं शॉपिंग माल। यहाँ एयर कंडीशन वातावरण में आप आइस्क्रीम खा सकते हैं, मूवी व पेंटिंग प्रदर्शनी देख सकते हैं, वीडियो गेम्स खेल सकते हैं और शॉपिंग भी कर सकते हैं। स्कूटर, कार आदि की पार्किंग की भी समस्या नहीं रहती है। अन्डर ग्राउन्ड पार्किंग की व्यवस्था रहती है। बाहर लू चल रही हो अथवा बारिश हो रही हो तो आप आसानी से कॉफी टेबल तक पहुँच सकते हैं।

माल का दूसरा नाम कल्चर है। जिसकी चकाचौंध में बहकर लोग अनचाही वस्तुएं खरीद लेते हैं। इस बीमारी को 'शॉपाहोलिज्म' का नाम दिया जा रहा है। खरीददार को लगता है कि इंटरनेशनल ब्रैंड के चर्चित माल को खरीदकर बहुत बड़ी उपलब्धि हासिल कर ली है। लेकिन मार्डन जिंदगी के दबाव से ऐसा उपभोक्तावाद केवल क्षणिक राहत ही दिलाता है। अगले चरण में समस्या और गहरी हो जाती है। व्यक्ति में नये-नये ब्रैंड की चाहत उत्पन्न हो जाती है और उसकी जेब में नगदी का अभाव हो जाता है।

इसलिए कभी भी बड़े शॉपिंग मॉल्स में जाकर आँखें मूँद कर खरीददारी नहीं करें। उनके द्वारा सस्ते में बेचे जाने के दावों की अच्छी तरह जाँच परख कर लें। अगर तीन-चार बड़े शॉपिंग मॉल्स, हाइपर मार्केट के सामानों की कीमतों का तुलनात्मक अध्ययन करें, तो कई बार आप सामान की कीमतों में अंतर पायेंगे। इसलिए अगर आप आँख मूँद कर एक ही मॉल्स से सामान लगातार खरीद रहे हैं तो इसमें कभी-कभी चेक भी करें। इससे आप ठगे जाने से बच सकेंगे। आप यह कतई मानकर नहीं चलें कि आप जिस सुपर बाजार से सामान खरीद रहे हैं वह सबसे सस्ता सामान बेच रहा है। कई बार ये शॉप कुछ बड़े शॉपों के कीमतों का तुलनात्मक अध्ययन करता हुआ विज्ञापन भी जारी करते हैं। जिसमें ये दावा करते हैं कि वे सबसे सस्ते में सामान बेच रहे हैं, पर इसकी हकीकत कुछ और ही होती है। अकसर शॉपिंग माल में कुछ खास सामानों की कीमतें तो कम कर दी जाती हैं और उनका बढ़ा चढ़ाकर विज्ञापन किया जाता है कि हम ही सबसे सस्ते में सब कुछ बेच रहे हैं, पर इसी माल में बाकी सब सामान अधिक दाम पर बेचा जाता है। ग्राहक चीनी, नमक जैसे कुछ सामानों को सस्ते में खरीदकर समझता है कि वह सस्ते में सब कुछ खरीद रहा है, पर आपको असलियत का पता नहीं होता है। यही शॉपिंग माल आपसे दूसरे प्रोडक्ट पर मोटी राशि वसूल रहा होता है। दरअसल कुछ सामानों की कीमतें ग्राहकों को अपनी ओर आकर्षित करने के लिए की जाती है। पर ग्राहक कुछ सामानों की कीमतें देखकर धोखे में आ जाता है। इसलिए एक जागरूक ग्राहक होने के नाते आपको अलग-अलग शॉपिंग माल के कीमतों में हमेशा तुलना करके देखते रहना चाहिए कि कहीं आप ठगे तो नहीं जा रहे हैं। जब आप किसी शॉपिंग माल से खरीददारी करें तो सामानों की लिस्ट के साथ घर पर मिलान करके देखें की रेट लिस्ट में आपको

सामान को एमआरपी से कितने कम में दिया गया है, या फिर आपसे एमआरपी ही वसूली जा रही है। अगर आपसे अधिकतर उत्पादों पर एमआरपी ही वसूली जा रही है तो आपको कोई लाभ नहीं हो रहा है। क्योंकि एमआरपी पर तो अधिकतर दुकानदार सामान बेचते ही हैं।

क्या है एमआरपी- आगे बढ़ने से पहले अब आप यह समझ लीजिए की एमआरपी क्या है? एमआरपी यानी मैक्सिम रिटेल प्राइस। किसी वस्तु का वह मूल्य है जो किसी भी रिटेलर के लिए बेचने का अधिकतम मूल्य निर्धारित है। इसमें वैट भी शामिल होता है। कोई दुकानदार इससे ज्यादा राशि पर तो कोई सामान बेच ही नहीं सकता। हाँ इससे कम में वह चाहे तो बेच सकता है। प्रतिस्पर्धा के दौर में दुकानदार एमआरपी से कम मूल्य पर भी सामान बेच सकते हैं। इसके लिए सरकार की ओर से कोई रोक नहीं है। ऐसे में आप यह जाँच जरूर करें कि दुकानदार एमआरपी से कितने कम मूल्य में आपको सामान दे रहा है। ऐसे में एक जागरूक ग्राहक के नाते आप हमेशा बड़े-बड़े शॉपिंग माल्स से खरीददारी का भी तुलनात्मक अध्ययन करते रहें। इससे आप हर महीने सैकड़ों रुपये ठगे जाने से बच सकेंगे। कई बार शॉपिंग माल में कोई राशि जितने में मिल रही होती है उससे ज्यादा सस्ते में बाजार में अन्य रिटेल की दुकान में भी मिल जाती है। इसलिए कभी भी आँखें बंद करके खरीददारी नहीं करें।

ऑनलाइन शॉपिंग

शॉपिंग का दूसरा तरीका जो तेजी से विकसित हो रहा है वह है ऑन लाइन शॉपिंग .... जिसका फायदा उठाने के लिए देश में ऑनलाइन शॉपिंग के बढ़ते रुझान के बीच ऑनलाइन शॉपिंग के लिए छूट के कूपन उपलब्ध कराने वाली बेवसाइट couponraja.com एक्टिव कूपन की पेशकश करती है। इसमें ग्राहक अधिक बचत का लाभ उठा सकते हैं। देश में ऑनलाइन शॉपिंग में 2012 के दौरान 128 फीसदी की बढ़ोतरी दर्ज की गयी है, जिसमें छोटे शहरों का बड़ा योगदान है। इस बेवसाइट ने एक प्रेस रिलीज में कहा कि couponraja.com का उपयोग करने वाले 10 लाख से अधिक लोग 1500 व्यावसायिक प्रतिष्ठानों द्वारा 70 से ज्यादा प्रकार के उत्पादों पर प्रस्तुत छूट का लाभ उठा रहे हैं। इस तरह एक्टिव कूपन भारतीय ऑनलाइन खरीदारों को खरीदारी के दौरान अधिक बचत करने में मदद कर रहे हैं।

भारत में ऑनलाइन खरीददारों में मुख्य रूप से 20 से 35 वर्ष के युवा शामिल हैं और ऑनलाइन शॉपिंग करने वाले 70 फीसदी से ज्यादा लोग महीने में तीन बार से ज्यादा बार ऑनलाइन शॉपिंग करते हैं।

बदलती तकनीक और बदलते समय में ऑनलाइन शॉपिंग के मामले में पुरुषों ने महिलाओं को भी पीछे छोड़ दिया है। मास्टर कार्ड ऑनलाइन शॉपिंग द्वारा हाल ही में कराए गये सर्वे में ऑनलाइन शॉपिंग के मामले में पुरुषों के व्यवहार में आये इस बदलाव का नया खुलासा हुआ है।

एशिया और प्रशांत क्षेत्र के 14 देशों में नवंबर और दिसंबर 2012 में कराए गये इस सर्वेक्षण में 7011 लोगों ने हिस्सा लिया। भारत से इस सर्वेक्षण में 500 लोगों को शामिल किया गया जिसमें 18 से 64 आयुवर्ग के महिला और पुरूष दोनों शामिल थे।

सर्वे के अनुसार भारत में औसतन 75.1 प्रतिशत पुरूषों ने ऑनलाइन शॉपिंग की जबकि इसकी तुलना में मात्र 61 प्रतिशत महिलाओं ने ही ऑनलाइन शॉपिंग में रूचि दिखाई। सर्वे में पुरूषों ने माना कि वे तीन माह में कम से कम 3.7 प्रतिशत खरीदारी ऑनलाइन करते हैं जबकि महिलाओं में यह प्रतिशत 2.2 रहा।

चार में से तीन लोगों ने ही अपने मोबाइल से ऑनलाइन शॉपिंग की बात स्वीकारी। इस तरह देश में मोबाइल शॉपिंग काफी कम रही। मोबाइल इंटरनेट सेवा का इस्तेमाल करने वाले लोगों में से मात्र 30 प्रतिशत लोगों ने ही अपने मोबाइल से ऑनलाइन शॉपिंग की।

ऑनलाइन शॉपिंग में फिल्मों के टिकट और फोन एप्लीकेशंस की खरीदारी सबसे ऊपर रही। सर्वे में यह भी बताया गया कि ऑनलाइन शॉपिंग करने वालों ने विदेशी कंपनी या घरेलू कंपनी से खरीद के मामले में घरेलू कंपनियों को ही प्रमुखता दी। खरीदे गये उत्पाद में कोई कमी होने पर उससे जुड़े साजोसामान घरेलू बाजार में ही मिल जाने की बात को ध्यान में रखते हुए खरीदारों ने घरेलू कंपनियों से खरीदारी ही बेहतर समझा।

इंटरनेट को शॉपिंग के लिए सबसे फायदेमंद समझा जाता है। आप विभिन्न वेबसाइटों पर दिये गये ऑफर के बारे में जान सकते हैं। आइए जानते हैं

यहाँ शॉपिंग करके कैसे बचत की जा सकती है– ऐसी वेबसाइटों का प्रयोग करें, जो किसी भी प्रॉडक्ट की तुलना करने की सुविधा देते हैं। किसी भी प्रोडक्ट को खरीदने से पहले उसकी ऑनलाइन तुलना करें। ऐसे में आप कई साइटों में उस प्रॉडक्ट की कीमत देख सकते हैं।

डील और ऑफर पर रखें नजर– फेसबुक और ट्विटर जैसी सोशल नेटवर्किंग साइटों पर ऑनलाइन साइटें समय-समय पर अपने ऑफर पोस्ट करती रहती हैं। ऐसे में कुछ समय के लिए इन साइटों पर भी नजर रखें, ताकि आपको सस्ती डील मिल सके।

कूपन कोड से आपको ऑनलाइन शॉपिंग में बढ़िया डिस्काउंट मिल जाता है। कूपन कोड से आप किसी भी प्रॉडक्ट पर ज्यादा से ज्यादा डिस्काउंट पा सकते हैं। हालाँकि, ये कूपन कोड कुछ समय तक ही वैलिड रहते हैं। coupons-oneindia.in, Coupondunia.in, Couponzguru.com और कई दूसरी साइट्स से आप अलग-अलग वेबसाइटों के लिए डिस्काउंट कूपन कोड ले सकते हैं।

अगर आप ऑनलाइन शॉपिंग में पेमेंट के लिए क्रेडिट कार्ड, डेबिट कार्ड या नेट बैंकिंग का इस्तेमाल करते हैं तो आपको हर बार खरीदारी करने पर कुछ पॉइंट्स मिलते हैं। इन्हें रिवॉर्ड पॉइंट्स कहते हैं। इनकी मदद आप अगली बार खरीदारी करने पर छूट पा सकते हैं। इसलिए ऑनलाइन शॉपिंग के लिए हर बार एक ही कार्ड का प्रयोग करें तो ज्यादा अच्छा होगा।

कई बार ऑनलाइन शॉपिंग के दौरान प्रॉडक्ट में शिकायत आती है, लिहाजा भरोसेमंद कंपनी से ही ऑनलाइन शॉपिंग करें। इससे आपको रिटर्न के लिए ज्यादा मशक्कत नहीं करनी पड़ेगी।

ऑनलाइन शॉपिंग है जरूरी

- सबसे पहले कुछ अच्छी ऑनलाइन शॉपिंग वेबसाइट्स की जानकारी जुटा लें।
- गूगल की मदद से भी ऑनलाइन शॉपिंग साइट्स की जानकारी ले सकते हैं।
- प्रॉडक्ट आदि सिलेक्ट करने के बाद अलग-अलग साइट्स पर उसके रेट्स व ऑफर्स को देख लें और उसकी तुलना करें।
- संतुष्ट होने पर आप उस वेबसाइट की छानबीन करें, जहाँ से खरीदारी करनी है। वेबसाइट पर हेल्प या कस्टमर पॉलिसी की जानकारी भी होती है। सबसे पहले साइट के नियम और शर्तें पढ़ें।
- साइट पर प्रॉडक्ट की उपलब्धता जरूर पता करनी चाहिए। इससे आप बेवजह इंतजार करने से बचेंगे।
- इस प्रकार की वेबसाइट् पर FAQ (Frequntly Asked Questions) आमतौर पर पूछे जाने वाले सवाल व उनके जवाब दिये गये होते हैं। कोई शक हो तो इसे जरूर आजमाएं।
- वेबसाइट की विश्वसनीयता की जाँच भी जरूरी है। हमेशा सिक्योर शॉपिंग ही करें। सिक्योर साइट्स में सीधे हाथ के निचले हिस्से में लॉक (ताला) बना रहता है।
- ऑर्डर बुक करने से पहले वेबसाइट पर दिये गये ट्रांजैक्शन के नियम, पैसे वापसी की शर्तें और डिलिवरी का वक्त आदि की जानकारी लेने के अलावा उसे कहीं नोट भी कर लें। बेहतर होगा, उसका प्रिंट आउट ले लें।
- आपके द्वारा ऑर्डर बुक कराये जाने व पेमेंट के बाद आपको ऑर्डर कंफर्मेशन का मेसेज या मेल जरूर आता है। ईमेल को सेव करने के साथ-साथ इसका भी प्रिंट आउट जरूर लें।
- ऑर्डर बुक कराते समय सिर्फ चुनिंदा बैंकों के ऑप्शन आने पर ही अपने कार्ड की डिटेल्स शेयर करें।

- डेबिट कार्ड के बदले क्रेडिट कार्ड से भुगतान करना बेहतर है। क्रेडिट कार्ड से फ्रॉड होने पर जवाबदेही सीमित होती है, जबकि डेबिट कार्ड की स्थिति में आपका अकाउंट खाली हो सकता है।
- कुछ बैंक डिस्पोजेबल क्रेडिट कार्ड भी जारी करते हैं। इन्हें सिर्फ एक बार इस्तेमाल किया जा सकता है। इनसे भविष्य में ठगे जाने की आशंका नहीं रहती।
- डेबिट कार्ड, क्रेडिट कार्ड, ऑनलाइन मनीट्रांसफर, डिमांड ड्राफ्ट के अलावा चेक से भी पेमेंट की सुविधा रहता है।
- कस्टमर केयर सर्विस के फोन नंबर्स व उनका एड्रेस जरूर नोट करें।
- वेबसाइट पर बुक किये गये प्रॉडक्ट का स्टेटस चेक करने के लिए 'आर्डर स्टेटस' या 'ट्रैक द ऑर्डर' का ऑप्शन भी होता है।
- ऑनलाइन शॉपिंग के लिए अमूमन आपको वेबसाइट पर रजिस्ट्रेशन कराना जरूरी होता है। ऐसे में आपकी पहचान का डेटा चोरी होने की आशंका रहती है। हमेशा सिक्योर साइट्स पर ही **ट्रांजैक्शन**[1] करें।
- जिस कंप्यूटर सिस्टम से आप ट्रांजैक्शन करने जा रहे हैं, उसमें एंटी वायरस होना बहुत जरूरी है।
- कुछ वेबसाइट्स में SSL (SECURE SOCKET LAYER) होता है। इनमें डाटा चोरी का डर नहीं रहता।

हेल्पलाइन

- ऑनलाइन शॉपिंग के दौरान धोखेबाजी होने पर नजदीकी पुलिस स्टेशन में इसकी शिकायत दर्ज कराई जा सकती है। मामले की समीक्षा आर्थिक अपराध शाखा करती है।
- इसके अलावा वस्तु देर से मिलना, खराब होना, गलत वस्तु डिलिवरी, ऑर्डर कैंसिल न करना, रकम नहीं लौटाने आदि की स्थिति में कस्टमर केयर को ईमेल जरूर करें।
- अगर फोन से शिकायत दर्ज कराते हैं तो कंप्लेंट नंबर जरूर नोट करें। आप कंपनी के पते पर रजिस्टर्ड लेटर भी भेज सकते हैं।
- अगर कोई सुनवाई न हो तो आप नजदीकी कोर्ट में कंपनी के खिलाफ शिकायत दर्ज कर प्रॉडक्ट बदले जाने के अलावा हर्जाने की भी माँग कर सकते हैं।

रियलिटी चेक

ऑनलाइन शॉपिंग बहुत आसान नहीं है। इंटरनेट पर ऑनलाइन शॉपिंग कर परेशान

---

1. लेन-देन (विधि)

होने वाले लोगों की संख्या बहुत बड़ी है। इसके फैसले के लिए कंस्यूमर कोर्ट्स ही एकमात्र विकल्प है। कंस्यूमर कोर्ट्स की स्थिति भी किसी से छिपी नहीं है। सरकार इस दिशा में कछुआ चाल चल रही है। इस एडवांस पीड़ितों के लिए ग्रीवेंस रिड्रसल प्लैटफॉर्म होना बहुत जरूरी है।

टेलीशॉपिंग

यही हाल टेलीशॉपिंग का है। हम आपको यहाँ एक ऐसे ही मामले की जानकारी देना चाहते हैं, जिससे आपको पता चलेगा कि एक ग्राहक के तौर पर आपको टेलीशॉपिंग से क्या-क्या परेशानी हो सकती है और किस तरह सर्वोच्च उपभोक्ता अदालत ने इस मामले की सुनाई की।

मामला 1995 का है। एल के पांडे ने टीवी पर एक विज्ञापन देखकर एशियन स्काई शॉप से ज्वैलरी खरीदने का आर्डर दिया और इसके लिए 8200 रुपये का डिमांड ड्राफ्ट भी भेज दिया। लेकिन कुछ दिनों के बाद जब उन्हें तीन पैकेट की डिलीवरी मिली, तो वे चौंक गये। पहले पार्सल में 601 रुपये का एक कान का रिंग और एक चाँदी का सिक्का था, दूसरे पार्सल में एक खाली ज्वैलरी बॉक्स था और एक रुपये और पचास पैसे का सिक्का और साथ में मैसर्स सी एम ज्वैलर्स का बिल था।

इसे देखने के बाद पांडे ने तीसरा पैकेट खोला ही नहीं और तुरंत फैक्स के माध्यम से ज्वैलर को इसकी सूचना दी। उन्होंने एशियन स्काई शॉप को भी लिखा, लेकिन कहीं से भी उनको कोई जवाब नहीं मिला। ऐसा नहीं होने पर उन्होंने जिला उपभोक्ता अदालत की शरण ली, जिसमें उन्होंने 8200 रुपये की वापसी, 26000 रुपये का हर्जाना और 1500 रुपये कानूनी खर्चे के तौर पर माँगे।

जिला अदालत के नोटिस पर एशियन स्काई शॉप ने अपने लिखित जवाब में कहा कि वे इसके लिए जिम्मेदार नहीं हैं, क्योंकि वे न तो निर्माता हैं और न ही सप्लायर और तो और श्री पांडे और एशियन स्काई शॉप के बीच कोई कानूनी करार नहीं था क्योंकि इस सेवा के लिए उनसे कुछ भी खर्च नहीं लिया गया था। दूसरे शब्दों में उसने किसी भी तरह की जिम्मेदारी लेने से साफ इनकार कर दिया और पेशी के दिन दूसरे पक्ष की ओर से कोई उपस्थित भी नहीं हुआ।

जिला फोरम ने शिकायतकर्ता और दूसरे पक्ष का हक जानने के बाद एशियन स्काई शॉप को जिम्मेदार ठहराया। इस बात की ओर ध्यान दिलाया गया कि टीवी पर विज्ञापन देखकर ही ग्राहक ने 8200 रुपये का डिमांड ड्राफ्ट भेजा था। इस ड्राफ्ट के मिलने के बाद ग्राहक को चिट्ठी भेजी गयी, यह बताते हुए कि ड्राफ्ट क्लीयर होने के बाद डिलीवरी दी जायेगी। इस चिट्ठी को शॉप के सीनियर मैनेजर ने लिखा और हस्ताक्षर किया था। पत्र में यह भी कहा गया कि चूँकि ग्राहक ने अलग-अलग चीजों की डिमांड की है और इसके निर्माता अलग-अलग हैं। हो

सकता है कि सामान अलग-अलग दिन डिलीवर हो पाये। चिट्ठी में यह भी लिखा गया था कि किसी भी स्पष्टीकरण के लिए शॉप से संपर्क किया जा सकता है। इस आधार पर दूसरा पक्ष यह तर्क नहीं दे सकता कि उसके और शिकायती के बीच कोई सेवा सम्बन्धी समझौता नहीं हुआ था। जिला उपभोक्ता अदालत ने इस बात की ओर भी ध्यान दिलाया कि टीवी के विज्ञापन में दूसरे पक्ष ने यह वायदा किया था कि अमुक खर्च मिलने के बाद ज्वैलरी की डिलीवरी दी जायेगी, जिसको देखने के बाद ही चन्द्रापुर में घर बैठे किसी व्यक्ति ने इसका ऑर्डर देने की सोची। इस आधार पर यह एक समझौते की तरह ही है और इसी तर्ज पर एशियन शॉप ने चिट्ठी भी भेजी।

लेकिन दूसरा पक्ष अपने वायदे को पूरा करने और ग्राहक तक उसके पसंद के सामान की डिलीवरी पहुँचाने में नाकाम रहा। इसलिए जिला फोरम ने शिकायती ग्राहक को बतौर हर्जाना 34,700 रुपये देने का आदेश सुनाया और साथ में 10 नवंबर, 1995 से 18 फीसदी की दर से ब्याज भी देने का आदेश दिया। यह भी जोड़ा कि आदेश के एक माह के भीतर इस राशि का भुगतान कर दिया जाये।

इस आदेश से पीड़ित होकर दूसरे पक्ष ने राज्य उपभोक्ता अदालत की शरण ली। राज्य आयोग ने भी माना कि जिला अदालत का यह नजरिया जिसमें स्काई शॉप को जिम्मेदार माना गया, एकदम सही है। राज्य आयोग ने खाली डिब्बा देखकर तुरंत ज्वैलर से संपर्क किया, जिसका उसे कोई जवाब नहीं मिला और चूँकि एशियन स्काई शॉप ने ज्वैलर की ओर से उसके उत्पाद का टीवी पर विज्ञापन दिया, इस आधार पर जिला अदालत का शॉप को जुर्माने के लिए आदेश देना जायज है।

इसी मामले में जब एशियन स्काई शॉप ने सर्वोच्च अदालत का दरवाजा खटखटाया, तो वहाँ भी अदालत ने इसी तरह का आदेश दिया। कमीशन ने यह भी कहा कि शॉप को ग्राहक की शिकायत मिलने के तुरंत बाद कार्रवाई करनी चाहिए थी। लेकिन बीमे के बावजूद शॉप ने जब कोई भी कार्यवाई नहीं की, तो ग्राहक को अदालत की शरण लेनी पड़ी। यह न केवल सेवा में कमी का मामला है, बल्कि अनपेक्षित कारोबारी तरीका भी है। (एशियन स्काई शॉप बनाम एल के पांडे, आर पी संख्या 986, साल 2002, फैसला 15, जुलाई 2002 को)

टेलीशॉपिंग में बिकने वाला सामान

अगर गौर करें तो यह जानना भी कम दिलचस्प नहीं होगा कि आखिर इन टेलीशॉपिंग चैनल्स पर क्या-क्या बिकता है? आपकी जानकारी के लिए बता दें कि इन चैनल्स में सिर्फ इलेक्ट्रॉनिक आइटम ही नहीं, बल्कि हेल्थ से लेकर रसोई तक रोजमर्रा की सभी चीजें उपलब्ध है।

टीवी शॉपिंग के जरिए आप नए-नए गैजेट्स, मोबाइल फोन, ब्राण्डेड कपड़े, डिजिटल कैमरा, माइक्रोवेव ओवन, जूसर-मिक्सर ग्राइंडर, खिलौने, टीवी, वीडियो गेम्स, इलेक्ट्रॉनिक चीजें जैसे प्रेस, वॉशिंग मशीन, विभिन्न भाषाओं की किताबें, घरों में इस्तेमाल होने वाला फर्नीचर, जिम और फिटनेस का सामान, कम्प्यूटर इत्यादि का सामान, डिजाइनर ज्वैलरी, इतना ही नहीं बड़ी-बड़ी कंपनियाँ भी अपने उत्पाद बेचने के लिए टीवी दर्शक को टारगेट कर अपने उत्पाद बेच रही हैं। इन कंपनियों में रिबॉक, लिवाइस, ली, बेंटेन इत्यादि कंपनियाँ ग्राहकों से सीधे तौर पर जुड़ने के लिए तैयार हैं। आज आप टेलीविजिन शॉपिंग या टेलीशॉपिंग के जरिए स्लिमिंग गैजेट से लेकर इलेक्ट्रॉनिक आइटम, सौंदर्य प्रसाधान, हेल्थ प्रोडक्ट्स और काफी कुछ आसानी से खरीद सकते हैं।

शॉपिंग चैनल्स

टीवी शॉपिंग में दो मुख्य ग्रुप तेजी से उभर कर आये, जिनके बाद कई ग्रुप्स ने होम शॉपिंग में साझेदारी की। इनमें होम शॉप 18 और स्टार सीजे ऐसे ग्रुप हैं, जिन्होंने टेलीशॉपिंग की ओर पहल की और आज इसमें खासी सफलता पा ली हैं। गौर करें तो टेलीब्राण्ड भी इस मामले में काफी लोकप्रिय है। वर्तमान में मनोरंजन के लगभग सभी चैनलों पर एक निश्चित समय के बाद कंपनियाँ अपने उत्पाद बेचने लग जाती है। इन मनोरंजन चैनलों में कलर्स चैनल हो, शक्ति टीवी या फिर सोनी। सभी पर आधे-आधे घंटे के स्लॉट में टेलीशॉपिंग प्रोग्राम्स दिखाये जाते हैं। कुछेक चैनलों पर तो हर एक से दो घंटे के अंतराल पर ये शॉपिंग प्रोग्राम्स दिखाये जाते हैं, जिससे दर्शकों को अधिक से अधिक उत्पाद खरीदने के लिए आकर्षित किया जा सके।

टीवी शॉपिंग के वक्त बरतें कुछ सावधानियाँ

यहाँ फायदा यह है कि आप बिना दुकान पर गये घर से ही कोई भी चीज खरीद सकते हैं। दूसरे शब्दों में आप घर पर आराम से बैठे-बैठे चीजों का ऑर्डर कर सकते हैं और उसे अपने घर पर मँगा सकते हैं। लेकिन इसमें घाटा यह है कि आप बिना जाँचे-परखे अपना सामान खरीदते हैं। बहुत मुमकिन है कि आपको जैसा सामान टीवी पर दिखाया जा रहा है, उससे अलग आपको सामान डिलीवर किया जाये। या फिर डिलीवरी में देरी हो सकती है। यह भी हो सकता है कि डिलीवरी के दौरान सामान को नुकसान भी पहुँच जाये या सामान आप तक पहुँचे ही नहीं। यही वजह है कि टेलीशॉपिंग करते वक्त आपको ज्यादा सावधानी बरतने की जरूरत है।

यदि आप टेलीशॉपिंग करने जा रहे हैं तो कुछ बातों का अवश्य ध्यान रखें-

- सबसे पहले तो आपको टेलीशॉप की रिटर्न और एक्सचेंज पॉलिसी को समझने की जरूरत है।

- आपको जब भी कोई प्रोडक्ट खरीदना हो तो सबसे पहले टीवी पर दिये गये नंबर से प्रोडक्ट के बारे में पूरी जानकारी लें।
- खरीदारी के लिए नजर आने वाले प्रोडक्ट्स का तुरंत ऑर्डर न दें। पहले ये तय करें कि क्या वह प्रोडक्ट आपकी जरूरतों को पूरा कर पायेगा। प्रोडक्ट का इस्तेमाल कैसे किया जाता है आदि बातें जान लें।
- इसके बाद प्रोडक्ट का नाम और उसका कोड नम्बर साथ ही हेल्प के लिए दिये जाने वाले नंबर को अपनी डायरी में जरूर लिख लेना चाहिए।
- यदि प्रोडक्ट में कोई खराबी है या कंपनी ने प्रोडक्ट भेजने में कोई देरी कर दी या फिर किसी अन्य जानकारी के लिए आपके पास हेल्पलाइन नंबर का होना आवश्यक है।
- उस आइटम के इस्तेमाल के बारे में या फिर उत्पाद के लिए दी जाने वाली राशि, बिल, वारंटी इत्यादि के बारे में पहले से ही जानकारी रखें।
- खरीदी गयी वस्तु की पेमेंट क्रेडिट कार्ड, चैक या कैश किस रूप में की जा सकती है, इसकी जानकारी भी प्राप्त करें।
- अगर आपको आर्डर किया सामान पसंद नहीं आया या फिर टीवी पर दिखाये जाने वाले सामान से अलग हुआ, तो वापस होगा या नहीं?
- अगर ऐसा होता है, तो रिटर्न डिलीवरी का खर्च कौन देगा? आपके पैसे कब तक वापस होंगे?
- क्या आपको डिलीवरी चार्ज के साथ पूरा पैसा वापस मिल पायेगा? आपको यह सब जाँचने की जरूरत है।
- आपको यह भी जानना चाहिए कि अगर तय वक्त के भीतर आपका सामान नहीं पहुँच पाया तो क्या आप अपना ऑर्डर कैंसिल कर सकते हैं?
- क्या होगा, अगर आपका सामान पहुँचा ही नहीं या फिर पहुँचने के दौरान टूट गया?
- क्या दुकान की कोई जिम्मेदारी है?
- यह भी देखने की जरूरत है कि जो दाम टीवी पर दिखाया जा रहा है, वही अंतिम दाम है या फिर टैक्स और डिलीवरी चार्ज मिलाकर यह दाम बदल जायेगा?
- क्या आपकी शिकायत का कुछ होने वाला है? अगर कोई ऐसी व्यवस्था है भी तो यह काम कैसे करती है?
- अपना अंतिम फैसला लेने से पहले इन सभी बातों का पता लगाना जरूरी है।

खरीददारी के वक्त मोल-भाव अवश्य करें

खरीददारी में मोलभाव बहुत मायने रखता है। जो लोग मोलभाव करने की कला जानते हैं, वे कभी नहीं ठगे जाते। रिटेलर अपनी मर्जी से दाम रखते हैं, जिस पर उनका अच्छा-खासा लाभ होता है। टीवी पर इस सम्बन्ध में सरकारी विज्ञापन भी दिखा दिये जाते हैं, जिसमें ग्राहकों को पैक पर दी हुई फिक्स प्राइज में भी मोलभाव करने के लिए, जागरूक किया जाता है।

रसीद या बिल जरूर लें कोई भी सामान खरीदें तो उसकी रसीद या बिल जरूर लें, ताकि सामान खराब निकलने पर उसे आसानी से वापिस कर सके।

खरीददारी भी एक कला है आज स्मार्ट कंज्यूमर वहीं माना जाता है,जो अपने रुपयों की पूरी कीमत वसूलता है। वास्तव में खरीददारी के समय इस्तेमाल में लाई जानेवाली मोलभाव की कला आपकी मेहनत की कमाई को बर्बाद होने से बचाकर आपकी बचत को बढ़ा सकती है। अगर आप मोलभाव की कला में माहिर नहीं है, तो हम आपको कुछ टिप्स दे रहे है, जिन्हें अपनाकर आप भी स्मार्ट कंज्यूमर बन सकते है।

- सबसे पहली बात आप यह जान लें कि हर दुकानदार की पूरी कोशिश रहती है कि वह अपने माल को ज्यादा से ज्यादा कीमत पर बेचे। अगर दुकानदार ऐसा सोचता है, तो आप भी अपनी मेहनत की कमाई की पूरी कीमत वसूलने का हक रखते है। कहने का तात्पर्य यही है कि आप मोलभाव या सौदेबाजी के काम को कभी भी कम दर्जे का काम न समझें।
- खरीददारी करते समय आप विक्रेता को इस बात का एहसास न होने दे कि आप जो खरीदने जा रहे है, उसकी कीमत से आप अंजान है तथा इसके बिना आपका काम नहीं चल सकता।
- अपने स्वभाव से विनम्र और सुदृढ़ नजर आयें। वस्तु के प्रति अधिक दिलचस्पी या तीव्र इच्छा न जतायें।
- खरीददारी करते समय दुकानदार से उसकी बोली में बातचीत करना आपको काफी फायदा पहुँचा सकता है, क्योंकि इससे आप दुकानदार से अपनेपन का एक रिश्ता कायम कर लेते है।
- मोलभाव की एक पुरानी शैली है-सामान में खोट निकालना, लेकिन यह तरीका ठीक नहीं है। बेहतर होगा कि आप वस्तु की अन्य ब्राण्ड से तुलना करते हुए दुकानदार को यह कहकर आश्वस्त कीजिए कि आपने उसकी जो कीमत लगाई है, वो बिल्कुल सही है।
- जब आपको लगेगा कि दुकानदार अपनी अंतिम सीमा तक भाव कर चुका है और आप उस वस्तु को खरीदने का इरादा कर चुके है, तो आप उसे

अपने दाम के बारे में बतायें। अपना दाम बताने के बाद चुप्पी साध लीजिए और दुकानदार की ओर विचारपूर्ण मुद्रा में देखना शुरू कर दीजिए।

- यदि कोई बात न बने, तो आप ऐसे जाहिर कीजिए, जैसे उस चीज की आपको जरूरत ही नहीं थी। इसके बाद आप टहलने वाले अंदाज मे आगे बढ़ जाइए। हो सकता है, तभी दुकानदार आपको आपकी कही कीमत पर सामान देने के लिए आवाज दे दें।
- मोलभाव करने में नकद राशि बहुत बड़ा हथियार साबित होती है। सामान खरीदने के बाद आप जितनी राशि दुकानदार को देना चाहते है,उतनी ही देकर देखें। देखा गया है कि ऐसे मामलों में दुकानदार थोडी न-नुकर के बाद अपने आप मान जाते है।
- एक बात का ध्यान आप खासतौर पर रखें, सौदेबाजी करते समय आप चीजों की कीमतें उतनी ही लगायें, जितनी जायज हो। ऐसा न हो कि आप वहाँ खड़े अन्य ग्राहकों व दुकानदार की नजरों में मजाक का पात्र बन जायें।
- किसी डिपार्टमेंटल स्टोर मे आप मोलभाव से बचें, क्योंकि वहाँ के दाम निश्चित होते हैं।
- यदि आप पैक सामान की खरीद कर रहे हैं तो उसकी निर्माण तिथि, पैकिंग तिथि, उपभोग सीमा और मूल्य का ठीक से परीक्षण करें। एक उक्ति खरीददारी के बारे में कही जाती है कि खरीददारी करते समय आँख और कान खुले रखें। पैकिंग की जाँच करने के साथ सामान के बारे में भी दुकानदार या मालिक से बात करें, उसी वस्तु की अन्य ब्राण्डस से तुलना करें और उसके बारें में ठीक से पड़ताल करें।
- इंटरनेट ने खरीददारी को आसान बना दिया है। आप बाजारों की लोकेशन, वस्तुओं के नाम, गुणवत्ता, निर्माण, उपलब्धता और कीमत की लगभग जानकारी सर्फिंग के जरिए मिल सकती है। बाजार में शॉपिंग पर निकलने से पूर्व नेट के जरिए वस्तुओं के बारे में ज्यादा से ज्यादा जानकारी प्राप्त कर लें।
- किसी अजनबी शहर में खरीददारी करने से पहले स्थानीय लोगों से बातचीत करना लाभप्रद होता है। आप शहर के बारे में ऐसी जानकारियाँ निकाल सकते हैं जो आपको किताबों या नेट पर नहीं मिल सकती। स्थानीय लोगों को हर स्थानीय वस्तु का मूल्य और मिलने के स्थान का अंदाजा होता है।

ऑफिसों में बचत

हमारे देश की जनगणना से पता चलता है कि यहाँ की कुल जनसंख्या एक अरब पच्चीस करोड़ है। यदि प्रत्येक व्यक्ति प्रतिदिन एक रुपये की भी बचत करें, तो यह बचत प्रतिदिन कितनी होगी इसका अनुमान सहज में लगाया जा सकता है। यह धनराशि किसी भी देश की संपन्नता को प्रभावित करने के लिए पर्याप्त है। इसी तरह प्रत्येक व्यक्ति का इसमें जो लघु योगदान है, वह उसके परिवार के अर्थतंत्र को प्रभावित करने के लिए पर्याप्त है।

आफिसों में होने वाली फिजूल खर्चों को रोकने के लिए वहाँ का प्रबंधन प्रयासरत रहता है। फिर भी अपनी शान दिखाने के लिए और खुद को सबसे आगे दिखाने के लिए कार्यालय प्रमुख निर्णय लेते हैं यदि आफिसों में गैरजरुरी खर्चों पर अंकुश लगाया जाये तो काफी बचत हो सकती है। जैसे-

1. सार्वजनिक व्यय को कम करने के उपाय

भारत में बढ़ते सार्वजनिक व्यय को कम करने की संभावना कम है जबकि समय के साथ इसमें वृद्धि होना उचित है। दरअसल जब हम इसे घटाने की बात करते हैं तो हमारा आशय है कि अपव्यय कम किया जाये अथवा इससे बचा जाये। सार्वजनिक व्यय के अवांछित घटकों के बारे में निम्नलिखित बातें कुछ स्पष्टीकरण दे सकती है-

- आर्थिक सहायता पर व्यय, यदि पूरी तरह हटाया नहीं जा सकता, तो इसे कम अवश्य किया जाये जैसे जो धनी किसान समुदाय को उर्वरकों तथा बिजली आपूर्ति पर जो सहायता दी जाती हैं उस व्यय को कम करना।
- सार्वजनिक प्रशासन पर व्यय अवश्य घटाना चाहिए। विशेष कर राज्य सरकारों के विशालकाय मंत्रालयों पर होने वाला व्यय।
- रुग्ण सार्वजनिक उद्यमों के प्रचालन के रख-रखाव पर होने वाले व्यय को एकदम रोका जाये। ऐसी सभी इकाइयाँ, जितनी जल्दी हो सके, निजी क्षेत्र को सौंप दी जायें।
- अन्तर्राष्ट्रीय बिक्री तथा खरीद सौदों से सम्बन्धित भ्रष्टाचार (विशेषकर सरकारी बाबूओं और राजनीतिज्ञों द्वारा लिया जाने वाला कमीशन) एक

दम बंद किया जाये। ऐसा कमीशन (जैसा बोफोर्स सौदे में हुआ) सरकारी खजानों पर अन्यायपूर्ण दबाव का कारण बनता है।

- सुरक्षा सम्बन्धी जरूरतों को छोड़कर प्रकाशन, पेशेवर सेवाएँ, विज्ञापन और प्रचार, कार्यालय खर्च, पेट्रोल, तेल, लुब्रीकेंट्स पर खर्च कम करें।
- घरेलू और अंतरराष्ट्रीय उड़ानों में इकॉनोमी श्रेणी में यात्रा करें।
- योजनाओं की राशि और सब्सिडी राशि में भी कटौती करें।
- अधिकारियों की विदेशी यात्राओं में कमी करें।
- कार्यक्रम फाइव स्टार होटलों की जगह सरकारी संस्थानों में सम्पन्न किये जायें।
- ऑफिस बनाने के लिए उपनगरीय क्षेत्र को चुन कर बचत की जा सकती है, इससे सस्ती जमीन के अलावा कम किराये पर कम दरों के साथ भीड़-भाड़ तथा यातायात के साधनों का कम दवाब होता है और जीवन स्तर की लागत भी कम होती है।
- कार्यालय की बनावट ऐसी होनी चाहिए जिससे रोशनी और हवा की व्यवस्था उत्तम हो। इससे प्राकृतिक प्रकाश और हवा का प्रवाह होने के साथ ए.सी. द्वारा बिजली की खपत भी कम होती है।
- अधिक गर्मी होने पर ऑफिसों के ड्रेस को परिवर्तित करके ए.सी. को न चलाकर बिजली की बचत कर सकते हैं। जैसे जापान में मार्च 2011 में फुकुशिमा-1 परमाणु बिजलीघर में दुर्घटना होने के बाद जापान के लगभग सभी परमाणु रिएक्टरों को बंद करने के कारण इस देश में बिजली की बहुत किल्लत हो गयी थी। तब कर्मचारियों को नेकटाई और कोट पहने बिना ही कार्यालयों में काम करने की अनुमति दी गयी। अधिक गर्मी की शुरुआत के साथ ही कर्मचारियों को केवल टी-शर्ट और छोटी पतलून पहनकर भी दफ्तरों में काम करने की अनुमति दी गयी।
- सी. आर. टी. वाले मॉनिटरों के उपयोग के बदले एल.सी.डी. मॉनिटरों के उपयोग से भी ए.सी. द्वारा खपत में लाई जाने वाली बिजली में बचत होती है।
- कर्मचारियों की आकस्मिक वित्तीय आवश्यकताओं को पूरा करने के लिए कार्यालय में सहकारी साख समिति का गठन किया जा सकता है। इस समिति का सदस्य कोई भी कर्मचारी अपनी इच्छा से बन सकता है। सदस्य बनने वाले कर्मचारियों द्वारा इसके अंश खरीदे जाते हैं तथा प्रतिमाह एक निश्चित राशि अनिवार्य जमा योजना के रुप में करानी पड़ती है। सदस्य को उसकी पारिवारिक वित्तीय आवश्कताओं के लिए एक निश्चित राशि ऋण के रुप में मिल जाती है जो कुछ महीनों के भीतर ब्याज सहित मासिक किस्तों में

लौटानी होती है। इस तरह की योजना से कर्मचारी आर्थिक चिंताओं से मुक्त भी रहते हैं और संस्था को अपना कोई अलग से निवेश नहीं करना पड़ता।

- संस्था द्वारा कर्मचारियों को काम के घंटों के दौरान सस्ती दरों पर अच्छी किस्म के खाद्य पदार्थ उपलब्ध कराने के लिए भोजन कैंटीन में बनवाई जाती है जिससे एक तो कर्मचारियों की जेब पर कम भार पड़ता है। दूसरे संस्था का ही कैंटीन होने के कारण संस्था को उससे अतिरिक्त आय भी हो सकती है।
- कार्यालय में प्रयोग होने वाली मशीनों के कारण न केवल श्रम तथा समय की बचत होती है ,बल्कि कार्यालय के ऊपरी खर्चों में भी कमी होती हैं तथा कार्य की उत्पादकता भी बढ़ती है।
- यदि मशीन सस्ती है तो प्रायः इसे खरीदा जाता है। लेकिन महँगी, तकनीकी रुप में बदलती हुई मशीनों को प्रायः किराये पर लेने के बारे में भी सोचा जाता है। मशीन को कार्यालय के लिए किराये पर लेने से अपनी पूँजी फँसाने की कठिनाई से बचत हो जाती है। दूसरी, तब इन मशीनों की आवश्यकता ना हो या फिर दफ्तरी कार्य प्रणाली बदल जाये तो इन मशीनों को वापिस करके इनकी निष्क्रिय लागत की बचत की जा सकती है।
- किराये पर लिए गये साजो सामान के, न केवल सारे खर्चे आयकर की दृष्टि से कंपनी के लाभों में से घटाये जा सकते हैं, बल्कि कंपनी विशेष परिस्थितियों में इन मशीनों पर कमी या कई अन्य छूटें भी प्राप्त कर सकती हैं।

यदि आप रियल एस्टेट से पैसा बनाना चाहते हैं तो इस समय कोई पुराना घर खरीदें, इसको नया रूप दें और फिर बेच दें। अगली बार जब ऐसी किसी प्रॉपर्टी को देखें जो जीर्ण-शीर्ण अवस्था में हो तो उस समय यह विचार कारगर होगा कि आप उस प्रॉपर्टी को बेचने की दृष्टि से खरीदें और उसकी मरम्मत आदि करवाकर नया रूप दें तथा अंततः बेच दें।

2. बोनस से वित्तीय योजना सुनिश्चित करें

ज्यादातर वेतन भोगी कर्मचारियों को अप्रैल या मई में वेतन बढ़ोतरी और परफॉर्मेंस लिंक्ड पे मिलता है। लेकिन कर्मचारियों के पास इस वनटाइम पेमेंट को लेकर कोई प्लान नहीं होता है। इसलिए पैसा आने पर वे महँगी खरीदारी करते हैं। यह पैसा विदेश में छुट्टियाँ मनाने, महँगा एलईडी खरीदने या परिवार के सदस्य को कार गिफ्ट करने पर खर्च हो जाता है।

जबकि इस पैसे का इस्तेमाल वित्तीय योजना की कमी को पूरा करने के लिए करना चाहिए। अगर आप रिटायरमेंट या बच्चों के एजुकेशन के लिए पैसा नहीं बचा रहे हैं, तो इसका इस्तेमाल इनकम के लिए करना चाहिए। आप पर्सनल लोन या

व्हीकल लोन जैसे हाई-कॉस्ट डेट चुकाने के लिए इस पैसे का इस्तेमाल कर सकते हैं। आप क्रेडिट कार्ड पर बकाए अमाउंट का भी पेमेंट कर सकते हैं।

आप 20 फीसदी रकम का इस्तेमाल अपने मन की किसी चीज या कंज्यूमर डयूरेबल खरीदने के लिए कर सकते हैं। बोनस का इस्तेमाल उन चीजों के लिए किया जा सकता है, जिसे पूरा करने से हम चूक गये हैं। उदाहरण के लिए आपको अपने बच्चे के एजुकेशन के लिए इनवेस्ट करना पड़ सकता है, जिसकी जरूरत आपको 15 साल बाद पड़ेगी। वित्तीय योजना के मुताबिक, आपको हर महीने 4,000 रुपये इनवेस्ट करना चाहिए।

हालाँकि, अगर आप हर महीने 1,000 रुपये की सेविंग्स कर पाते हैं, तो आपको बाकी रकम का इंतजाम बाद में करना होगा। बोनस का पैसा इस परेशानी का हल हो सकता है। आपको इमरजेंसी फंड भी रखना चाहिए। आदर्श रूप से आपके पास 4 से 6 महीने की सैलरी के बराबर इमर्जेंसी फंड होना चाहिए। अगर आपका मंथली खर्च 50,000 रुपये है, तो आपको इमर्जेंसी फंड के लिए कम से कम 2 लाख रुपये अलग रखना चाहिए।

महँगे कर्ज को चुकायें

क्रेडिट कार्ड पर बकाया रकम पर 16-25 फीसदी के बीच ब्याज लगता है। पर्सनल लोन का ब्याज 14 फीसदी से ज्यादा होता है। यहाँ तक कि कार लोन के लिए भी 12-14 फीसदी का इंटरेस्ट चुकाना पड़ता है। हाई-कॉस्ट डेट जल्द चुकाना चाहिए। इससे आप पर कर्ज का बोझ घट जायेगा और हर महीने इंटरेस्ट के रूप में जाने वाली रकम कम हो जायेगी। क्रेडिट कार्ड आउटस्टैंडिंग, पर्सनल लोन या व्हीकल लोन को प्रॉयरिटी बेसिस पर चुकाना चाहिए।

होम लोन का प्री-पेमेंट करें

अगर आपने होम लोन लिया हुआ है, तो आपको इसकी जाँच करनी चाहिए कि क्या इसका प्री-पेमेंट करना फायदेमंद रहेगा। अगर आप उन भाग्यशाली लोगों में शामिल हैं, जिन्होंने 8 फीसदी फिक्स्ड लोन पर होम लोन लिया है तो फिर इसका प्री-पेमेंट करने में समझदारी नहीं है। प्रिंसिपल अमाउंट और इंटरेस्ट पेमेंट दोनों ही पर आप टैक्स में छूट पाते हैं। अगर आपने होम लोन लिया है, जो नया है और रेट ऑफ इंटरेस्ट ज्यादा है, तो आप इसका कुछ हिस्सा प्री-पेमेंट कर सकते हैं। जिन लोगों का फाइनैंशल प्लैनिंग पहले से ही सही है और उन्होंने कोई लोन नहीं लिया है, वे एसेट एलोकेशन के मुताबिक बोनस का पैसा इनवेस्ट कर सकते हैं।

"क्या आप मुफ्त में एक फ्लैट चाहते हैं?" इसके लिए आप किसी निर्माणाधीन आवासीय प्रोजेक्ट में आज दो फ्लैट बुक करें। अपने इस निवेश का अच्छा फायदा लेने के लिए फ्लैटों को शुरू में ही बुक करने की कोशिश करें। इसके बाद दोनों फ्लैटों की किस्तों का भुगतान करें। यद्यपि यह आपकी जेब पर थोड़ा भार अवश्य डालेगा लेकिन यदि आपके परिवार के लिए आपको एक फ्री फ्लैट चाहिए तो उसके लिए आपको इन दोनों फ्लैटों की किस्तों की अदायगी का मार्ग ही अपनाना पड़ेगा। सभी किस्तें नियत तिथि पर देते रहें। यदि समय पर भुगतान करने पर किसी प्रकार की छूट या रियायत का प्रावधान हो तो उसका लाभ उठाएं! सही समय है, पर आप अपने एक फ्लैट को बेच दें और दूसरे को अपने पास रखे रहिए। जब ये दोनों फ्लैट बनकर पूरी तरह तैयार हो जाएं। इस प्रक्रिया के दौरान यह होगा कि जब तक आपके फ्लैट बनकर तैयार होंगे, तब तक आपके फ्लैट की काफी मूल्यवृद्धि हो चुकी होगी और जब आप अपना एक फ्लैट बेचेंगे तो उससे मिलने वाली राशि, निवेश की गई राशि की तुलना में काफी अधिक होगी। इतना कि आपके पास उपलब्ध फ्लैट आपको पूरी तरह से नि:शुल्क प्राप्त होगा।

3. एलटीए से बचायें टैक्स

अगर आपकी कंपनी आपको एलटीए देती है तो यह राहत की बात है। इससे आपकी यात्रा का खर्च तो निकलता ही है, बोझ घटने से आपका सफर भी सुहाना हो जाता है।

क्लेम कब

- यदि आपने अपनी कंपनी से कहीं यात्रा पर जाने के लिए छुट्टी ली हो।
- आप भारत में ही कहीं यात्रा पर जा रहे हों, विदेश में नहीं।
- आपके साथ आपकी फैमिली जा भी सकती है और नहीं भी, लेकिन अगर फैमिली के बिना आप कहीं जा रहे हैं तो आप एलटीए क्लेम नहीं कर सकते। फैमिली में पत्नी और दो बच्चों के अलावा निर्भर रहने वाले माता-पिता और भाई-बहन शामिल हो सकते हैं।

क्लेम न करें तो

- अगर एलटीए अमाउंट को आप टिकट देकर क्लेम नहीं करते हैं, तो वह आपकी टैक्सेबल इनकम में जुड़ जायेगी और उस पर टैक्स देना होगा। क्लेम करने से एलटीए की रकम पर कोई टैक्स नहीं देना पड़ता।
- मान लीजिए किसी को 50 हजार रुपये एलटीए मिलता है। वह टिकट देकर 20 हजार रुपये क्लेम कर लेता है। ऐसे में 20 हजार रुपये पर टैक्स

नहीं लगेगा और बाकी 30 हजार रुपये की रकम उसकी टैक्सेबल इनकम में जुड़ जायेगी और उस पर उसे टैक्स देना होगा।

कितनी बार क्लेम

- सरकार ने चार साल के ब्लॉक बनाए हैं। इस ब्लॉक में दो बार एलटीए क्लेम किया जा सकता है। ब्लॉक में कैलेंडर इयर लिया जाता है, फाइनैंशल इयर नहीं।
- इस वक्त 2010-13 ब्लॉक चल रहा है यानी 1 जनवरी 2010 से शुरू होकर यह ब्लॉक 31 दिसंबर 2013 को खत्म होगा। इस दौरान आप दो बार एलटीए क्लेम कर सकते हैं। लेकिन ये दोनों क्लेम एक ही साल में नहीं होने चाहिए, अलग-अलग साल में होने चाहिए।
- अगर एक ब्लॉक में एक बार क्लेम करने के बाद आप दूसरी जगह नौकरी पकड़ कर लेते हैं तो उस जगह आप एलटीए क्लेम करने का अपना दूसरा चांस ले सकते हैं।
- अगर चार साल के इस ब्लॉक में आप सिर्फ एक ही बार एलटीए क्लेम कर पाते हैं, तो भी चिंता की कोई बात नहीं है। अगले ब्लॉक के पहले साल में आप अपने बचे चांस को क्लेम कर सकते हैं। मसलन 2010-13 के ब्लॉक में किसी ने एक ही बार एलटीए क्लेम किया। अब 2014-17 वाले ब्लॉक के पहले साल में वह पिछले ब्लॉक का एक बचा हुआ एक चांस क्लेम कर सकता है। इस तरह वह 2014-17 में कुल मिलाकर तीन बार एलटीए क्लेम कर पायेगा।

सबूत क्या-क्या

- एलटीए क्लेम करते वक्त आपको अपनी कंपनी में अपने एयर, रेल या किसी और पब्लिक ट्रांसपोर्ट के टिकट देने होंगे।
- अगर किराये की कार से यात्रा की है तो उसके बिल पेश किये जा सकते हैं।
- यात्रा के क्लेम पर टैक्स छूट के लिए आपको मूल टिकट दिखाने होंगे।
- टिकट वास्तविक होने चाहिए। अगर आपने कोई कार किराये पर ली है तो ट्रैवल एजेंसी या कार रेंटल एजेंसी की रसीद या इनवॉयस को वैध सबूत माना जायेगा।
- एलटीए में छुट्टियाँ बिताने में आया पूरा खर्च कवर नहीं होता। इसमें सिर्फ यात्रा का खर्च ही कवर होता है।
- आप जो टिकट सुबूत के तौर पर दे रहे हैं, वे छोटे से छोटे रूट के होने चाहिए। मतलब अगर आपको दिल्ली से मुंबई जाना है तो दिल्ली से मुंबई

का जो भी सबसे छोटा रूट होगा, उसके टिकट ही मान्य होंगे। एलटीए क्लेम करने के लिए बोर्डिंग पास, रेल टिकट और कैब के बिल जैसे प्रमाण देने पड़ते हैं।

- अगर सरकारी परिवहन लिया गया हो तो फर्स्ट क्लास या डीलक्स के किराये से ज्यादा रकम नहीं होनी चाहिए। डेस्टिनेशन तक पहुँचने का सबसे छोटा रास्ता अपनाया गया हो।
- अगर ट्रेन से यात्रा की जा रही हो तो यात्रा का कुल किराया सबसे छोटे रास्ते से एसी फर्स्ट क्लास के किराये से ज्यादा नहीं होना चाहिए।
- अगर हवाई रास्ते से सफर कर रहे हैं तो यात्रा के सबसे छोटे रास्ते के इकॉनमी क्लास से ज्यादा का खर्च नहीं होना चाहिए।

4. चैरिटी डोनेशन पर भी मिलती है टैक्स छूट

अगर आपने आयकर की धारा 80 जी के तहत ऐसा कोई डोनेशन किया है, जिससे आपको टैक्स छूट मिल सकती है, तो आप आईटीआर रिटर्न फाइल करते समय डोनेशन की जानकारी देकर रिफंड का दावा कर सकते हैं।

फाइनेंशियल ईयर 2012-13 में एंप्लॉयर्स को डोनेशन रसीद के विकल्प को स्वीकार करने कहा गया था। इसे फॉर्म 16 में शामिल करने को कहा गया था। किसी भी फंड या चैरिटेबल इंस्टीट्यूशन को दिये गये डोनेशन पर कर्मचारी टैक्स रिटर्न फाइल करते समय छूट का दावा कर सकते हैं। हालाँकि, प्रधानमंत्री नेशनल रिलीफ फंड, चीफ मिनिस्टर्स रिलीफ फंड या लेफ्टिनेंट गवर्नर्स रिलीफ फंड जैसे कुछ स्पेशल फंड में एंप्लॉयर के डोनेशन करने पर छूट का विचार एंप्लॉयर टैक्स विद होल्डिंग के समय विचार कर सकता है।

सबसे पहले आपको चैरिटी पर मिलने वाली छूट की सीमा को समझ लेना चाहिए। आयकर की धारा 80सी के तहत मिलने वाली टैक्स छूट के उलट यहाँ पर छूट डोनेशन की कैटेगरी पर निर्भर करेगा। इसलिए आप टैक्स रिटर्न फाइल करने से पहले ग्रॉस क्वालिफाइंग अमाउंट की जानकारी जुटा लें। सबसे पहले आप साल के दौरान किये गये सभी डोनेशन की गणना करें। अब आप क्वालिफाइंग अमाउंट की गणना करें।

डोनेशन की कैटेगरी के अनुसार, कुछ फंड 100 फीसदी छूट (ए) के लिए योग्य होते हैं, और कुछ 50 फीसदी छूट (बी) के लिए योग्य होते हैं। हालाँकि, एक और कैटेगरी होती है, जिसमें 50 फीसदी डोनेशन छूट के लिए योग्य होता है, लेकिन इसे ग्रॉस टोटल इनकम का 10 फीसदी के अपर लिमिट पर एडजस्ट किया जा सकता है। इस तरह से नेट क्वालिफाइंग अमाउंट (ए,बी,सी) को आपके ग्रॉस टोटल इनकम से घटा दिया जायेगा। इसके बाद बची आय पर टैक्स लगाया

जायेगा। आप आयकर की धारा 80जी के तहत आने वाली चैरिटी की सूची का आकलन कर सकते हैं। अगर आपने प्रधानमंत्री नेशनल रिलीफ फंड या नेशनल डिफेंस फंड में डोनेशन दिया है, तब आप 100 फीसदी छूट के हकदार होंगे। इसके लिए किसी तरह का क्वालीफाइंग लिमिट नहीं है। अगर आपने प्रधानमंत्री ड्राउट रिलीफ फंड, नेशनल चिल्ड्रेंस फंड में डोनेशन किया है, तब आप 50 फीसदी छूट के हकदार होंगे।

आप एक और कैटेगरी में चैरिटी कर सकते हैं। कई चैरिटी संगठनों को आयकर विभाग हामी भरता है। उन चैरिटी संगठन की छूट सीमा की जानकारी उन्हें हासिल सर्टिफिकेट से कर सकते हैं। सम्बन्धित ट्रस्ट/इंस्टीट्यूशन आयकर की धारा 80 जी के तहत छूट का दावा करने के लिए सर्टिफिकेट इश्यू करता है। इस तरह की सर्टिफिकेट डीडीओ या एंप्लॉयर भी जारी करते हैं। इस तरह के संगठनों में आप चाइल्ड रिलीफ एंड यू (क्राय), इन डिफेंस ऑफ एनिमल्स जैसे को रख सकते हैं। हालाँकि, आप तमाम संगठनों को किये गये डोनेशन को अपने एडजस्टेड ग्रॉस टोटल इनकम के 10 फीसदी से अधिक नहीं रख सकते हैं। आप हर डोनेशन की रसीद को संभाल कर रखें। रिटर्न फाइल करते समय आपके पास चैरिटी के सर्टिफिकेट होने चाहिए।

पोस्ट ऑफिस की टाइम डिपॉजिट योजना भी उन सभी लोगों के लिए अच्छी रहती है, जिन्हें बकाया पिछला वेतन (एरियर) या बड़ा ओवरटाइम अथवा कोई बड़ी बम्पर धनराशि मिल सकती है। ऐसा निवेश उन लोगों के लिए भी अच्छा है जिन्हें उत्तराधिकार या विरासत में कोई बड़ी धनराशि मिलने वाली हो जिससे वे इन योजना में निवेश करके उस पर एक वर्ष में मिलने वाले 6.25 प्रतिशत ब्याज के रूप में मिलने वाले लाभ का फायदा ले सकें और जो कि पाँच वर्षीय खाते में अधिकाधिक 7.5 प्रतिशत तक हो सकता है। पोस्ट ऑफिस टाइम डिपॉजिट रूल्स, 1981 के अनुसार यह ब्याज वार्षिक रूप में दिया जाता है लेकिन इसकी विशेष बात यह है कि यह ब्याज तिमाही आधार पर जोड़ा जाता है। यदि आप इस योजना में पाँच वर्ष के लिए निवेश करते हैं, तो ऐसी स्थिति में धारा 80 सी के अंतर्गत आप निवेश के संदर्भ में कटौती पाने के हकदार होते हैं, जिसकी कुल अधिकतम सीमा 1 लाख रुपये के अन्तर्गत होती है।

5. कर्मचारी भविष्य निधि

कोई भी सेवारत व्यक्ति सेवानिवृत्ति उपरांत के जीवन को वित्तीय सुरक्षा प्रदान करना चाहता है। इसमें उसके लिये कर्मचारी भविष्य निधि यानि ईपीएफ सहायक होते हैं। अधिकतर कर्मचारियों के लिए यह अनैच्छिक बचत होती है, किन्तु सेवानिवृत्ति या असामयिक मृत्यु या अपंगता की स्थिति में कर्मचारी और उसके के परिवार के

लिये ये अत्यंत लाभदायक होते हैं।, इस निधि में कर्मचारी के मासिक वेतन से कुछ अंश (मूल वेतन का 12.5 प्रतिशत) स्रोत पर ही काट कर जमा कर लिया जाता है। इसके बराबर की राशि नियुक्तिकर्ता द्वारा भी जमा कराई जाती है और उस पर 8.5 प्रतिशत (फिलहाल) की दर से मिलने वाला ब्याज भी मिलता है। उदाहरण के लिए यदि कर्मचारी की आयु 25 वर्ष है और उसका तत्कालीन वेतन 20 हजार रुपये है। तब यह मानकर चलें कि ईपीएफ में 8.5 प्रतिशत की दर से ब्याज मिलता है और हर वर्ष उसके वेतन में 5 प्रतिशत की बचत होती है। ऐसे में यदि वह हर माह अपने मूल वेतन और महँगाई भत्ते का 12 प्रतिशत ईपीएफ में जमा कराता हैं और उतनी ही राशि उसके नियोक्ता द्वारा भी जमा कराई जाती है, तो सेवानिवृत्ति पर उसको 1.38 करोड़ रुपये की अद्‌भुत राशि मिलेगी। निधि में जमा होने वाली राशि मासिक रूप से कर्मचारी के वेतन से काटकर उसमें नियोक्ता का अंश (12.5%) मिलाकर उसे में जमा कराया जाता है।

आपके पास व्यय के लिए कम धनराशि है किंतु यदि आप उच्च आय के कारण आयकर घेरे में आ रहे हैं तब इसके लिए उपयुक्त होगा कि आप बैंक में बचत खाता न्यूनतम 50 रुपये से खोलें, जबकि किसी व्यक्तिगत खाते में अधिकतम 1 लाख रुपये तक रखे जा सकते हैं। तथापि, यदि पोस्ट ऑफिस बचत खाता संयुक्त रूप से खोला जाता है, तब उक्त संयुक्त खाते में अधिकतम 2 लाख रुपये की अधिकतम राशि निवेश की जा सकती है। ऐसे खाते पर 3.5 प्रतिशत की दर से वार्षिक ब्याज दिया जाता है जो वार्षिक आधार पर इस खाते में जमा कर दिया जाता है। इस खाते में निवेश से मिलने वाला समस्त ब्याज पूरी तरह से करमुक्त होता है जिसे आयकर अधिनियम, 1961 की धारा 10 के आधार पर कर से छूट दी जाती है और इस पर आपको कर में कोई अतिरिक्त कटौती नहीं मिलती है।

6. कर्मचारी राज्य बीमा

भारत की कर्मचारी राज्य बीमा निगम एक बहुआयामी सामाजिक सुरक्षा व्यवस्था है, जो कर्मचारियों एवं उनके आश्रितों को सामाजिक-आर्थिक सुरक्षा प्रदान करने के लिए अपनी योजना के अंतर्गत शामिल करता है। बीमा योग्य रोजगार के पहले दिन से यह स्वीकार्य है कि बीमित व्यक्ति बीमारी के कारण शारीरिक कष्ट, अस्थायी या स्थायी अक्षमता आदि की स्थिति मे स्वयं तथा अपने आश्रितों के लिए पूर्ण चिकित्सा देखभाल के अतिरिक्त नगद हितलाभ पाने के भी हकदार होंगे। बीमारी के कारण उपार्जन क्षमता मे हानि के परिणाम स्वरूप, बीमित महिला के प्रसव के सम्बन्ध में, ऐसे बीमित व्यक्ति के आश्रितजन, जिसकी औद्योगिक दुर्घटना में अथवा रोजगार जोखिम या व्यावसायिक संकट के कारण मृत्यु हो गयी हो, वह मासिक निवृतिवेतन अर्थात् आश्रितजन हितलाभ पाने के हकदार होंगे।

यदि आप चाहते हैं कि परिवार की युवा पीढ़ी समृद्ध हो, निवेश में उसे सफलता मिले, वह निवेश नीति व योजना में गहन दिलचस्पी लें, तो उन्हें इस पर अमल करने के लिए निम्न फार्मूला बतायें! जी हाँ; सीधा व सरल फार्मूला यह है कि परिवार के सभी सदस्य उस डाईनिंग टेबल पर केवल एक-एक खाली पेपर लेकर बैठ जायें। अब आप पेपर पर एक संख्या लिखिए! माना आप लिखते हैं 15, और अब आप 150 लिखें और उसके बाद 1500 लिखें। जी हाँ, आपके परिवार की समृद्धि निवेश वृद्धि के लिए यह ही वास्तविक निवेश मंत्र है। इस बात को रेखांकित करने का मकसद है कि माना परिवार का मुखिया अपनी युवा पीढ़ी को 15 रुपये देता है और साथ ही उसे उस युवा पीढ़ी को एक लक्ष्य भी देना चाहिए कि सनी तुम्हें जो ये 15 रुपये दिये गये हैं तुम्हें इसके लिए सारे अधिकार हैं कि तुम स्वेच्छा से इन्हें निवेश करो, उस निवेश को बदलो, चाहे उस निवेश में से पैसे निकालो और पुनः निवेश करो तथा उस निवेश को बदलो लेकिन उसे निरंतर जारी रखो कि वह 15 रुपये दस वर्षों में 150 रुपये हो जायें। अब आप उसी डाइनिंग टेबल पर उसी युवा पीढ़ी को अगला लक्ष्य दें कि अगले 10 वर्षों में तुम्हारे 15 रुपये का निवेश पुनः 150 रुपये बनें। तब अगले दस वर्षों में 150 रुपये से 1500 रुपये के निवेश की श्रेष्ठ निवेश नीति के लिए इसे मल्टीप्लाई करें। अपना यह निष्कर्ष परिवार के सभी सदस्यों के सामने रखें कि आप इसमें ज्यादा कुछ नहीं जोड़ना चाहते हैं और फिर आप यह पैसा अपनी युवा पीढ़ी को दे दें ताकि वे नये विचार, सोच, लक्ष्य के विषय में सोचें, जो आपके निवेश सम्बन्धी विचार को वास्तविक रूप देने के लिए क्रियान्वित किये जाने वाले हैं।

7. जनश्री बीमा योजना

जनश्री बीमा योजना महिला एसएचजी (स्वयं सेवी समूह) सदस्यों के लिए एक विशेष योजना है। यह महिला एसएचजी सदस्यों को बीमा सुरक्षा प्रदान करने में सहायता करती है और उनके बच्चों की शिक्षा में सहायता करती है।

पात्रता- यह योजना विशेष रुप से महिलाओं के लिए है। लाभार्थी को एसएचजी का सदस्य होना चाहिए।

बीमा सुरक्षा- सदस्य को एक वर्ष की अवधि के लिए 30,000/- रुपये की जीवन बीमा सुरक्षा मिलती है।

बीमा शुल्क- कुल बीमा शुल्क 200/- रुपये प्रति सदस्य प्रति वर्ष है जिसमें से 100/- रुपये एसएचजी सदस्य द्वारा वहन किये जाते हैं और शेष 100/- रुपये जीवन बीमा निगम द्वारा।

यदि किसी वेतनभोगी कर्मचारी द्वारा जब (एच.आर.ए.) मकान किराया भत्ता प्राप्त किया जाता है और विशेषकर यदि वह लोन पर घर खरीदता है, तो वह निश्चित रूप से लोन के ब्याज पर 1.50 लाख रुपये तक की कटौती का लाभ उठाता है। लेकिन वह बेचारा उसे मिलने वाले मकान किराया भत्ता की राशि में से एक पैसा भी नहीं बचा पायेगा। तो ऐसे लोगों के लिए जो मकान किराया भत्ता. के रूप में हर माह निश्चित राशि पाते हैं और वह अपने उपयोग के लिए प्रॉपर्टी भी खरीदना चाहता है और उसमें रहता भी है। तो निवेश नीति के अनुसार, आवासीय गृह प्रॉपर्टी में निवेश का श्रेष्ठ विकल्प यह होगा कि ऐसी प्रॉपर्टी वह अपनी पत्नी या हिंदू अविभाजित परिवार के नाम पर ही खरीदें और उसके बाद उस प्रॉपर्टी को किराये पर लें और तत्पश्चात् मकान किराया भत्ता के तौर पर मिलने वाली राशि से किराये का भुगतान करें। इस निवेश नीति को अपनाकर एक वेतनभोगी कर्मचारी प्रतिवर्ष लाखों रुपये की बचत कर सकता है। एच.आर.ए. प्राप्त करने वाले व्यक्ति द्वारा आवासीय गृह प्रॉपर्टी में निवेश की एक अन्य योजना होगी कि वह ऐसी प्रॉपर्टी में अपने व अपनी पत्नी के नाम से या अपने व परिवार के अन्य सदस्यों के नाम से संयुक्त रूप से निवेश करें। यदि निवेश इस प्रकार किया जाता है तो उस प्रॉपर्टी के अन्य सह-स्वामित्वधारी को एच.आर.ए. का भुगतान करके आयकर बचाना संभव है, इस प्रकार से मकान किराया भत्ता प्राप्त करने वाला कर्मचारी प्रॉपर्टी का अन्य सह-स्वामी भी हो सकता है तथा वह लोन पर 1.50 लाख रुपये तक के ब्याज के रूप में कटौती का लाभ उठा सकता है।

8. आम आदमी बीमा योजना

ग्रामीण भूमिहीन मजदूर जिनका आयु 18 वर्ष से अधिक एवं 60 वर्ष से कम हो तथा जिसकी आवास की जमीन 50 डिसमिल से अधिक जमीन नहीं हो, उस परिवार के अर्जनकर्ता मुखिया का सरकार द्वारा मुफ्त बीमा किया जाता है। अंचल कार्यालय या हल्का कर्मचारी के पास उपलब्ध विहित प्रपत्र के सर्वेक्षण पत्र में नाम भरा जाता है। बीमा की राशि 200/- (दो सौ) रुपये का केन्द्र सरकार एवं राज्य सरकार द्वारा 50-50 अनुपात में वहन किया जाता है। बीमित व्यक्ति के दुर्घटना से मृत्यु होने या दो अंगों का स्थायी अंग-भंग होने पर 75,000/- (पचहत्तर हजार) रुपये एक अंग स्थायी रूप से भंग होने पर 37,500/- (सैंतिस हजार पाँच सौ) रुपये एवं स्वाभाविक मृत्यु होने पर 30,000/- (तीस हजार) रुपये बीमा राशि भुगतान किया जाता है। बीमित व्यक्ति के दो पुत्र-पुत्री जो वर्ग 9वाँ से वर्ग 12वाँ में अध्ययन करते हैं तो उन्हें 100/- (एक सौ) रूपये मासिक छात्रवृति भुगतान किया जाता है।

जब आपके खर्च करने के लिए बहुत कम धनराशि हो और आप निवेश का कोई सुरक्षित उपाय चाहते हों, तो ऐसे में बैंक फिक्स्ड डिपॉजिट में निवेश करें। बैंक फिक्स्ड डिपॉजिट, उन सभी लोगों के लिए निश्चित तौर पर एक अच्छे निवेश का छोटा सा उदाहरण है, जो 100 प्रतिशत सुरक्षित की अपेक्षा रखते हैं। यद्यपि एक अन्य महत्त्वपूर्ण बात, जिसका ध्यान रखना चाहिए, यह है कि जिस फिक्स्ड डिपॉजिट के बारे में आप विचार कर रहे हैं, वह एक लाख से कम मूल्य का होना चाहिए। यह विषय उन छोटे निवेशकों के लिए विशेषकर अधिक महत्त्व रखता है जिनके पास निवेश हेतु बहुत कम धनराशि उपलब्ध है। कृप्या याद रखें कि यदि आपको फिक्स्ड डिपॉजिट की राशि 1 लाख रुपये तक है, तब यह इंश्योर है और दुर्भाग्यवश बैंक के फेल होने की स्थिति में भी आपको चिंता करने की जरूरत नहीं, क्योंकि 1 लाख के मूल्य की फिक्स्ड डिपॉजिट होने की स्थिति में आपको अपना पैसा मिलेगा।

9. ऑफिस के भत्तों से बचत

बेंजामिन फ्रेंकलिन ने कहा है कि यदि आपको अपनी आय से कम व्यय करने का ढंग आता है तो समझिए कि आपको पारस पत्थर मिल गया। ईमानदारी और परिश्रम को अपना सगा बना लो और अपनी आय से एक रुपया खर्च करो तब आपकी जेब पुष्ट होने लगेगी, ऋण दाता तुम्हारा अपमान नहीं करेंगें। आवश्यकताएँ आपको दुखी नहीं करेगी। इसलिए अगर आपकी सैलरी में फूड एंड गिफ्ट कूपन भी शामिल है, तो ये आपको हम बता दें कि इस पर आपको कोई टैक्स नहीं देना होता है। अगर आपको 2,600 रुपये के आस पास का कूपन हर महीने मिलता है तो आपकी सालाना 9,640 रुपये की बचत होती है।

- अखबार तो आपके घर आता ही होगा और टेलीफोन बिल भी। अगर आपकी कंपनी इन भत्तों को आपके पैकेज में शामिल करती है तो प्रति महीने आपको 5000 रुपये की बचत होगी, क्योंकि इन भत्तों पर आपको कोई टैक्स नहीं देना पड़ता है।
- अगर आप घर खरीदने के लिए होम लोन लेते हैं तो आप जो ब्याज देते हैं उस पर तो आप टैक्स छूट पाते ही हैं लेकिन अगर आपने वह घर किराये पर दे दिया तो किराये की आमदनी के 70 फीसदी पर ही आपको टैक्स भरना होगा बाकी 30 फीसदी पर नहीं, तो यहाँ भी आपकी अच्छी खासी बचत हो जायेगी।
- एक काम और कीजिए, गाड़ी खरीदने के बजाये कंपनी से कहिए गाड़ी लीज पर दे और वो भत्तों में जोड़ दे। हालाँकि किराये की कार करयुक्त भत्ते में शामिल होती है लेकिन जिस रकम पर टैक्स लगता है, वह रकम

बहुत छोटी है यानि 2,000–2,500 रुपये। लेकिन इससे आप करीब 2.5 लाख रुपये तक बचा सकते हैं।

- इसी तरह ड्राइवर खुद रखने के बजाये कंपनी से कहें कि वह इसका इंतजाम करे। मान लीजिए हर महीने आप 10,000 रुपये का बिल लगा रहे हैं, तो सालाना रकम हो गयी 1.20 लाख रुपये। ऑफिस के दिये इस भत्ते से आप 33,750 रुपये सालाना बचा सकते हैं।
- आप अपनी टैक्सेबल इनकम कम करना चाहते हैं तो कंपनी से कहें कि वह आपके लिए न्यू पेंशन स्कीम (एनपीएस) में निवेश करें। आपकी बेसिक सैलरी के 10 फीसदी पर कोई टैक्स नहीं लगेगा अगर वो एनपीएस में निवेश किया जाता है। अगर 40,000 रुपये सैलरी है, और 4000 रुपये एनपीएस में जा रहा है तो आप 14,832 रुपये बचाते हैं।
- अगर कंपनी ने आपको प्रोफेशनल या फिर पर्सनल यूज के लिए लैपटॉप दिया है तो उसकी कुल कीमत के 10 फीसदी पर ही टैक्स लगता है। मान लीजिए लैपटॉप की कीमत 60,000 रुपये है, तो 6,000 रुपये पर टैक्स लगेगा।
- अपनी कंपनी से कहिए कि वह कोई आपके पार्ट टाइम या शॉर्ट टर्म प्रोफेशनल कोर्स को फंड कर दें, जितनी फीस होगी उसके 10 फीसदी पर ही टैक्स लगेगा। मान लीजिए कि कोर्स के लिए 80,000 रुपये दिये गये लेकिन टैक्सेबल रकम 8,000 रुपये होगी। यहाँ आप 22,250 रुपये टैक्स के तौर पर बचा सकते हैं।

किसी बैंक में फिक्स्ड डिपॉजिट करने से पहले, अब बैंक से यह जानना जरुरी है कि निर्धारित तिथि (ड्यू डेट) से पहले फिक्स्ड डिपॉजिट की राशि निकालने के सम्बन्ध में बैंक के नियम, प्रक्रिया तथा जुर्माना इत्यादि क्या है। यदि आप इसमें निवेश करना चाहते हैं तो, हमेशा यह सलाह दी जाती है कि एक बड़ी धनराशि कभी भी केवल एक फिक्स्ड डिपॉजिट में जमा न करें, बल्कि छोटी–छोटी धनराशियों को अलग–अलग फिक्स्ड डिपॉजिट के तौर पर निवेश करें जिससे यदि आपको इसमें जमा राशि को प्रीमैच्योर होने की स्थिति में निकालना पड़े तो आपको ब्याज आदि की हानि न हो। भिन्न–भिन्न बैंकों में ब्याज की गणना की भिन्न–भिन्न नीतियाँ होती हैं और बैंक फिक्स्ड डिपॉजिट के प्रीमैच्योर स्थिति में निकालने पर कुछ अतिरिक्त राशि भी अलग–अलग होती है। इसलिए, जब भी आप किसी बैंक में फिक्स्ड डिपॉजिट कराएं तो समय से पहले उसे तुड़वाने के सम्बन्ध में, नियम व प्रक्रिया इत्यादि की जानकारी पहले से ही प्राप्त कर लें। इससे आपको बैंक फिक्स्ड डिपॉजिट के रूप में अच्छा निवेश करने व लाभ प्राप्त करने में मदद मिलेगी।

करों से बचत करने के तरीके

अगर आप बीच समुद्र में हैं और तूफान आ जाये, तो आप अपनी नाव को किसी सुरक्षित बंदरगाह की ओर मोड़ लेते हैं। किसी भी बंदरगाह की ओर। आप टालमटोल करने या यह सोचने में वक्त बर्बाद नहीं करते कि इस बंदरगाह पर शॉवर की सुविधा है या नहीं, वहाँ आपकी प्रिय रेस्तरां चेन है या नहीं, या वहाँ सस्ते लंगर हैं या नहीं। आप तो बस जल्दी से जल्दी तूफान से बाहर निकलना चाहते हैं ताकि आपको बंदरगाह पर नाव खड़ी करने की जगह मिल जाये। आप इस बात के लिए कृतज्ञ होते हैं कि बंदरगाह में वह चीज है, जिसकी आपको सचमुच सख्त जरुरत है यानि सुरक्षा।

आप यह जान कर हैरान हो जायेगें कि बहुत से लोग सोचते हैं कि अपने बचाए पैसे का निवेश कैसे करूँ, इसका फैसला बाद में करुँगा – इस समय मैं यह फैसला नहीं कर सकता कि मैं इससे शेयर खरीदूँ या इसे बचत खाते में डाल दूँ। वे कुछ भी नहीं करते हैं और वह पैसा करेंट अकाऊंट में पड़ा रहता है, जिस पर कोई ब्याज नहीं मिलता है। इससे भी बुरा यह होता है कि मँहगाई इसे कुतर जाती है या यह खर्च हो जाता है।

विद्वानों ने कहा है, दुनिया में केवल दो चीजों को छोड़ कर बाकी सब कुछ अनिश्चित होता है जो हैं – मौत और कर। इन दोनों पर किसी का नियंत्रण नहीं होता। कर योजना आपके पर्सनल फाइनेंस का अहम हिस्सा है, लेकिन **फाइनेंशियल प्लानिंग**[1] और **टैक्स सेविंग**[2] के मायने अलग-अलग होते हैं। ऐसा कई बार देखा गया है कि कई लोग टैक्स सेविंग के लिए ही निवेश पर विचार करते हैं, ताकि टैक्स बचाने का एक सबूत उनके पास आ जाये। हालाँकि इसी समय वित्तीय सलाहकार, बैंक और कई वित्तीय संस्थाएँ भी आपको टैक्स बचाने के नुस्खे बताने लगती हैं। ऐसी परिस्थितियों में कोई भी निवेश करने से पहले इसकी समीक्षा करना बेहद जरूरी है, ताकि इस निवेश की आपको कितनी जरूरत है, कहीं ये निवेश केवल टैक्स बचाने के लक्ष्य से तो नहीं कर रहे हैं। क्योंकि ऐसे निवेशों में भविष्य में नुकसान उठाना पड़ सकता है।

---

1. वित्तीय योजना
2. टैक्स में बचत करने के लिए

हालाँकि कर से जुड़े कुछ पहलुओं पर कुछ मशक्कत जरूर की जा सकती है। इससे उस व्यक्ति द्वारा देय टैक्स में कमी आ जाती है। उदाहरणस्वरुप देखें - अगर आप महज टैक्स सेविंग के लिए किसी ईएलएसएस (इक्विटी-लिंक्ड सेविंग स्कीम) में निवेश करते हैं, तो हो सकता है कि आपको खासा नुकसान उठाना पड़ेगा, यदि उस योजना का प्रदर्शन खराब रहे तो। इसके अलावा ये योजनाएँ उन लोगों के लिए अच्छा विकल्प नहीं होतीं जो जोखिम लेना पसंद नहीं करते। टैक्स सेविंग को फाइनेंशियल प्लानिंग का एक हिस्सा मानने का एक और फायदा यह है इससे बचत की अवधि को बढ़ाने की इजाजत मिल जाती है। लेकिन अगर आप वित्तीय वर्ष के आखिरी कुछ दिनों या हफ्तों में निवेश करते हैं तो आप हड़बड़ी में फैसला करेंगे दूसरी ओर अगर आप कई महीनों के दौरान निवेश करेंगे तो आपके पास कई वित्तीय विकल्पों पर विचार करने का समय होगा। आपको कभी यह नहीं भूलना चाहिए कि टैक्स बचाने के लिए किये गये निवेश के बाद उस विकल्प से मिलने वाला रिटर्न भी कम महत्त्वपूर्ण नहीं होता।

टैक्स प्लानिंग के दो पहलू होते हैं- बचत और व्यय। ऐसे में टैक्स अदा करने वाले हर व्यक्ति को चाहिए कि वह बचत और व्यय के तरीकों को इस तरह से व्यवस्थित करे कि न केवल उसके उत्तरदायित्व कम हो जायें, बल्कि बचत से मिलने वाले रिटर्न भी अधिक हो सकें। हालाँकि इसके लिए उसे वित्तीय विकल्पों का चयन सही तरीके से करना होगा।

टैक्स प्लानिंग के लिए वित्तीय विकल्पों का चयन करते समय व्यक्ति को अपनी आयु, आमदनी और जोखिम लेने की क्षमता पर ध्यान देना चाहिए। टैक्स सेविंग के विकल्प, जिसे निवेशक चुन सकते हैं।

1. **जीवन बीमा**- टैक्स सेविंग का यह बेहद लोकप्रिय विकल्प है, लेकिन कई बार व्यक्ति जीवन बीमा के प्राथमिक उद्देश्य को भूलकर केवल टैक्स बचाने के उद्देश्य के साथ बीमा खरीद लेता है, जबकि कई बार उसे ऐसे किसी इंश्योरेंस प्रोडक्ट की आवश्यकता नहीं होती है। टैक्स बचाने के लिए उद्देश्य से जीवन बीमा लेना सही है, लेकिन साथ ही बीमा के मुख्य उद्देश्य को नहीं भूलना चाहिए।

2. **पीपीएफ**- पीपीएफ भी निवेश का एक बेहतर माध्यम है, जहाँ निवेशक को अच्छा रिटर्न प्राप्त होता है। साथ ही इस स्कीम के तहत सरकार ने 1 लाख रुपये तक के रिटर्न को 80सी के तहत कर मुक्त किया है। ऐसे में टैक्स सेविंग से साथ-साथ लम्बी अवधि के नजरिए से निवेश के लिए एक बेहतर विकल्प है।

3. **ईएलएसएस**- ईएलएसएस जो कभी निवेशकों की पहली पसंद हुआ करता था, यह भी आज मंदी की मार झेल रहा है लेकिन ज्यादा जोखिम और लम्बी अवधि का नजरिया रखने वाले निवेशक ईएलएसएस के विकल्प को चुन सकते हैं।

4. फिक्स्ड डिपॉजिट- टैक्स बचाने के लिए एफडी का सबसे बेहतर विकल्प है। जिसमें निवेशक के निवेश की सुरक्षा के साथ-साथ टैक्स बेनीफिट भी प्राप्त होता है। निचले वर्ग के करधारकों के लिए फिक्स्ड डिपॉजिट मौजूदा समय में सबसे पसंदीदा विकल्प बना हुआ है।

5- एनएससी- पुरानी नेशनल सेविंग स्कीम में तब्दीलियाँ करके इसमें अगले 10 साल के लिए नई स्कीम लाई गयी है। जिसमें निवेशक का टैक्स बचने के साथ-साथ निवेश पर मिलने वाले मुनाफे का भी पूरा ख्याल रखा गया है।

6. सेक्शन 80डी- इस सेक्शन के अंतर्गत करदाता हेल्थ इंश्योरेंस स्कीम में 15,000 रुपये खुद के लिए और 20,000 रुपये तक अपने माता-पिता के लिए प्रीमियम भर सकता है। जिसके तहत करदाता टैक्स बचाने के साथ-साथ किसी बुरे वक्त के लिए भी खुद को सुरक्षित कर सकता है।

7. सेक्शन 80सीसीडी- ई पेंशन स्कीम में इस सेक्शन के अंतर्गत छूट मिलती है। यदि किसी व्यक्ति ने अपनी सकल आय का 10 फीसदी या फिर अपने आधार वेतन का 10 फीसदी हिस्सा इस स्कीम में लगाया है तो वह सेक्शन 80सीसीडी के तहत कर में छूट पाने का हकदार होता है। हालाँकि इस स्कीम के तहत टैक्स में छूट पाने की सीमा 1 लाख रुपये तक ही है। इसका ध्यान रखना भी जरूरी है। सेक्शन 80सीसीडी(2):-इस सेक्शन के अंतर्गत यदि कोई प्रवर्तक अपने कर्मचारी के आधार वेतन के 10 फीसदी बराबर का हिस्सा नई पेंशन स्कीम में लगता है तो उतनी ही समान रकम कर्मचारी के वेतन से भी काटी जाती है। निवेश के साथ-साथ टैक्स बचाने का यह एक बेहतर माध्यम है।

1. क्यों चाहिए जीवन बीमा?

कल्पना कीजिये, आप एक आरामदायक जीवन जी रहे हैं। आप खूब मेहनत करते हैं, और खुद की और अपने परिवार की खुशी के लिए पर्याप्त कमा रहे हैं। आपका जीवन अच्छा खासा चल रहा है, और समय के साथ आप अपनी आय और अपने परिवार के जीवन का स्तर बढ़ाने की अपेक्षा कर रहे हैं।

अब, एक पल के लिए, आप अपने आप को इस तस्वीर से हटा दें। (हमें पता है यह कठिन है, लेकिन एक सेकंड के लिए ऐसा करें!)

- क्या आप देखते हैं कि आपका परिवार आप के बिना वैसे ही आराम से रह रहा है जैसे पहले था?
- क्या उनका जीवन स्तर अब भी वैसा ही रहेगा, जब आप उनके पास नहीं हो? ज्यादातर लोगों के लिए इस सवाल का जवाब होगा 'नहीं'।

1. राष्ट्रीय बचत योजना

यह इस पर निर्भर नहीं करता है कि आपका दोहरी आय वाला (double income) परिवार था कि नहीं। आय की हानि हमेशा किसी परिवार की वित्तीय योजनाओं में बाधा ला देती है और अगर यह एकमात्र आय है, तो बहुत ही गंभीर नुकसान हो सकता है।

हाँ, हमें मरने के बारे में सोचना पसंद नहीं है। आखिरकार, यह एक सुखद बात नहीं है! लेकिन हमारे परिवार पर एक असामयिक मौत के प्रभाव पर विचार कर, क्या हमें कोई उपाय नहीं सोचना चाहिए?

स्वाभाविक है कि परिवार के भावनात्मक नुकसान की भरपाई के लिए कुछ नहीं किया जा सकता है। लेकिन क्या ऐसे समय में हमें उनके आर्थिक स्थिति का ध्यान रखने के लिए कुछ नहीं करना चाहिए?

बेशक हमें करना चाहिए - खासकर जब मदद के रूप में जीवन बीमा आसानी से उपलब्ध है!

क्या है जीवन बीमा?

जीवन बीमा, आप और बीमा कंपनी (insurance company) के बीच एक दीर्घकालिक अनुबंध (contract) है। इस अनुबंध के हिसाब से आप बीमा कंपनी को नियमित रूप से एक आवधिक राशि का भुगतान करने की सहमति देते हैं। बदले में कंपनी आपके उम्मीदवार (nominee) या आपके कानूनी वारिस (legal heir) को पूर्व निर्धारित राशि का भुगतान करने की सहमति तब देती है - अगर आपकी मृत्यु निर्धारित समय के पहले हो जाती है।

आप और जीवन बीमा कंपनी के बीच अनुबंध को जीवन बीमा पॉलिसी (life insurance policy) कहा जाता है। आप जो आवधिक भुगतान करते है उसे प्रीमियम (premium) कहा जाता है। आपकी असामयिक मौत हो जाने की स्थिति में बीमा कंपनी जिस राशि का भुगतान करती है उसे बीमा धन (सम अशयोर्ड or sumAsured) कहा जाता है। जिस अवधि के लिए आप प्रीमियम भुगतान करते है उसे प्रीमियम भुगतान अवधि (premium payment term) कहा जाता है। और वह अवधि, जिस के दौरान कंपनी ने आपकी मौत हो जाने की स्थिति में राशि देने का आश्वासन दिया है, उसे अवधि (tenure) या कार्यकाल (term) कहा जाता है। अधिकतर जीवन बीमा पॉलिसियों में प्रीमियम भुगतान अवधि और कार्यकाल एक ही होता है, लेकिन कुछ पॉलिसियों में वे भिन्न हो सकते हैं।

जीवन बीमा किसे खरीदना चाहिए?

यदि कोई अपने खर्च के लिए आप पर निर्भर करता है, तो आप को जीवन बीमा खरीदना चाहिए। मतलब, अगर कोई भी आप पर आश्रित (dependent) है, तो आपको जीवन बीमा खरीदना चाहिए।

आश्रित आपके माता पिता, पत्नी, बच्चे - कोई भी हो सकता है। ये वह व्यक्ति हैं जो आप की मृत्यु होने पर वित्तीय मुसीबत में पड़ सकते हैं।

कृपया ध्यान रखें की बीमा खरीदने की कोई आयु नहीं है - अगर आप पर कोई आश्रित है, तो आपको बीमा खरीदना चाहिए, भले ही आपकी उम्र 20 साल हो या फिर 50 साल।

जीवन बीमा - यूलिप (ULIP) बनाम बंदोबस्ती योजना

कुछ समय पहले तक अगर आप जीवन बीमा (life insurance - लाइफ इंश्योरेंस) खरीदना चाहते थे, तो आप के पास एकमात्र विकल्प था बंदोबस्ती योजना (Endowment Plan)। बेशक, कई विभिन्न योजनाएँ उपलब्ध थीं, बहुत सारे रोचक नामों के साथ। प्रत्येक का अपना वादा या अपनी रिटर्न की तालिका थी। लेकिन मुख्य बात यह थी कि वह सभी बंदोबस्ती योजनाएँ ही थीं।

इसका मतलब यह है कि अगर आप बीमा खरीदना चाहते थे, आप उसी समय निवेश करने के लिए भी मजबूर थे। इस बीमा 'निवेश' पर कंपनियाँ हर साल 'बोनस' (bonus) की घोषणा करती थीं। कोई नहीं जानता था कि कहाँ पैसों का निवेश किया जाता था। आपके - नीति धारक (policy holder) का इस पर कोई नियंत्रण नहीं था। एक ही चीज जो पता चलती थी वो थी 'बोनस', जो हर वर्ष घोषित किया जाता था और चूँकि हम भारतीय बहुत लम्बे समय से बीमा में 'निवेश' कर रहे थे, हमने अपनी बीमा नीतियों से 'लाभ' या 'रिटर्न' (return) की उम्मीद शुरू कर दी।

जब निजी बीमा कंपनियाँ इस क्षेत्र में आयी, उन्होनें एक बड़ा अवसर देखा। उन्होंने हमें यह सवाल पूछने के लिए मजबूर किया, "अगर मेरे पैसे का निवेश किया जा रहा है, तो क्या इस पर मेरा कम से कम थोड़ा-सा नियंत्रण नहीं होना चाहिए?" और इस तरह यूनिट लिंक्ड बीमा योजना (यूलिप) (Unit Linked Insurance Plan – ULIP) का जन्म हुआ।

क्या है यूनिट लिंक्ड बीमा योजना (यूलिप) (Unit Linked Insurance Plan – ULIP)? यह जीवन बीमा का एक प्रकार है, जिसमें आपकी प्रीमियम राशि को दो भागों में बाँटा जाता है:-

एक हिस्सा, जो कि आपके प्रीमियम का एक छोटा सा अंश है, आपको बीमा प्रदान करने में प्रयोग किया जाता है। दूसरा हिस्सा, जो कि प्रीमियम का बहुत बड़ा भाग है, निवेश की (इकाइयों) (unit) को खरीदने में प्रयोग किया जाता है।

पहला भाग (बीमा भाग) बीमा की राशि (sumAssured) पर निर्भर करता है - जितनी अधिक बीमा राशि, उतना अधिक पैसा बीमा खरीदने के लिये।

दूसरे भाग (निवेश भाग) के पैसों का निवेश इकाइयों के प्रकार (type of units) के आधार पर किया जाता है – शेयरों (shares or equities) में, या ऋण पत्रों (debt) में, या फिर दोनों में। इन इकाइयों का मूल्य निवेश के रिटर्न के आधार पर बदलता रहता है।

किसी भी समय आपकी बीमा राशि या तो मूल बीमा राशि जिसे आपने बीमा खरीदने के समय चुना था, या आपकी यूनिटों का **एनएवी**[1] (Net Asset Value–NAV)– इनमें से जो भी अधिक हैं, उस के बराबर होगी।

बंदोबस्ती योजना के सामने यूलिप का क्या फायदा है?

बंदोबस्ती योजना की तुलना में यूलिप निवेश पर नियंत्रण (control) रखता हैं। यूनिट लिंक्ड बीमा योजना (यूलिप) आपको आपके पैसे के निवेश पर बहुत अधिक नियंत्रण प्रदान करती है। आप फैसला लेते हैं कि आपको किस तरह की इकाइयाँ खरीदनी हैं। वह मोटे तौर पर शेयर, ऋण (debt), या दोनों के संयोजन में हो सकतीं हैं।

इसके अलावा, आप अपना निवेश विभिन्न इकाइयों के बीच बदल (switch - flop) सकते हैं। इसे आम तौर पर साल में कुछ बार ही कर सकते हैं (यह आपकी बीमा कंपनी पर निर्भर करता है)। इसका मतलब यह है कि अपने विश्लेषण के आधार पर आप अपना निवेश बदल सकते हैं – शेयरों से ऋण में, ऋण से मिश्रित निवेश में, शेयरों से मिश्रित निवेश में, मिश्रित निवेश से शेयरों में – जो भी आप चाहें।

यह बंदोबस्ती योजना की तुलना में बहुत लाभदायक है – जहाँ आपके पैसे के निवेश पर आप का कोई नियंत्रण नहीं है। यूलिप का एक और बड़ा लाभ यह है कि योजना खरीदने के कुछ साल बाद अगर आप प्रीमियम का भुगतान करने में असमर्थ हैं, तो भी बीमा कवर (life insurance cover) जारी रहता है। आप जब प्रीमियम का भुगतान नहीं करते हैं, तो बीमा कंपनी कुछ इकाइयों को बेच कर राशि ले लेती है ताकि आप के लिए बीमा कवर जारी रहे!

निष्कर्ष तो यह है बंदोबस्ती योजनाओं और यूलिप के बीच की तुलना यूलिप बंदोबस्ती योजनाओं की तुलना में निश्चित रूप से एक बेहतर विकल्प उभर कर आता है। कोई आश्चर्य नहीं यदि वे आजकल बहुत लोकप्रिय हैं।

2. पीपीएफ

पब्लिक प्रोविडेंट फंड एक पसंदीदा कर बचत साधन है। यह वेतनभोगी और स्वरोजगारी लोगों के लिये एक आदर्श साधन है। इस निवेश के तहत आईटी

---

1. निवल परिसंपत्ति मूल्य

अधिनियम की धारा 80 सी के अन्तर्गत 1,00,000 रुपये प्रतिवर्ष तक की छूट अनुमान्य है। यह अभी भी एक गलत धारणा है कि पीपीएफ खाता खोलना एक कठिन काम है और कई लोगों को यह लगता है कि यह केवल डाकघरों में खोला जा सकता है। एसबीआई की भारत भर में उपलब्धता के कारण यह सबसे पसंदीदा बैंक है।

शाखा का चयन- एक उपयुक्त शाखा चुनें जो इस सुविधा को प्रदान करता हो। चूँकि यह सुविधा भारतीय स्टेट बैंक की कुछ चुनिंदा शाखाओं में उपलब्ध है। व्यक्ति का उसी शाखा में एसबीआई खाता होना जरूरी नहीं है।

दस्तावेज जमा करना- आवश्यक दस्तावेजों के साथ एसबीआई पीपीएफ खाता खोलने का फार्म जमा करने के लिये भारतीय स्टेट बैंक शाखा पर जाये। आप को किसी पते का सबूत, पहचान का सबूत और फार्म के साथ दो पासपोर्ट आकार के फोटो प्रस्तुत करने होंगे। दस्तावेज जो पहचान के सबूत के रूप में प्रस्तुत किये जा सकते हैं, वे इस प्रकार हैं: - 1) पैन कार्ड 2) ड्राइविंग लाइसेंस 3)मतदाता पहचान पत्र कार्ड 4) पासपोर्ट।

दस्तावेज जो पते के सबूत के रूप में प्रस्तुत किये जा सकते हैं,वे इस प्रकार हैं- 1) टेलीफोन बिल 2) राशन कार्ड 3) बिजली बिल 4) मतदाता पहचान पत्र कार्ड हालाँकि, यह सुनिश्चित करें कि आप स्वयं द्वारा सत्यापित फोटोकॉपी के साथ साथ मूल दस्तावेज अवश्य ले जायें। एक बार आपके दस्तावेज सत्यापित हो जायें तो न्यूनतम जमा राशि के साथ एक जमा पर्ची भरें। बैंक जो पासबुक जारी करता है वह बहुत कुछ एसबीआई पासबुक के समान होती है, जहाँ आप अपने लेन-देन का ध्यान रख सकते हैं। ऑनलाइन लेन-देन भारतीय स्टेट बैंक पीपीएफ लेनदेन की ऑनलाइन सुविधा भी प्रदान करता है जहाँ बिना परेशानी के पैसा जमा किया जा सकता है। यह सुविधा स्टेट बैंक ऑफ इंडिया के साथ पंजीयन करा कर ली जा सकती है। फंड को आसानी से बचत खाते से पीपीएफ खाते में स्थानांतरित किया जा सकता है। आप अपने खाते से पीपीएफ खाते के लिए ऑटो क्रेडिट स्थाई निर्देश भी दे सकते हैं। एक साल में केवल 12 बार जमा करने की अनुमति है। इसलिए, जब आप एक स्थायी अनुदेश दें तो ध्यानपूर्वक दें। भारतीय स्टेट बैंक द्वारा अन्य सुविधाएँ एक या एक से अधिक व्यक्तियों के नाम पर नामांकन किया जा सकता है। भारतीय स्टेट बैंक की किसी भी शाखा या सहायक शाखा से मुख्य डाक घर या इसके विपरीत, ग्राहक के अनुरोध पर खाते का स्थानांतरण निःशुल्क किया जा सकता है। समय से पहले खाते को बंद करना वास्तविक कठिनाई के आधार पर ही मान्य होगा, लेकिन यह उस वर्ष के अंत से, जिसमें खाता खोला गया था, केवल पाँच साल की समाप्ति के बाद ही हो सकेगा। ग्राहक निधि में शामिल होने के बाद खाताधारक अपने खाते को किसी भी समय बंद कर सकता

है। हालाँकि, खाता खोले जाने वाले वर्ष के केवल 15 साल के बाद के वित्तीय वर्ष के अंत में ब्याज सहित सदस्यता का भुगतान किया जा सकता है। बंद खाते वर्ष रु 500/- प्रति वर्ष की सदस्यता बकाया के साथ रु 50/- प्रति वर्ष के भुगतान पर पुनर्जीवित किये जा सकते हैं।

पीपीएफ लम्बे समय तक निवेश का जरिया है। यह 15 साल की योजना है यानी जमा तो आपको हर साल करना है लेकिन पैसा 15 साल बाद ही निकाला जा सकता है। बेहतर तो यही है कि 15 साल तक इस योजना को चलने दिया जाये और बीच में पैसा न निकाला जाये, लेकिन अगर आपको अचानक पैसे की जरूरत आ पड़े, तो बैंक से पर्सनल लोन लेने की बजाय आप इस अकाउंट से पैसा निकाल सकते हैं। कुछ सीमाओं और नियमों के तहत पीपीएफ से लोन भी लिया जा सकता है।

लोन

पीपीएफ से रुपये निकालना अकाउंट खोलने के छः साल से पहले मुमकिन नहीं है। हाँ, छः साल से पहले आप लोन ले सकते हैं। अकाउंट खोलने के तीसरे साल से लेकर छठे साल के बीच आप लोन ले सकते हैं और सातवें साल से रुपये निकालने की सुविधा मिल जाती है।

लोन लेने का तरीका

जिस साल आप लोन ले रहे हैं, उससे ठीक दो साल पहले के फाइनैंशल ईयर के अंत में अकाउंट में जितना अमाउंट होगा, उसका 25 फीसदी लोन आप ले सकते हैं। मान लीजिए आप फाइनैंशल ईयर 2012-13 में लोन लेना चाहते हैं, तो 31 मार्च 2011 की तारीख को आपका जो बैलेंस था, उसका 25 फीसदी लोन आपको मिलेगा। अगर 31 मार्च 2011 को आपका बैलेंस दो लाख था तो आपको 50 हजार रुपये का लोन मिल जायेगा।

लोन वापसी

इस लोन पर आपको जो ब्याज देना होगा, वह पीपीएफ पर मिलने वाले ब्याज की दर से दो फीसदी ज्यादा होगा और इस रकम को आप 24 महीनों के भीतर लौटा सकते हैं।

विद्ड्रॉल[1]

अकाउंट खोलने के छः साल बाद यानी 7वें फाइनैंशल ईयर से विद्ड्रॉल कर सकते हैं। यानी अगर 2012-13 में विद्ड्रॉल करना चाहते हैं तो तभी कर सकते हैं जब आपने अकाउंट फाइनैंशल ईयर 2006-07 में या उससे पहले खोला हो।

---

1. वापसी

तरीका

जिस साल रुपये निकालना चाहते हैं, उससे पीछे के चौथे फाइनैंशल ईयर के अंत में अकाउंट में रकम का 50 फीसदी निकालें। जिस फाइनैंशनल ईयर में रुपये निकाल रहे हैं, उससे ठीक पहले वाले फाइनैंशल ईयर के अंत में अकाउंट में मौजूद रकम का 50 फीसदी निकालें। इनमें से जो भी अमाउंट कम होगा, उतना पैसा आप निकाल सकते हैं। मान लीजिए आप **फाइनैंशल ईयर**[1] 2012-13 में रुपये निकालना चाहते हैं। 31 मार्च 2012 को आपका बैलेंस 2 लाख रुपये है। इसका 50 फीसदी हुआ एक लाख। अब 2012-13 से पीछे चौथे साल यानी 31 मार्च 2009 को आपका अमाउंट था 1 लाख। इसका आधा 50 हजार रुपये। ऐसे में आप 50 हजार रुपये अकांउट से निकाल सकते हैं।

स्टॉक मार्केट सेंसेक्स की सांख्यिकी (आँकड़ों) को नियमित रूप से देखें जो आपको इक्विटी में अधिक निवेश करने के लिए प्रोत्साहित करेगा और उसके माध्यम से आपके पैसे में वृद्धि करेगा। किंतु स्टॉक मार्केट से अच्छा परिणाम प्राप्त करने के लिए व्यक्ति को कम से कम तीन वर्षों से इससे जुड़ा होना जरूरी है।

3. इक्विटी लिंक्ड बचत योजना (ईएलएसएस)

हम जानते हैं कि शेयर (या इक्विटी) में निवेश लम्बी अवधि में बेहतरीन रिटर्न देता है। हम यह भी जानते हैं कि हम में से ज्यादातर लोगों के लिए म्यूचुअल फंड (एमएफ) (Mutual Fund- MF) के जरिये शेयर बाजार में निवेश शेयरों में सीधा निवेश करने से बेहतर है। लेकिन हमारे पास आम तौर पर निवेश के लिए सीमित मात्रा में धन रहता है, और हमें यह दुविधा रहती है कि अधिकतम दीर्घकालिक लाभ के लिए शेयरों में निवेश करना चाहिए, या अपने कर-बोझ को कम करने के लिए कर बचत वाले (मगर कम रिटर्न देने वाले) निवेश में धन लगाना चाहिए?

यह एक कठिन निर्णय है, और अधिकांश बार कर-बचत वाले निवेश की जीत होती है। अंत में हम केवल 7-8% रिटर्न देने वाली योजना में निवेश करते हैं, और स्टॉक द्वारा दिये जाने वाले बेहतर रिटर्न को छोड़ देते हैं। यह होता है आयकर बचने के चक्कर में।

लेकिन क्या हम इन दोनों योजनाओं के श्रेष्ठ पहलुओं को जोड़ सकते हैं? अगर इक्विटी में निवेश और कर बचत दोनों एक साथ हो जाये, तो फिर क्या बात है! मगर क्या यह संभव है?

जी हाँ, बिलकुल। यह इक्विटी लिंक्ड बचत योजना (ई.एल.एस.एस.) के उपयोग से किया जा सकता है।

---

1. वित्तीय वर्ष

इक्विटी लिंक्ड बचत योजना (ईएलएसएस) के लाभ और विशेषताएँ

इक्विटी लिंक्ड बचत योजना (ईएलएसएस) में किया गया निवेश आयकर अधिनियम (आईटी) की धारा 80C के अंतर्गत लाभ के लिए पात्र है। छूट की अधिकतम सीमा धारा 80C के तहत 1 लाख रुपये प्रति वर्ष है।

ईएलएसएस म्यूचुअल फंड का एक विशेष वर्ग है, जो मुख्य रूप से शेयरों में निवेश करता है। यह काफी तरह से विविध इक्विटी फंड (diversified equity fun) जैसे हैं। विविध इक्विटी फंड और ईएलएसएस म्यूचुअल फंड के बीच फर्क सिर्फ इतना है, कि ईएलएसएस में 3 वर्ष की लॉक-इन अवधि होती हैं। इसका मतलब है कि एक बार आप ईएलएसएस एमएफ में निवेश करते हैं तो, आप 3 साल की अवधि के लिए अपने निवेश को वापस नहीं ले सकते।

एक म्यूचुअल फंड (एमएफऋण)के लिए 3 वर्ष लॉक-इन की अवधि सुनकर अजीब लग सकता है, लेकिन अगर हम दूसरे कर बचत निवेश के रास्तों के साथ तुलना करें, तो हम देखेंगे की न्यूनतम लॉक-इन बैंक सावधि जमा (एफडी) और यह यह सार्वजनिक भविष्य निधि (पीपीएफ) में 15 साल तक जा सकता है! तो निष्कर्ष यह है की ईएलएसएस में लॉक-इन की अवधि बाकी सभी कर बचत निवेश से कम है।

लॉक-इन का फायदा

यह लॉक-इन आपकी मदद ही करता है। आमतौर पर कोष प्रबंधकों (fund managers) को म्यूचुअल फंड के कोष का एक हिस्सा (लगभग 7-10% के आसपास) नकदी के रूप में रखना पड़ता है, ताकि वे वापसी/रिडेम्पशन (redemption) की माँग को पूरा कर सकें। यह नकद बहुत ही कम अवधि के निवेश में निवेशित होती है, और बहुत ही अल्प आय पैदा करती है। यह म्यूचुअल फंड के कुल लाभ (total return) पर प्रभाव डालती है।

ईएलएसएस का कोष प्रबंधक जानता है कि आपको अपने पैसे 3 साल के लिए वापस नहीं लेने हैं। इस वजह से वह आपके पूरे पैसों का निवेश कर सकता है, और इस प्रकार, आपके निवेश का कोई हिस्सा नकदी के रूप में निष्क्रिय नहीं होता। इस वजह से आपको ईएलएसएस में अन्य म्यूचुअल फंड्स के मुकाबले बेहतर लाभ मिल सकता है।

ईएलएसएस और अन्य म्यूचुअल फंड्स की तुलना

चलिये हम विविध इक्विटी म्यूचुअल फंड और इक्विटी लिंक्ड बचत योजना का (ईएलएसएस) म्यूच्युअल फंड द्वारा उत्पन्न वास्तविक रिटर्न देखते हैं -

म्यूचुअल फंड का प्रकार	**3 वर्ष**	**5 वर्ष**
विविध इक्विटी म्यूचुअल फंड	48.66%	53.02%

(Diversified Equity Mutual Fund)		
ईएलएसएस म्यूचुअल फंड (Equity Linked Savings Scheme Mutual Fund ELSSMF)	47.56%	52.17%

इस तालिका में ईएलएसएस के द्वारा दिया गया हम आरंभिक रिटर्न बचत कर का विचार किये बिना दिया गया है। अगर हम मानें की आप 30% कर समूह में आते हैं, तब आपके लिए निम्नलिखित लाभ हो जायेगा-

म्यूचुअल फंड का प्रकार	3 वर्ष	5 वर्ष
विविध इक्विटी म्यूचुअल फंड	48.66%	53.02%
ईएलएसएस म्यूचुअल फंड	66.20%	63.40%

तो बताइए, अब तुलना कैसी है? काफी बेहतर है न?

तो देर किस बात की है? आगे बढ़िये और इक्विटी लिंक्ड बचत योजना (ईएलएसएस) म्यूचुअल फंड (एमएफ) में निवेश कीजिये। क्योंकि इक्विटी लिंक्ड बचत योजना (ईएलएसएस) का मतलब है उत्तम निवेश और कर बचत का फायदा।

पट्टे पर दी गयी कृषि भूमि को कभी नहीं खरीदना चाहिए। कृषि भूमि पर पट्टा होने का तात्पर्य है कि वह जमीन कृषि कार्य (जुताई) करने के लिए किसी अन्य व्यक्ति को लीज पर दी गई है। इसका प्रभाव होता है कि आपके द्वारा खरीदी गई कृषि भूमि के बाजार मूल्य में बहुत कड़ी कटौती होगी। इसलिए जो कृषि भूमि आप खरीदने जा रहे हैं, यदि वह पट्टे पर है, तो सबसे पहले उस लागू पट्टे को समाप्त (कैंसिल) करवाएँ तत्पश्चात् पटवारी के कार्यालय में पट्टे को रिकॉर्ड करवाकर अंत में सेल डीड बने तो उसमें भी यह लिखवाएँ कि किसी भी व्यक्ति के पास उस कृषि भूमि का पट्टा नहीं है। अंत में जब सेल डीड बनवाई जा रही हो तो निवर्तमान पट्टाधारी व्यक्ति को भी सेल डीड के गवाह के तौर पर अवश्य बुलवाएँ ताकि आपकी कागजी कार्यवाही सही रूप से सक्षम बन सके।

4. सावधि जमा (फिक्स्ड डिपॉजिट)

अगर आपके पास एक मुश्त रकम है तो आप बैंक में फिक्स डिपॉजिट कर सकते हैं। कई बैंक इस समय एफडी पर 10 फीसदी तक ब्याज दे रहे हैं। इसके अलावा टैक्स सेविंग एफडी नौकरीपेशा महिलाओं के लिए भी निवेश का अच्छा विकल्प हो सकता है। टैक्स सेविंग एफडी करते समय बस यह ध्यान रखना होगा कि इस योजना में पाँच साल से कम अवधि के लिए निवेश नहीं किया जा सकता है। बैंकों में एफडी के अलावा छोटी-छोटी बचत करने के और भी तरीके हैं, जैसे रेकरिंग डिपॉजिट। इसमें आप हर माह 100 रुपये तक जमा कर सकती हैं। इसमें आप एक साल से लेकर लम्बी अवधि के लिए निवेश कर सकते हैं। निवेश की मियाद पूरी होने के बाद आपको पूरी रकम ब्याज के साथ मिल जायेगी। बस एक बात

का ध्यान रखना होगा कि जिस बैंक में आप एफडी या आरडी कर रहे हैं, उसमें आपका बचत खाता होना जरूरी है। मतलब, आपके बुढ़ापे की वित्तीय प्लानिंग में यह रास्ता कारगर हो सकता है। आप अकेले हों या पति की पेंशन है तो भी आपको किसी पर निर्भर होने की जरूरत नहीं है।

जरूरत के मुताबिक सावधि जमा (फिक्स्ड डिपॉजिट)

किसी भी निवेशक के पोर्टफोलियो में सावधि जमा (एफडी) की हिस्सेदारी काफी ज्यादा होती है। दरअसल सुरक्षित रिटर्न की उम्मीद सबसे ज्यादा इसी में होती है। एफडी का परंपरागत रूप काफी साधारण था, लेकिन अब बाजार में गलाकाट प्रतिस्पर्धा के चलते ग्राहकों की जरूरतों के हिसाब से बैंकों ने एफडी के रूप में कई बदलाव किये हैं। एफडी में भी अब कई तरह के विकल्प मौजूद हैं। कुछ एफडी के साथ इंश्योरेंस भी जुड़ा हुआ होता है। ऐसे में एफडी तो अपने मूल रूप में बनी ही रहती है साथ में इंश्योरेंस का अतिरिक्त फायदा भी मिल जाता है। लेकिन यह फायदा जमा की राशि और एफडी की अवधि पर निर्भर करता है। उदाहरण के लिए कुछ बैंक 25,000 रुपये की तीन साल की एफडी पर 5 लाख रुपये का फ्री एक्सीडेंट कवर भी देते हैं। एफडी पर 7 फीसदी ब्याज आपको मिलेगा। इससे प्रॉडक्ट की वैल्यू बढ़ जाती है। कई बैंक केवल एक्सिडेंट इंश्योरेंस ही देते हैं जिसमें सम एश्योर्ड राशि 3 लाख से 7 लाख रुपये के बीच होगी। आमतौर पर ऐसे कवर में कई शर्तें जुड़ी हुई होती हैं और यह आपकी सभी बीमा जरूरतों को पूरा नहीं कर सकता। कुछ बैंक एफडी से हासिल होने वाले ब्याज की रकम के **रीइनवेस्टमेंट**[1] की सुविधा भी देते हैं। मानिए आप एफडी पर हर तिमाही में 2,000 रुपये ब्याज के रूप में पा रहे हैं। ऐसे में इस रकम की एक और एफडी बैंक मौजूदा ब्याज दरों पर शुरू कर देगा। फिक्स्ड डिपॉजिट ऐसे **इंस्ट्रूमेंट्स**[2] हैं जिनमें रिटर्न तय है और यदि निवेशक अपनी रकम मैच्योरिटी की अवधि से पहले भी निकालता है तो बैंक ऐसे में कुछ जुर्माना लगाते हैं। ऐसे मामलों में रिटर्न कुछ कम हो जाता है। लेकिन कुछ बैंक ऐसे भी हैं जो एफडी को बीच में तोड़ने पर जुर्माना नहीं लगाते हैं। एफडी में ऐसा लचीलापन निवेशकों को काफी आकर्षित करता है।

समय सीमा में छूट

ज्यादातार लोग एफडी किसी निश्चित लक्ष्य के लिए करवाते हैं। जैसे कोई महँगी चीज खरीदनी हो या बच्चे की शादी करनी हो। ऐसे कार्यक्रम तय समय से आगे टल भी सकते हैं। ऐसे में या तो निवेशक को एफडी मैच्योर होने के बाद पैसा निकालना ही पड़ता है, जिससे उसे रिटर्न में नुकसान उठाना पड़ता है। लेकिन अब कई बैंक एफडी में निवेश करने वालों को एफडी की समय सीमा बढ़ाने का

1. पुनः दोबारा जमा करना 2. साधन

विकल्प भी निवेशकों को दे रहे हैं। इसमें वे अपने कार्यक्रम के मुताबिक उसका एफडी की मैच्योरिटी अवधि बढ़ा सकते हैं।

समान मूल्य वर्ग की कई डिपॉजिट में बड़ी संख्या में कागजी कार्रवाई करनी पड़ती हैं। यह काम आमतौर पर उन निवेशकों को करना पड़ता है जिन्हें भविष्य में भिन्न-भिन्न समय पर पैसे की जरूरत होती है। ऐसे में उनकी इच्छा पूरी रकम को एक साथ एफडी में निवेश करने की नहीं होती है क्योंकि बाद में पैसे की जरूरत पड़ने पर उन्हें एफडी तोड़नी पड़ सकती है जिसमें उनको रिटर्न कम मिलेगा। निवेशकों की इस समस्या को देखते हुए कई बैंक ऐसी व्यवस्था दे रहे हैं जिसमें एफडी की पूरी रकम को निवेशक की जरूरत के हिसाब से अगल-अलग मूल्य वर्ग के कई हिस्सों में बाँट देते हैं। ऐसी एफडी में निवेशकों को ज्यादा रिटर्न का फायदा मिल जाता है।

फिक्स्ड डिपॉजिट करने की आदत डालिए, लेकिन किसी राष्ट्रीयकृत बैंक या प्राइवेट सेक्टर के बैंक में नहीं, बल्कि किसी को-ऑपरेटिव बैंक में बैंक फिक्स्ड डिपॉजिट करें। जी हाँ, किसी को-ऑपरेटिव बैंक फिक्स्ड डिपॉजिट करने से आपको फिक्स्ड डिपॉजिट निवेश करने पर 1/2 प्रतिशत से 1 प्रतिशत तक अतिरिक्त ब्याज मिल सकता है। इस प्रकार से आप अपना कुछ पैसा किसी को-ऑपरेटिव बैंक में आसानी से निवेश कर सकते हैं और उस पर ब्याज के रूप में कुछ अतिरिक्त पैसा पा सकते हैं।

किसी बैंक में फिक्स्ड डिपॉजिट करने से पहले, बैंक से यह जान लेना जरुरी है कि निर्धारित तिथि (ड्यू डेट) से पहले फिक्स्ड डिपॉजिट की राशि निकालने के सम्बन्ध में बैंक के नियम, प्रक्रिया तथा जुर्माना इत्यादि क्या है। यदि आप इसमें निवेश करना चाहते हैं तो, हमेशा यह सलाह दी जाती है कि एक बड़ी धनराशि कभी भी केवल एक फिक्स्ड डिपॉजिट में जमा न करें, बल्कि छोटी-छोटी धनराशियों को अलग-अलग सावधि जमा (फिक्स्ड डिपॉजिट) के तौर पर निवेश करें जिससे यदि आपको इसमें जमा राशि को प्रीमैच्योर की स्थिति में निकालना पड़े तो आपको ब्याज आदि की हानि न हो। भिन्न-भिन्न बैंकों में ब्याज की गणना की भिन्न-भिन्न नीतियाँ होती हैं और बैंक फिक्स्ड डिपॉजिट के **प्रीमैच्योर**[1] स्थिति में निकालने पर कुछ अतिरिक्त राशि भी अलग-अलग होती है। इसलिए, जब भी आप किसी बैंक में सावधि जमा (फिक्स्ड डिपॉजिट) करायें तो समय से पहले उसे तुड़वाने के सम्बन्ध में, पहले से ही नियम व प्रक्रिया इत्यादि की जानकारी प्राप्त कर लें। इससे आपको बैंक फिक्स्ड डिपॉजिट के रूप में अच्छा निवेश करने व लाभ प्राप्त करने में मदद मिलेगी।

1. समय पूरा होने से पहले

स्वीप-इन बैंक अकाउंट : सेविंग्स के साथ ज्यादा रिटर्न का मजा

कैश का मामला बड़ा अजीबोगरीब है। अगर आप कम कैश रखते हैं, तो अचानक होने वाले किसी खर्च की हालत में आप मुश्किल में पड़ सकते हैं। अगर ज्यादा कैश रखते हैं तो आप बेहतर रिटर्न का मौका गंवाते हैं। इसी वजह से टू-इन-वन और स्वीप-इन बैंक अकाउंट्स लोकप्रिय हो रहे हैं। ऐसे खातों में फिक्स्ड डिपॉजिट का रिटर्न मिलता है और सेविंग्स अकाउंट की तरह अपनी जरूरत के अनुसार पैसे निकालने की सुविधा भी होती है। हालाँकि, इन खातों में जमाकर्ता को उसी अवधि के लिए ब्याज मिलता है, जिस दौरान पैसा खाते में होता है।

आमतौर पर 45-60 दिनों के डिपॉजिट पर तकरीबन 5 फीसदी ब्याज मिलता है, जबकि एक साल के एफडी पर ब्याज 8-9 फीसदी है। हालाँकि, नवंबर 2011 में स्टेट बैंक ऑफ इंडिया ने अपनी अनफिक्स्ड डिपॉजिट स्कीम लॉन्च कर पूरे गेम को बदल दिया। इसके तहत अगर इन्वेस्टर का पैसा कम से कम 7 दिनों तक भी अकाउंट में रहता है तो उसे एक साल के इंटरेस्ट रेट का फायदा मिलेगा।

शॉर्ट टर्म डिपॉजिट सेगमेंट[1] के लिए यह स्कीम गेम चेंजर बन गयी। अब कई और बैंक ऐसी स्कीम की होड़ में कूद पड़े हैं। जहाँ कुछ बैंक सेविंग्स अकाउंट पर ऊँचे रेट ऑफर कर रहे हैं, वहीं कई बैंकों ने अपनी शर्तों को ज्यादा लचीला बना दिया है। जिन लोगों के पास बचत करने के लिए ज्यादा कैश नहीं है, उनके लिए आईएनजी वैश्य बैंक का नया प्रॉडक्ट बेहतर विकल्प है। बैंक अपनी एफडी प्लस डिपॉजिट स्कीम पर 9.25 फीसदी सालाना ब्याज ऑफर कर रहा है। इसके लिए न्यूनतम राशि 10,000 रुपये रखी गयी है। सेविंग्स अकाउंट पर ब्याज दर को लेकर बैंकों में होड़ मची है। कोटक बैंक जहाँ ऐसे अकाउंट्स पर 6 फीसदी ब्याज ऑफर कर रहा है, वहीं यस बैंक ने 7 फीसदी इंटरेस्ट ऑफर किया है।

हालाँकि, इन बैंकों की स्कीमों के अलावा कई और विकल्प है, जहाँ आप छोटी अवधि के लिए पैसा निवेश कर सकते हैं। विशेषज्ञों के मुताबिक, आपातकालीन जरूरतों को ध्यान में रखते हुए 3-6 महीनों की स्कीमों में निवेश करना बेहतर होता है। लेक्सी डिपॉजिट स्कीमें बेहतर विकल्प हैं और बैंकों के बीच चल रहे इंटरेस्ट रेट वॉर के कारण ये स्कीमें और आकर्षक हो गयी हैं।

अगर आप सेविंग्स अकाउंट में 1 लाख रुपये रखते हैं, तो आपको इस सालाना 4,000 रुपये ब्याज मिलेगा। हालाँकि, आप स्वीप-इन फेसिलिटी का विकल्प चुनते हैं और आप 25,000 रुपये निकालते हैं, तो अतिरिक्त 75,000 रुपये पर आपको एफडी रेट पर ब्याज मिलेगा। लिहाजा, अगर आपका बैंक एफडी पर 8 फीसदी सालाना ब्याज दे रहा है, तो 75,000 रुपये पर 6,000 रुपये ब्याज मिलेगा। इसका मतलब यह हुआ कि आपके 1 लाख के बैंक बैलेंस पर आपको सालाना कुल 7,000 रुपये (25,000 रुपये पर 4 फीसदी) ब्याज मिलेंगे।

1. लघु अवधि के लिए जमा

हालाँकि, इससे पहले बैंक एकाउंट की शर्तों की बारीकी से पड़ताल करनी चाहिए। कुछ अकाउंट्स में तिमाही या मासिक आधार पर बैलेंस की न्यूनतम राशि नहीं रहने पर आपको पेनाल्टी भी देनी पड़ सकती है। इसके अलावा आप लिक्विड फंडों में भी निवेश करते हैं। ये शार्ट टर्म डेट इंस्ट्रूमेंट्स होते हैं और म्यूचुअल फंड ऐसी स्कीमें ऑफर करते हैं।

बॉन्ड क्या हैं? आप इसे जरूर जानिए

बॉन्ड ऋण प्रतिभूतियों के लिए भेजा जाता है, जिसमें एक निवेशक, किसी निगम या सरकार से बॉन्ड खरीदता है। इस अवधि के दौरान बॉन्ड का जारीकर्ता, बॉन्ड के द्वारा कमाए गये ब्याज को चुकाता है। बॉन्ड ऋण विलेख हैं जो कि जनता के द्वारा पैसा बनाने के लिए जारी किये जाते हैं चूँकि बॉन्ड में निवेश को कम खतरे वाला बताया जाता है, लोग अपनी जमा राशि पर ब्याज पाने के लिए या टैक्स की बचत करने के उद्देश्य से इसमें निवेश करते हैं। हालाँकि बॉन्ड की दरें ब्याज की दरों से उलटे रूप से सम्बन्धित हैं, जैसे- जब ब्याज की दरें बढ़ेंगी, बॉन्ड की दरें कम होंगी या इसका ठीक उल्टा होगा। नीचे कुछ विभिन्न प्रकार के बॉन्ड दिये गये हैं - पब्लिक सेक्टर के उपक्रम ये मध्यम या लम्बी अवधि के बॉन्ड हैं जो पब्लिक सेक्टर कंपनियों के द्वारा जारी किये जाते हैं जिस पर सरकार का अधिकार होता है। ये कम से कम 5 से 7 साल की परिपक्वता अवधि के वचनपत्र के रूप में होते हैं।

कॉर्पोरेट बॉन्ड- ये एक कॉर्पोरेशन (निगम) के द्वारा जारी किये जाते हैं। बॉन्ड धारक को कॉर्पोरेशन से समय-समय पर निश्चित अवधि के लिए ब्याज मिलता है और बकाया ब्याज के साथ मूलधन, परिपक्वता अवधि के बाद वापस मिलता है।

वित्तीय संस्थाएँ एवं बैंक- वित्तीय संस्थाओं और बैंकों के द्वारा जारी किये जाने वाले बॉन्ड ठीक तरह से विनियमित किये जाते हैं और रेटिंग के साथ आते हैं। बड़े पैमाने पर निवेश करने वाले निवेशक इस श्रेणी में आते हैं।

टैक्स सेविंग बॉन्ड- ये बॉन्ड व्यक्तिगत कर दाताओं के लिए आदर्श हैं, मुख्यतः उन निवेशकों के लिए जो लम्बे समय तक बचत करना चाहते हैं साथ ही कर लाभ भी लेना चाहते हैं।

जीरो-कूपन बॉन्ड- इस तरह के बॉन्ड वे बॉन्ड है जो कोई कूपन भुगतान नहीं करते, इसके बजाय ये सममूल्य काफी छूट के साथ जारी किये जाते हैं।

परिवर्तनीय बॉन्ड- जैसा की इसके नाम से मालूम पड़ता है की ये इक्विटी शेयर्स में, निवेशक के निर्णय के अनुसार परिवर्तित किये जा सकते हैं।

अंतर्राष्ट्रीय बॉन्ड- ये बॉन्ड विदेशी मुद्रा में, विदेशों में जारी किये जाते हैं। जो कि बॉन्ड निवेशकों के बड़ी क्षमता वाले बाजार का प्रतिनिधित्व करते हैं।

बॉन्ड की विशेषताएँ फेस वैल्यू- फेस वैल्यू पैसे की वह राशि है जिसे जारी करने वाला, बाउंड की परिपक्वता अवधि पूरी होने पर बॉन्ड धारक को चुकाता है। आमतौर पर नया जारी किया गया बॉन्ड फेस वैल्यू पर बिकता है। जब बॉन्ड, फेस वैल्यू से ऊँची दरों पर ट्रेड करता है तो वह प्रीमियम बिक्री कहलाती है और जब बॉन्ड फेस वैल्यू से कम कीमत पर बिकता है तो उसे सममूल्य व्यापार कहते हैं।

परिपक्वता अवधि की तारीख- वह तारीख जिस पर निवेशक की मुख्य राशि चुकाई जायेगी।

परिपक्वता की अवधि के लिए शर्तें- यहाँ अवधारणा उन बॉन्ड के लिए है जो पहले जारी किये जा चुके हैं। समय के किसी भी बिंदु पर, टर्म 'मैच्योरिटी', बाउंड के जारी किये जाने की तारीख से उसकी परिपक्वता तक हर रोज बदलता है।

कूपन राशि- कूपन राशि, वह कुल राशि है जो बॉन्ड धारक को पूर्व निर्धारित, नियमित अंतराल (मुख्यतः अर्ध-वार्षिक) पर ब्याज के रूप में मिलती है। जब कूपन राशि को फेस वैल्यू के प्रतिशत के रूप में व्यक्त किया जाता है तो इसे कूपन रेट कहते हैं।

वार्षिक कूपन राशि- फेस वैल्यू कूपन रेट, यहाँ उल्लेखनीय है की बॉन्ड को जारी करते वक्त ही कूपन रेट तय कर दिये जाते हैं। जबकि रेट्स वार्षिक शर्तों में बताए जाते हैं। कूपन राशि, कूपन के भुगतान की आवृत्ति पर निर्भर करती है।

5. किसान विकास पत्र (केवीपी)

किसान विकास पत्र (केवीपी) निवेश का एक निश्चित ब्याज का जरिया है। केवीपी भारत सरकार के डाक विभाग द्वारा जारी किये जाते हैं। चुँकि यह भारत सरकार के द्वारा समर्थित हैं, केवीपी वस्तुतः निवेश का बिना जोखिम का मार्ग हैं। यह अधिकृत डाकघरों से खरीदे जा सकते हैं।

केवीपी की परिपक्वता 8 साल और 7 महीने की है। यह प्रति वर्ष 8.25% की रेट से रिटर्न प्रदान करते हैं। परिपक्वता और ब्याज की दर को इस तरह समायोजित किया गया है कि केवीपी में निवेश परिपक्वता पर दुगुना हो जाता है। इस प्रकार, केवीपी में रु. 100 का निवेश 8 साल और 7 महीनों में 200 रु. हो जाता है।

केवीपी में निवेश कि वजह से कर में कोइ विशेष छूट नहीं है। इसका मतलब है कि आयकर अधिनियम (आईटी) की धारा 80C के अंतर्गत लाभ के लिए पात्र नहीं है।

केवीपी 100, 500, 1000, 10000 और 50000 रुपये के मूल्य में जारी किये जाते हैं। इसमें न्यूनतम निवेश 100 रुपये है। निवेश की कोई ऊपरी सीमा नहीं है।

किसान विकास पत्र (केवीपी) की विशेषताएँ

न्यूनतम निवेश - रु. 100

अधिकतम निवेश - कोई ऊपरी सीमा नहीं

प्रमाणपत्र का समय से पहले नकदीकरण - निवेश के 2.5 वर्षों के बाद संभव

टी. डी. एस. - नहीं

नामांकन - की सुविधा उपलब्ध

पात्रता - आवेदक का किसान होना जरुरी

6. राष्ट्रीय बचत प्रमाणपत्र (एनएससी)

राष्ट्रीयबचत प्रमाणपत्र (एनएससी) निवेश का एक निश्चित ब्याज , दीर्घकालिक तरीका है। एनएससी भारत सरकार के डाक (पोस्ट) विभाग द्वारा जारी किये जाते हैं। चूँकि यह भारत सरकार के द्वारा समर्थित हैं, एनएससी निवेश का बिना जोखिम का मार्ग हैं। यह अधिकृत डाकघरों से खरीदे जा सकते हैं।

एनएससी की परिपक्वता 6 वर्ष की है। वह प्रति वर्ष 8% रेट से रिटर्न देते हैं। इस के ब्याज की हर छः महीने में गणना की जाती है और मूल के साथ मिला दिया जाता है। इसका मतलब है कि ब्याज का पुनर्निवेश होता है, और परिपक्वता के समय मूल के साथ भुगतान किया जाता है। हर 100 रु निवेश पर आप परिपक्वता पर 160.10 रु प्राप्त करते हैं।

एनएससी आयकर अधिनियम की धारा 80C के तहत निवेश के लिए योग्य हैं। हर साल अर्जित ब्याज भी धारा 80C के तहत योग्य है। इसका मतलब यह है कि हर साल एनएससी में निवेश और अर्जित ब्याज को आप की आय से 1 लाख रु. तक धारा 80C के तहत घटाया जा सकता है। एनएससी से आय के स्रोत में आयकर की कटौती नहीं है।

NSC में निवेश किये 1000 रु पर प्रत्येक वर्ष अर्जित ब्याज निम्नलिखित है (ब्याज चार्ट)

साल	ब्याज की दर
1	रु. 81.60
2	रु. 88.30
3	रु. 95.50
4	रु. 103.30
5	रु. 111.70
6	रु. 120.80

एनएससी 100, 500, 1000, 5000 और 10000 रुपये के मूल्य में जारी किये जाते हैं। इनमें न्यूनतम निवेश 100 रुपये है। इनमें निवेश की कोई ऊपरी सीमा नहीं है।

एनएससी की विशेषताएँ

निवेश के लिए निश्चित दीर्घकालिक ब्याज बिना जोखिम अधिकृत डाकघरों में उपलब्ध

परिपक्वता- 6 साल

रेट रिटर्न- प्रति वर्ष 8% अर्द्धवार्षिक कम्पाउडिंग

आईटी अधिनियम की धारा 80C के तहत निवेश के लिए योग्य टीडीएस- कोई नहीं

ऋण प्राप्त करने के लिए जमानत के रूप में उपयोग किया जा सकता है।

मूल्य- रु. 100, 500, 1000, 5000, 10000

न्यूनतम निवेश- रु. 100

अधिकतम निवेश- कोई ऊपरी सीमा नहीं

एक व्यक्ति से दूसरे को हस्तांतरणीय

समय से पहले नकदीकरन- संभव, लेकिन दंड के साथ

नामांकन- की सुविधा उपलब्ध

> यदि आपके घर में किसी बच्चे का जन्म होने वाला हो तो उसके लिए अभी से योजना बनायें, बचत करें और सोच-समझकर निवेश करें। आपके यहाँ जन्म लेने वाले बच्चे के पालन-पोषण में होने वाले कुल खर्च का अनुमानित कैश फ्लो चार्ट बनायें। इस चार्ट में उन सभी खर्चों को भी लिखें जो कि आज के खर्चों के साथ-साथ आने वाले वर्षों की मुद्रास्फीति के उतार-चढ़ाव पर आधारित होंगे। इस तरह से उन तमाम खर्चों के लिए चार्ट बनाना चाहिए जो कि आपके बच्चे को कॉलेज जाने से पहले तक संचित होना चाहिए। आपकी बीमा योजना तथा नकद सम्बन्धी नियोजन को भी परिवर्तित होती परिस्थितियों तथा परिवेश के अनुसार बदलना होगा विशेषकर जब आपके घर शिशु जन्म लेने वाला हो! शिशु जन्म से पूर्व, पहले से ही बचत और निवेश के रूप एडवांस प्लानिंग की आवश्यकता होती है ताकि जब आपके परिवार में बच्चे का जन्म हो तो बिना किसी परेशानी के पर्याप्त पैसा प्राप्त होता रहे।

7. सेक्शन 80डी

आयकर की धारा 80डी के तहत हेल्थ इंश्योरेंस पॉलिसी में अदा किये गये प्रीमियम पर आयकर कटौती हासिल होती है। लेकिन सेक्शन 80 डी से जुड़े कई और प्रावधान हैं, जिन पर कर कटौती हासिल होती है। मसलन 80डीडी के तहत आपको अपनी पत्नी, माता-पिता, बच्चे और आश्रित भाई-बहन के इलाज के लिए इंश्योरेंस प्रीमियम पर कर कटौती हासिल होती है।

यह राशि 50,000 रुपये तक होती है। अगर किसी कारणवश अपंगता 40 फीसदी है तो 50000 की कटौती मिलती है। लेकिन यह अपंगता 80 फीसदी या ज्यादा है तो एक लाख रुपये की कटौती मिलती है। सेक्शन 80डीडीबी के तहत किसी गंभीर और लम्बी बीमारी के इलाज में खर्च की गयी रकम पर कर कटौती मिलती है। इनमें कैंसर डिम्नेशिया, पार्किंसंस और एड्स जैसी कुछ दूसरी बीमारियाँ शामिल हैं।

सीनियर सिटीजन के मामले में यह कटौती 40,000 रुपये से लेकर 60,000 रुपये तक हो सकती है। कोई आयकर दाता अपने माता-पिता, बच्चे, आश्रित भाई-बहनों और पत्नी के इलाज में खर्च की गयी रकम की कर में कटौती के लिए दावा कर सकता है। इसके लिए चिकित्सक से प्रमाणपत्र लेना होता है। सरकारी अस्पताल के चिकित्सक से प्रमाणन मान्य है। पूरी इलाज राशि की कटौती के लिए दावा किया जा सकता है।

लगभग सभी बड़े अस्पताल और पॉली-क्लीनिक सेंटर हेल्थ चेकअप पैकेज ऑफर करते हैं। इसमें आँख, दिल, छाती जैसे सभी अहम अंगों का चेकअप होता है। महिलाओं के लिए इसमें गर्भाशय का भी चेकअप भी शामिल होता है।

आमतौर पर कर्मचारियों को कंपनियों के जरिए ऐसे वेलनेस कैंप में शामिल होने का मौका मिलता है। हालाँकि, **टैक्सपेयर**[1], **स्पाउज**[2], आश्रित बच्चों और माता-पिता के **प्रीवेंटिव हेल्थ चेकअप**[3] पर 5,000 रुपये तक टैक्स छूट काफी अच्छी है।

अगर कोई कर्मचारी किसी अस्पताल या पैथोलॉजी लैब में हेल्थ चेकअप कराता है तो कंपनी को **इन्वेस्टमेंट डिक्लेरेशन**[4] देते समय वह इनके बिल की फोटोकॉपी भी लगा सकता है।

अगर आपका खुद का रोजगार है तो आप फार्म-16 के साथ कोई रिसीट अटैच नहीं कर सकते हैं। आपको अपने पास ओरिजिनल रसीद रखनी होगी, जिसे जरूरत पड़ने पर आपको दिखाना होगा।

आयकर की धारा 80 डी के तहत अधिकतम 15,000 रुपये पर टैक्स छूट ली जा सकती है। इसमें हेल्थ इंश्योरेंस का प्रीमियम भी शामिल है। अगर किसी व्यक्ति के माता-पिता वरिष्ठ नागरिक हैं तो टैक्स छूट की सीमा बढ़कर 20,000 रुपये हो जाती है। अगर आप सेक्शन 80 डी के तहत पहले ही फुल टैक्स डिडक्शन का दावा कर रहे हैं तो आप प्रिवेंटिव हेल्थ चेकअप पर अतिरिक्त टैक्स बेनिफिट नहीं ले सकते हैं। प्रिवेंटिव हेल्थ चेकअप में टैक्स छूट के के लिए पेमेंट का कोई भी तरीका (कैश भी शामिल) मान्य होगा।

---

1. करदाता
2. पति
3. हेल्थ चेकअप
4. निवेश की घोषणा

सेक्शन 80 डी यदि कोई विकलांग व्यक्ति आप पर निर्भर है तो उस पर होने वाले मेडिकल सहित अन्य खर्चों पर आप टैक्स छूट का दावा कर सकते हैं। उस विकलांग व्यक्ति के लिए यदि आप कोई इंश्योरेंस पॉलिसी खरीदते हैं तो उस पर भी टैक्स छूट हासिल कर सकते हैं। सेक्शन 80 डीडीबी इसके तहत कुछ खास बीमारियों के इलाज पर किये गये खर्च पर टैक्स छूट का दावा आप कर सकते हैं। चाहे खर्च खुद के इलाज पर किया गया हो या अपने किसी सम्बन्धी पर।

भविष्य के उन बड़े दायित्वों को पूरा करने के लिए फिक्स्ड मैच्युरिटी प्लान वाली बीमा पॉलिसी ली जानी चाहिए, जो बेटी की होने वाली शादी या बच्चों की उच्च शिक्षा के रूप में सामने आते हैं और ऐसे मैच्युरिटी प्लान को आपकी बेटी की भावी शादी या बच्चों की शिक्षा के लिए आवश्यक धन के संभावित समय के साथ जोड़कर देखा जाना चाहिए। इस तरह बीमा पॉलिसियों में नियोजित व लक्षित निवेश किया जाना चाहिए जिससे कि बीमा प्रीमियम में किया गया निवेश जरूरत के समय आवश्यक धनराशि ला सके।

8. सेक्शन 80सीसीडी

80 सीसीडी के तहत किये गये बचत पर एक लाख रुपये का डिडक्शन मिलता है। अगर आपने एक लाख रुपये से ज्यादा निवेश किया है तो भी डिडक्शन एक लाख रुपये का ही मिलेगा। आइए जानते हैं कि इस एक लाख की सीमा में कौन-कौन से आइटम शामिल हैं?

आपका दफ्तर हर महीने आपकी तनख्वाह से पीएफ काटता है। सैलरी से साल भर काटे गये पीएफ की रकम को आप अपनी टैक्सेबल इनकम से घटाकर इनकम टैक्स में छूट पा सकते हैं।

- पब्लिक प्रॉविडेंट फंड (पीपीएफ)।,
- नैशनल सेविंग सर्टिफिकेट (एनएससी)।
- फिक्स्ड डिपॉजिट।
- इंश्योरेंस कंपनियों के पेंशन प्लान।
- पोस्ट ऑफिस टाइम डिपॉजिट।
- यूनिट लिंक्ड इंश्योरेंस प्लान (यूलिप)।
- इक्विटी लिंक्ड सेविंग स्कीम्स (ईएलएसएस)।
- लाइफ इंश्योरेंस प्लान।
- सीनियर सिटिजंस सेविंग्स स्कीम (एससीएसएस)।
- म्यूचुअल फंड।
- दो बच्चों की स्कूल या कॉलेज की फीस।

➲ होम लोन के प्रिंसिपल अमाउंट के तौर पर चुकाई जा रही रकम।

इनके अलावा - सेक्शन 80 (डीडीबी) के अंतर्गत कैंसर, एड्स, पार्किंसन, थैलीसीमिया आदि बीमारियों से जूझ रहे किसी आश्रित के इलाज पर खर्च होने वाली रकम पर भी टैक्स छूट क्लेम की जा सकती है। अधिकतम 40,000 रुपये की छूट मिल जाती है।

सेक्शन 80 (यू) - इसके तहत शारीरिक और मानसिक रूप से विकलांगों को इनकम टैक्स में अधिकतम 75 हजार तक की छूट दी गयी है।

सेक्शन 80 (ई) - हायर एजुकेशन लोन चुकाने में ब्याज के तौर पर जितनी रकम जा रही है, उतना डिडक्शन मिलेगा। यह कटौती सिर्फ 8 साल तक या जब तक ब्याज पूरा वापस न हो, में से जो कम हो, तब तक मिलेगी।

सेक्शन 24 (बी) - हाउसिंग लोन के अमाउंट में से ब्याज के तौर पर दी जा रही रकम पर डिडक्शन मिलता है। इसकी सीमा अधिकतम डेढ़ लाख रुपये है। इसकी कुछ शर्तें हैं। लोन 1 अप्रैल, 1999 के बाद का होना चाहिए और जिस फाइनैंशल ईयर में कर्ज लिया गया है, उसके अंत से तीन साल के अंदर प्रॉपर्टी खरीदने या बनाने का काम पूरा हो जाना चाहिए। अगर ये शर्तें पूरी नहीं होतीं तो डिडक्शन का फायदा 1.50 लाख रुपये के बजाय सिर्फ 30 हजार रुपये का मिलेगा। यहाँ बता दें कि एचआरए और होम लोन दोनों का फायदा एक साथ लिया जा सकता है। अगर आप किराये के मकान में रहते हैं और घर खरीदने के लिए होम लोन लिया है, तो आप दोनों की छूट के लिए दावे कर सकते हैं।

सिप का करें बेहतरीन इस्तेमाल

टैक्स प्लानर्स के इस बात पर जोर दिये जाने के बावजूद कि टैक्स प्लानिंग का क्रम वित्तीय वर्ष की शुरुआत से ही आरंभ होना चाहिए, टैक्स सेविंग के विकल्पों में निवेश दरअसल अधिकांश करदाताओं के लिए दबाव में किया गया निवेश होता है। ऐसी स्थिति से बचने का तरीका है **सिस्टेमैटिक इनवेस्टमेंट**[1] प्लान (सिप)। सिप दरअसल आवर्ती निवेश (रिकरिंग इनवेस्टमेंट) का एक रूप है।

वित्तीय वर्ष की शुरुआत में सिप खाता खोलें और उसमें पैसे जमा करना शुरू कर दें। इस खाते के जरिये किसी वित्तीय विकल्प में नियमित अंतराल पर निवेश करने की सुविधा हासिल होती है। आम तौर पर इसके तहत निवेश की जाने वाली राशि निश्चित होती है। सिप के विकल्प की शुरुआत म्यूचुअल फंड कंपनियों ने की थी लेकिन बाद में यह अन्य क्षेत्रों द्वारा भी पेश किया जाने लगा। चूँकि वैल्यू कॉस्ट एवरेजिंग इस सिप की मूलभूत विशेषता है, ऐसे में इक्विटी और इक्विटी-केंद्रित म्यूचुअल फंड अपने निवेशकों को आकर्षित करने के लिए यह सुविधा उपलब्ध

1. व्यवस्थित निवेश योजना

कराते हैं। ऐसे निवेशक जो नियमित अंतराल पर एक छोटी राशि का निवेश करते रह सकते हैं लेकिन एक साथ एकमुश्त राशि नहीं लगा सकते, सिप अपनाने के बारे में सोच सकते हैं।

सिप के अनुरूप विकल्प

सिप निवेशकों के मुफीद विकल्पों में आरजीईएसएस, ईएलएसएस, एनपीएस और पीपीएफ हैं। आरजीईएसएस के तहत कोई व्यक्ति कुछ चुनिंदा शेयरों और एमएफ में 50 हजार रुपये तक का निवेश कर टैक्स बेनेफिट ले सकता है। निवेश योग्य फंड की उपलब्धता और उसमें नियमित अंतराल में निवेश की अनुमति को देखते हुए इस निवेश को दैनिक, साप्ताहिक, मासिक या तिमाही आधार पर बाँटा जा सकता है।

इसी तरह ईएलएसएस के साथ भी सिप खाता खोला जा सकता है। आप विभिन्न म्यूचुअल फंड हाउस के साथ एक से अधिक खाते खोल सकते हैं ताकि जोखिम का डाइवर्सिफिकेशन हो जाये। इसी तरह आप एनपीएस खाते में भी एक लाख रुपये तक लगा सकते हैं। किसी बैंक के साथ पीपीएफ खाता भी खोला जा सकता है जिसमें नियमित अंतराल पर निवेश किया जा सकता है।

लेकिन यहाँ एक बात ध्यान रखने योग्य है। हालाँकि आरजीईएसएस, ईएलएसएस, एनपीएस और पीपीएफ का इस्तेमाल सिप के लिए किया जा सकता है, लेकिन कुछ निवेश विकल्प सिप को हतोत्साहित करते हैं और ऐसा करने पर शुल्क देना होता है। उदाहरण के तौर पर एनपीएस खाते में आप चाहें तो साल भर में अनगिनत बार निवेश कर सकते हैं लेकिन हर ट्रांजैक्शन पर आपको 20 रुपये का शुल्क चुकाना होता है। अगर आप इसमें दस किस्तों में एक लाख रुपये लगाना चाहते हैं तो आपको 200 रुपये बतौर शुल्क देने होंगे।

इसी तरह पीपीएफ खाते में अगर आप सिप करना चाहते हैं तो साल भर में 12 से अधिक किस्तों की अनुमति नहीं है। पीपीएफ के लिए ईसीएस भी आसानी से उपलब्ध नहीं है। ऐसे में सिप करने की सोचते समय इन बातों पर ध्यान देना चाहिए। यह बीमा योजनाओं में भी संभव है। हालाँकि जीवन बीमा कंपनियाँ स्वत: ही मासिक, तिमाही और सालाना तौर पर प्रीमियम जमा का विकल्प देती हैं। लेकिन बीमा योजनाओं के प्रीमियम के साथ कास्ट एवरेजिंग का लाभ आपको नहीं मिल सकता।

एनएससी में करें सिप

इसके अलावा निश्चित दर से रिटर्न देने वाले विकल्पों के साथ भी सिप का उपयोग किया जा सकता है। उदाहरण के तौर पर अगर कोई व्यक्ति एनएससी में 12 हजार रुपये लगाना चाहता है तो हर महीने वह एक हजार रुपये का एनएससी

खरीद सकता है। जब ये एनएससी परिपक्व होने लगेंगे तो आपको मंथली इनकम स्कीम (एमआईएस)की तरह लाभ मिलेगा। टैक्स सेविंग एफडी के साथ भी यह किया जा सकता है।

लेकिन टैक्स सेविंग के कुछ ऐसे विकल्प हैं जहाँ सिप नहीं अपनाया जा सकता। उदाहरण के तौर पर इन्फ्रा बांड का नाम लिया जा सकता है। ये बांड एक निश्चित समयांतराल के बाद जारी होते हैं और इनमें निवेश का एक खास समय होता है।

निवेश करते वक्त जरूरी है कि निवेश से जुड़े जोखिम को भी समझा जाए। जैसे कई लोग दूसरों की सलाह पर अपना सारा पैसा शेयर बाजार में लगा बैठते हैं। उस वक्त वो इस बात को भूल जाते हैं कि शेयर बाजार में बिकवाली का दौर शुरू होने का जोखिम है। प्रॉपर्टी, सोना, कमोडिटी सभी के साथ जोखिम जुड़ा है। लोगों को अपने जोखिम उठा सकने की क्षमता को समझते हुए निवेश विकल्पों को चुनना चाहिए।

लोग अपने निवेश को लेकर भावनात्मक हो जाते हैं। जबकि निवेश से जुड़े फैसले दिमाग से लेने पड़ते हैं, न कि दिल से। अगर आपके निवेश पर घाटा हो रहा है तो आपको जल्द से जल्द अपना पैसा निकाल लेना चाहिए। किसी शेयर में पैसे लगाकर फँस गये हैं तो उछाल लौटने की उम्मीद में शेयर में इतने वक्त के लिए न बने रहने दें कि आपका सारा पैसा डूब जाए।

निवेशकों के लिए शेयर बाजार की चाल समझना काफी मुश्किल भरा काम है। तेजी को देखते हुए जबतक निवेशक शेयरों में निवेश करना शुरू करते हैं, तब तक बाजार की चाल बदल जाती है। इसलिए छोटे निवेशकों के लिए सिस्टेमैटिक इंवेस्टमेंट प्लान (एसआईपी) का तरीका सबसे अच्छा रहता है।

9. खर्च कर बचत करें

केवल बचत ही नहीं बल्कि आपके कई खर्चे भी कर बचत में आपकी मदद करते हैं। बचत के विभिन्न विकल्पों को चुनते हुए अगर खर्च को भी शामिल किया जाये तो आयकर में ज्यादा छूट हासिल करते हुए अच्छा रिटर्न भी हासिल किया जा सकता है।

आयकर में बचत के उपायों को हम बेहतर तरीके से समझने के लिए इसे दो हिस्सों में बाँटते हैं। बचत और निवेश के जरिये आयकर में बचत और आवश्यक खर्च के जरिए कर में बचत।

जहाँ एक ओर बचत के विभिन्न विकल्प और तरीके महत्त्वपूर्ण हैं, वहीं व्यय के तरीके भी कम अहम नहीं हैं। जैसे आयकर अधिनियम 1961 की धारा 80सी

में प्रत्येक व्यक्ति को विभिन्न वित्तीय विकल्पों पर उपलब्ध छूटों का उल्लेख है। कर सम्बन्धित यह छूट एक लाख रुपये तक है। इसके अतिरिक्त बच्चों के ट्यूशन फीस पर भी कर से छूट उपलब्ध हैं। हालाँकि इस तरह की छूट प्रत्येक व्यक्ति को उपलब्ध है, लेकिन अविभाजित हिन्दू परिवारों को नहीं। इसके अतिरिक्त इनके साथ कुछ शर्तें जुड़ी हुई हैं। उदाहरण के तौर पर, बच्चों के ट्यूशन फीस पर उपलब्ध कटौती दो से अधिक बच्चों के लिए नहीं है।

दान की राशि पर भी कर में कटौती मुहैया कराई जाती है। गरीब और जरूरतमंद बच्चों के पालन और शिक्षा के लिए दिये गयी दान की राशि पर धारा 80जी के तहत 50 फीसदी की कर छूट मिलती है, जबकि धारा 35एसी के तहत 100 फीसदी की कर छूट मिलती है। किसी अक्षम निर्भर व्यक्ति के उपचार पर होने वाले व्यय के लिए सालाना 50 हजार रुपये का टैक्स डिडक्शन मिलता है। इसके अलावा जीवन बीमा पॉलिसी के प्रीमियम पर भी टैक्स डिडक्शन उपलब्ध होता है।

यही नहीं, कर्ज ले कर घर खरीदने पर भी काफी टैक्स बचता है। जहाँ होम लोन के मूल की अदायगी पर सालाना एक लाख रुपये तक का डिडक्शन मिलता है, वहीं होम लोन के ब्याज की अदायगी पर 1.5 लाख रुपये तक का डिडक्शन उपलब्ध होता है। इसके अतिरिक्त घर की खरीद के समय स्टैंप डयूटी और रजिस्ट्री पर होने वाले व्यय, घर के किराये, चिकित्सा सुविधा हासिल करने और एजुकेशन लोन के ब्याज की अदायगी पर भी कर से छूट मिलती है। संक्षेप में, यदि आप बचत और व्यय के विभिन्न पहलुओं पर ध्यान दें तो आप बेहतरीन तरीके से टैक्स प्लानिंग कर सकते हैं।

10. होम लोन से बचत के तरीके

हममें से ज्यादातर लोगों का सपना होता कि या तो अपने लिए एक सुंदर से घर का निर्माण करायें या फिर अपने पुराने घर को ही एक बार फिर से बनवाएं।

जब आप इन गतिविधियों में पड़ने की सोच रहें हों तो टैक्स से जुड़े मुद्दों के बारे में जानना बेहद जरूरी है। प्रॉपर्टी खरीदने के लिए या फिर इसकी मरम्मत करवाने के लिए अकसर लोग अपनी संपत्ति का इस्तेमाल करते हैं। इसके लिए वे होम लोन का सहारा नहीं लेते हैं। ऐसा न करने से व्यक्ति को टैक्स सम्बन्धी फायदे नहीं मिल पाते हैं।

टैक्स सम्बन्धी फायदे व्यक्ति को तभी मिलते हैं जब वह इन कामों के लिए होम लोन लेता है। एक बार फिर से बता दें कि होम लोन लेते वक्त हमें वित्तीय योजना के पहलू को नहीं भूलना चाहिए। अगर हम नया घर खरीदना चाहते हैं या फिर अपने घर का पुनर्निमाण करना चाहते हैं तो इन सब चीजों को लेकर आयकर अधिनियम 1961 हमारा ख्याल रखता है।

मूलधन का भुगतान

अगर आप लोन का पुनर्भुगतान करते हैं तो धारा 80सी के तहत आपको सालाना एक लाख रुपये तक की टैक्स छूट का फायदा मिलता है। आप चाहे इस प्रॉपर्टी का इस्तेमाल रहने के लिए करें या फिर किराये पर देने के लिए, धारा 80सी के अंतर्गत दी जा रही इस छूट पर फर्क नहीं पड़ता है।

यह बात और है कि, आप अगर होम लोन घर के पुनर्निमाण के लिए ले रहे हैं तो मूलधन के भुगतान पर टैक्स छूट का फायदा नहीं मिलेगा। जिस साल घर की खरीददारी की गयी है उस साल स्टांप ड्यूटी और रजिस्ट्रेशन फीस पर भी धारा 80सी के तहत टैक्स छूट क्लेम की जा सकती है।

लोन का ब्याज भुगतान

अगर व्यक्ति प्रॉपर्टी खरीदने के लिए होम लोन लेता है तो इस पर किये जा रहे ब्याज भुगतान पर धारा 24 (बी) के तहत टैक्स छूट का फायदा मिलता है। टैक्स छूट की सीमा इस बात पर निर्भर करेगी कि आपने कर्ज खुद के रहने वाले घर पर लिया है या फिर ऐसे घर के लिए लिया है जिसे किराये पर देना चाहते हैं।

सेल्फ ऑक्यूपाइड प्रॉपर्टी[1]

स्वाधिकार सम्पत्ति की स्थिति में हाउस प्रॉपर्टी को नकारात्मक आय माना जायेगा। अगर आप प्रॉपर्टी के निर्माण के लिए कर्ज लेते हैं तो इससे आपकी ग्रॉस टोटल इनकम (जीटीआई) को सालाना डेढ़ लाख रुपये तक कम किया जा सकता है। अगर कर्ज प्रॉपर्टी की मरम्मत और पुनर्निर्माण के लिए लिया गया है तो इस पर केवल 30,000 रुपये तक की कर में छूट का प्रावधान है।

किराये पर दी गयी प्रॉपर्टी

अगर आपको किराये के रूप में नियमित आय मिल रही है कि इसे **रेंटल इनकम**[2] की श्रेणी में गिना जायेगा। इस स्थिति में घर के मालिक को इस पर टैक्स का भुगतान करना होगा। इससे ज्यादा फर्क नहीं पड़ता है कि आपने घर की मरम्मत में कितना खर्च किया है, आप रेंटल वैल्यू पर फ्लैट रेट से 30 फीसदी, कर छूट का फायदा उठा पायेंगे।

किराये पर मानी गयी प्रॉपर्टी

अगर आप अपना पहला घर खरीद चुके हैं और फिलहाल वहाँ रह रहे हैं और दूसरा घर खरीदना चाहते हैं तो अच्छी खबर यह है कि आप दूसरे घर की ईएमआई के पूरे ब्याज भुगतान पर टैक्स छूट का फायदा का दावा कर सकते हैं। पहले घर के लिए आप सालाना 1.5 लाख रुपये तक के ब्याज भुगतान पर टैक्स छूट का फायदा क्लेम कर सकते हैं।

---

1. स्वाधिकर सम्पत्ति
2. किराये की आय

दूसरे घर के लिए आप ब्याज भुगतान की पूरी राशि पर टैक्स छूट का फायदा क्लेम कर पायेंगे। इसके लिए कोई ऊपरी सीमा नहीं है। आप जिस प्रॉपर्टी में रह रहे हैं उसके अलावा जो दूसरी प्रॉपर्टी है वो अगर खाली है तो माना जायेगा कि यह किराये पर है। ऐसे में आपको किराया मिले या न मिले पर आपको किराये की राशि पर टैक्स चुकाना होगा।

इस पर नगर निगम के कानून के अंतर्गत स्टैंडर्ड रेंट की गणना की जायेगी। इसमें एक अहम बात यह है कि कर छूट का फायदा लेने के लिए आपके पास घर का मालिकाना हक होना जरूरी है। कहने का मतलब यह है कि, अगर यह प्रॉपर्टी निर्माणाधीन है तो आपको इसके ब्याज भुगतान पर टैक्स छूट का फायदा नहीं मिलेगा।

निर्माणाधीन घर पर टैक्स छूट

निर्माणाधीन घर के संदर्भ में ब्याज की राशि पर धारा 24(बी) के तहत टैक्स छूट का फायदा तब तक नहीं मिलता है जब तक निर्माण जारी रहता है। धारा 24(बी) के तहत टैक्स छूट का फायदा का दावा करने के लिए आपके पास घर का मालिकाना हक और **सर्टिफिकेट ऑफ ओनरशिप**[1] होना अनिवार्य है।

आप ब्याज की राशि पर कर छूट का फायदा तब तक क्लेम नहीं कर सकते हैं जब तक आपको घर का मालिकाना हक नहीं मिल जाता। हालाँकि अधिकार मिलने के बाद आप टैक्स छूट का फायदा अगले पाँच साल में, पाँच बराबर किस्तों में क्लेम कर पायेंगे।

ज्वाइंट ओनर[2] का मामला

अगर आपको ऐसा लगता है कि आपकी प्रॉपर्टी में केवल जीवनसाथी ही को-ओनर बन सकता है और उसे ही टैक्स छूट का फायदा मिलेगा तो आपको पूरी कहानी नहीं पता है। आप अपनी प्रॉपर्टी में अपने जीवनसाथी, माता-पिता या फिर भाई-बहन को भी को-ओनर बना सकते हैं और इस पर मूलधन और ब्याज के भुगतान पर भी टैक्स छूट का फायदा मिलेगा। तो अगर आप अपने भाई अथवा बहन के साथ मिलकर प्रॉपर्टी खरीदते हैं और वह प्रॉपर्टी में को-ओनर भी है और लोन में **को-बॉरोअर**[3] भी तो दोनों को टैक्स छूट का फायदा लोन के अनुपात में मिलेगा।

पाँच साल से पहले प्रॉपर्टी की बिक्री

धारा 80सी के तहत टैक्स छूट का फायदा इस शर्त पर मिलता है कि प्रॉपर्टी को पाँच साल से पहले नहीं बेचा जायेगा। अगर आप अपना घर पाँच साल बीतने से पहले बेच देते हैं तो आपने धारा 80सी के तहत जो राशि टैक्स से बचाई है उसे

---

1. मालिक होने का प्रमाण पत्र
2. संयुक्त स्वामित्व
3. सह उधार कर्ता

आपकी आय मानकर घर बेचने वाले साल के वेतन में जोड़ दिया जायेगा और इस पर टैक्स चुकाना होगा। इस स्थिति में इस पर लांग टर्म कैपिटल गेन भी चुकाना होगा।

दोस्तों से लिया जाने वाला लोन

अगर आप अपने दोस्त या फिर परिवार के सदस्य से कर्ज लेना चाहते हैं तो भी आप धारा 24 के तहत ब्याज भुगतान पर सालाना 1.5 लाख रुपये की टैक्स छूट का फायदा क्लेम कर सकते हैं। हालाँकि आप इसके मूलधन भुगतान पर धारा 80सी के तहत टैक्स छूट का फायदा क्लेम नहीं कर पायेंगे।

यह आपको तभी मिलेगा जब आप किसी बैंक या फिर अन्य वित्तीय संस्थान से कर्ज लेंगे। कहने का मतलब यह है कि ऐसा कोई जरूरी नहीं कि आप हमेशा बैंक से ही कर्ज लें।

ऐसा नहीं है कि बचत के साधन ही बचत में मददगार होते हैं। निवेश के कई विकल्प जैसे फिक्स्ड डिपॉजिट और क्लोज-एंडेड म्यूचुअल फंड आदि भी पैसे बचाने में मदद करते हैं। चूँकि इन दोनों ही विकल्पों में एक निश्चित अवधि के बाद ही पैसे निकाले जा सकते हैं, ऐसे में बचत की संभावनाएं बढ़ती जायेंगी।

- आवासीय घर/संपत्ति में लोन लेकर निवेश करना निश्चित रूप से एक अद्‌भुत इन्वेस्टमेंट मंत्र है जिससे एक ओर तो आप घर खरीदते हैं ज़बकि दूसरी ओर घर खरीदने के लिए प्राप्त किये गये लोन पर प्रतिवर्ष 1.50 लाख रुपये की कर कटौती, ब्याज अदायगी की कटौती के रूप में प्राप्त होती है। यह कटौती आयकर अधिनियम, 1961 की धारा 24 के अंतर्गत प्राप्त होती है। परन्तु, यदि आप हाउसिंग लोन के ब्याज पर 1.50 लाख रुपये की बजाये 3 लाख रुपये प्रतिवर्ष कटौती चाहते हैं तो इसका एक कानूनी मार्ग भी है जिससे घर सम्पत्ति के लिए लोन लेकर किया गया आपका निवेश, आपके परिवार को उस ब्याज पर, 3 लाख रुपये प्रतिवर्ष कर कटौती के रूप में दिलवा सकता है, जो आपने अदा किया है।
- किसी घर सम्पत्ति पर लोन लेकर किये गये निवेश पर कर कटौती का सीधा-सा कानूनी फार्मूला यह है कि वह प्रॉपर्टी पति व पत्नी के नाम पर संयुक्त रूप से खरीदी जाये जिससे वे दोनों प्रॉपर्टी में अपने-अपने हिस्से के आधार पर लोन ले सकें और इस प्रकार से वे दोनों ही लोन पर चुकाये जाने वाले ब्याज के संदर्भ में प्रतिवर्ष 1.50 लाख रुपये कर कटौती के लिए दावा कर सकते हैं! यह बात याद रखें कि उस संपत्ति का प्रत्येक सह-स्वामी (भागीदार) इस प्रकार की कर कटौती अलग-अलग रूप से पाने का अधिकारी होगा। इसके साथ-साथ यह भी याद रखें कि आवासीय घर संपत्ति के लिए उक्त लोन बैंक, किसी अन्य वित्तीय संस्थान, नियोक्ता,

मित्र, सम्बन्धी या किसी अन्य व्यक्ति से भी लिया जा सकता है। अतः आवासीय संपत्ति के लिए किसी व्यक्ति से भी लोन लिया जा सकता है और उस पर चुकाये जाने वाले ब्याज पर कर-कटौती प्राप्त करने के दावा करने के सम्बन्ध में कर कानून में भी किसी प्रतिबंध का विधान नहीं है।

- आप एक घर या एक अपार्टमेंट के मालिक हैं। आपके दो बेटे या दो बच्चे हैं और आप एक अन्य घर खरीदने की योजना बनाते हैं जिससे आप अपने दोनों बच्चों में प्रॉपर्टी बराबर-बराबर बाँट सकें। दूसरी आवासीय गृह प्रॉपर्टी को खरीदने के पीछे चाहे आपके यही उद्देश्य हों, लेकिन कृपया यह याद रखें कि कर की दृष्टि से अपने नाम से इस दूसरी प्रॉपर्टी को खरीदने का कोई औचित्य नहीं है।
- आयकर अधिनियम, 1961 के अंतर्गत दिये प्रावधानों के अनुसार, यदि कोई दूसरी आवासीय प्रॉपर्टी, आपके पैसों से, आपके ही नाम पर खरीदी जाती है तथा आपके या आपके परिवार के किसी सदस्य द्वारा रखी जाती है, तो उक्त आयकर अधिनियम के प्रावधान के अंतर्गत उस दूसरी प्रॉपर्टी से, मानित किराया आय के रूप में देनदारी साबित होगी। यद्यपि अधिकांश निवेशकों की दृष्टि में यह एक बेतुका वक्तव्य होगा किंतु तथ्यात्मक दृष्टि से तथ्य यही है कि आयकर कानून के अंतर्गत, आपके स्वामित्व वाली पहली आवासीय प्रॉपर्टी पर, जो आपके द्वारा रिहायशी उद्देश्य से प्रयोग की जाती है, कोई आयकर देनदारी नहीं बनती। जबकि यदि आप दूसरी आवासीय प्रॉपर्टी अपने नाम से खरीदते हैं और उससे कोई किराया आय भी नहीं होती, तब भी आयकर अधिनियम में वर्णित प्रावधानों के आधार पर, उस दूसरी प्रॉपर्टी के संदर्भ में मानित किराया आय को आपकी आय में जोड़ा जायेगा तथा इस प्रकार आपकी आयकर देनदारी बढ़ जायेगी। इसलिए कभी भी किसी ऐसे व्यक्ति के नाम पर दूसरी आवासीय प्रॉपर्टी न खरीदें जो पहले से ही एक आवासीय गृह प्रॉपर्टी का मालिक है।
- अब ऐसे में आप परिवार के अन्य सदस्यों के बारे में विचार कर सकते हैं जिनके नाम पर आप दूसरी आवासीय प्रॉपर्टी खरीद सकें और उस किराया आय पर लगने वाले कर का भार हटा सकें जो आपको मिलता ही नहीं। इसी तरह सम्पत्ति कर कानून के प्रावधानों के अंतर्गत, पहला घर पर सम्पत्ति कर से पूरी तरह से मुक्त होता है किंतु दूसरा घर सम्पत्ति कर के दायरे में आयेगा चाहे वह आपके या आपके परिवार के किसी सदस्य के नाम पर हो। अंततः आयकर तथा सम्पत्ति कर के दृष्टिकोण से भी यह एक महत्त्वपूर्ण इन्वेस्टमेंट मंत्र है कि किसी एक के नाम से भी कभी भी एक से अधिक आवासीय प्रॉपर्टी नहीं खरीदें।
- निवेश सिर्फ रुपयों का या आभूषण का ही नहीं होता सरकार समय समय

पर उद्योगों को तथा नए उद्यमियों को प्रोत्साहित करने के लिए प्लाटों में निवेश करवाना चाहती है जो सरकार के द्वारा पंजीकृत है।

- अपनी बचतों को बढ़ाने के लिए उन्हें उत्पादक बनाया जाना चाहिए इसके लिए किसी भूखंड को एक तय जमा राशि चुका कर रोक लेना होता है तथा बाद में पर्ची निकलने पर उस पर कोई औद्योगिक काम हो सकता है।
- सरकार के द्वारा समय समय पर नयी विकसित जगहों पर चहलपहल शुरू करने के लिए भूखंडों को काटा जाता है तथा लाटरी व्यवस्था के द्वारा बाँटे जाते हैं।
- अगर किसी कारण वश कोई उद्योग नहीं शुरू हो पाता है तो उसको अधिक दामों में बेच कर भी लाभ कमाया जा सकता है, परिवार में घर खर्च, बचत और निवेश के बारे में बहुत कुछ सोचना होता है बच्चों से परिवार बनता है और अगर घर में अठारह साल से कम बच्चे है तो उनके नाम से निवेश किया जा सकता है।
- आवासीय फ्लैट की कीमत तब भी भूखंड से कम या ज्यादा हो सकती है लेकिन रखरखाव मूल्य को ध्यान में रखते हुए भूखंड की तरफ ही झुकाव सही है जिससे उसकी कीमत तुरंत मिल सके यही एक ऐसा दूरगामी कदम होगा जिससे बच्चे एहसानमंद रहेंगे।
- यदि आपका कोई अवयस्क बेटा या बेटी है जिसके नाम से जमीन के किसी खाली टुकड़े या किसी कृषि योग्य भूमि में निवेश किया जा सकता है! इस श्रेष्ठ निवेश के लिए भी आप विशेष तौर पर विचार कर सकते हैं। यदि आपका उद्देश्य अपने अवयस्क बच्चों के नाम पर किये गये निवेश को बढ़ाना हो तो आवासीय फ्लैट आदि में निवेश न करें बल्कि अपने बच्चों के नाम पर जमीन के खाली टुकड़े में किया गया निवेश अत्यंत लाभकारी व श्रेष्ठ निवेश होगा।
- यदि आपके एक से अधिक बच्चे हैं तो हर बच्चे के नाम से खाली भूखंडों में किया गया निवेश बेहतर रहेगा। इस प्रकार यदि आप में क्षमता हो तो अपने हर बच्चे के नाम पर जमीन का खाली प्लॉट खरीदना अच्छा है जिससे उनके वयस्क होने तक उस प्लॉट की कीमत बहुत अधिक बढ़ जायेगी और वह पैसा उनकी उच्च शिक्षा, शादी-ब्याह तथा उनका बिजनेस स्थापित करने में काम आयेगा। इस सम्बन्ध में अवयस्क बच्चे की आय वृद्धि से सम्बन्धित आय-कर के प्रावधान भी कोई कठिनाई नहीं खड़ी करेंगे विशेषकर जब अवयस्क बच्चों के नाम पर वे प्लॉट माता या पिता ने खरीदे हों क्योंकि जमीन के उस खाली प्लॉट से कोई आय नहीं मिलने वाली हो। इस प्रकार से अवयस्क बच्चों की आय में वृद्धि का कोई प्रभाव भी नहीं पड़ेगा।

- औद्योगिक भूखंड में निवेश करें! लेकिन प्रश्न उठता है कि किस प्रकार के औद्योगिक भूखंड में निवेश किया जाये? भारत के सभी राज्यों में असंख्य औद्योगिक क्षेत्र हैं जहाँ औद्योगिक भूखंड उपलब्ध है। अधिकतर मामलों में ये औद्योगिक भूखंड सरकार से प्राप्त होते हैं किंतु कई बार औद्योगिक संपदा के प्राइवेट डेवलपर्स भी ऐसे भूखंड बेचते हैं। अतः यह प्रासंगिक है कि आप ऐसे औद्योगिक भूखंड में निवेश करें और अपने निवेश के लाभ उठायें।
- किसी औद्योगिक भूखंड के रूप में अपने निवेश के स्वरूप को सुदृढ़ करने के लिए यह अनिवार्य है कि आप अपने 5 या 10 ऐसे मित्रों से अवश्य विचार-विमर्श करें जिन्होंने पिछले एक दशक में कोई औद्योगिक भूखंड खरीदा हो। चाहे उन्होंने उस भूखंड पर फैक्टरी लगाकर या न लगाकर लाभ कमाया हो, यह उनका व्यक्तिगत मामला है जो कि उनके तथ्यों, परिस्थितियों या अन्य स्थितियों पर निर्भरकरता है लेकिन इस विषय में एक बात शीशे की तरह साफ है कि औद्योगिक संपदा (एस्टेट) में उनके निवेश को अभूतपूर्व स्तर तक सराहना मिली होगी। इसलिए औद्योगिक भूमि खरीदने के जरिए आप भी पैसा कमाने वालों में शामिल हों।
- अधिकांश मामलों में यह भी देखा गया है कि किसी एक या अन्य कारणवश यदि फैक्टरी बंद हो गयी थी तो भी बैंक की देनदारी बनी हुई थी, बैंक के ब्याज की दर बढ़ती जा रही थी जो कि मुख्य रूप से औद्योगिक भूखंड के दामों में तीव्र बढ़ोतरी के कारण हो रहा था। समूचे भारत में ऐसे हजारों लोग ऐसी दुविधा से निकले हैं और अंततः फैक्टरी के साथ-साथ उस भूखंड को भी बेचकर उन्होंने बैंक की देनदारी को समझौता कर निपटाया।

11. अचल संपत्ति से बचत के तरीके

हम देख रहे हैं कि अचल संपत्ति का बाज़ार कुछ सालों से तेजी से बढ़ रहा है। आगे जाकर भी कीमत ऊपर जाने की ही संभावना है। और हम सब भी इस गतिविधि का एक हिस्सा बनना चाहता हैं, ताकि इस बढ़ते बाज़ार से हमको भी फायदा हो। पर शेयरों के विपरीत, अचल संपत्ति निवेश (real estate investment) में काफी अधिक पूँजी की जरूरत है - द्वितीय श्रेणी शहर में भी 1 बेडरूम का अपार्टमेंट खरीदने के लिए कम से कम 15 लाख रुपये लगते हैं! इस निवेश के जोखिम को ध्यान में रखते हुए हम में से कई लोग पैसे का इस तरह का निवेश नहीं कर सकते हैं, वह भी सिर्फ एक संपत्ति में।

कितना अच्छा होता अगर अचल संपत्ति निवेश के लिए भी एक म्यूचुअल फंड होता, फिर एक म्यूचुअल फंड के सब लाभ अचल संपत्ति निवेश के लिए भी उपलब्ध होते। अगर ऐसा हो, तो क्या बात है? साधारण भाषा में अचल संपत्ति

निवेश न्यास एक तरह का म्यूचुअल फंड है जो स्टॉक या ऋण प्रतिभूतियों के बदले अचल संपत्ति में निवेश करता है। यह शेयर बाजारों के माध्यम से धन जुटाते हैं, और शेयर बाजारों में सूचीबद्ध (listed) भी होते हैं। म्युचूअल फंड की तरह वे पैसे को आम निवेशकों से छोटी मात्रा में जमा करते हैं, और इसका इस्तेमाल अचल संपत्ति में निवेश के लिए करते हैं। दुनिया भर में छोटे और संस्थागत, दोनों तरह के निवेशकों के बीच बहुत लोकप्रिय हैं। वे कुछ बाजारों में अचल संपत्ति म्युचअल फंड के रूप में भी जाने जाते हैं।

अचल संपत्ति निवेश न्यास के लाभ

कम निवेश- आपको एक संपत्ति खरीदने के लिए जितने पैसों की जरूरत होती है, उसके एक अंश भर के निवेश के द्वारा भी आप अचल संपत्ति बाजार की रैली में भाग ले सकते हैं।

जोखिम का विविधीकरण- यदि आप अचल संपत्ति में सीधा निवेश करते हैं, तो आप एक या दो संपत्तियाँ ही खरीद सकते हैं। इसके मुकाबले जमा किये गये धन का इस्तेमाल करके कई संपत्तियों में निवेश कर सकते है। इस प्रकार आप विभिन्न संपत्तियों और परियोजनाओं के बीच अपने जोखिम का प्रसार कर रहे हैं। कल्पना कीजिए इस तरह आप एक साथ मुंबई और दिल्ली के अपार्टमेंट में, या गुड़गाँव और बैंगलूर के कुछ पॉश मॉल में एक हिस्से के मालिक बन सकते हैं!

तरलता और पारदर्शिता- जब अचल संपत्ति बाजार में सक्रिय भागीदार बन जाते हैं तब वे अत्यंत जरूरी पारदर्शिता लाते हैं। उन्हें अपने सभी लेनदेन की रिपोर्ट देनी होती है। इसका नतीजा यह होता है कि अचल संपत्ति बाजार में नकदी के लेनदेन में कमी होती है। संपत्ति के बाजार में एक नये ग्राहक के उभरने से अधिक तरलता भी आयेगी।

निजी इक्विटी निवेशकों के लिए निकासी मार्ग- हाल में विभिन्न अचल संपत्ति परियोजनाओं में निजी इक्विटी निवेशकों का बहुत निवेश देखा गया है। बड़े खरीदार निजी इक्विटी निवेशकों से संपत्ति खरीद सकते हैं, और इस प्रकार उन्हें निकासी का एक आकर्षक मार्ग देते हैं। यह निजी इक्विटी निवेशकों को अचल संपत्ति के बाजार में और निवेश करने को प्रोत्साहित करता है, जो आगे जाकर बाज़ार को और मजबूत कर सकता है।

अनिवासी भारतीयों का रियल एस्टेट में निवेश- यदि आप अनिवासी भारतीय (नॉन-रेजिडेंट इंडियन) हैं और भारत में रियल एस्टेट में निवेश करने के इच्छुक हैं, तो रियल एस्टेट में निवेश करने से पहले, फेमा के प्रावधानों को अवश्य देखें जो कि "विदेशी मुद्रा विनिमय प्रबंधन (भारत में अचल संपत्ति का अभिग्रहण और हस्तांतरण) विनियमन, 2000" में अंतर्विष्ट है। भारतीय रिजर्व बैंक द्वारा

इसमें समय-समय पर संशोधन किया जाता है। अत: आप इस विषय की नवीनतम जानकारी के लिए फेमा की वेबसाइट देख सकते हैं। फिर भी इस बात पर ध्यान दें कि सभी अनिवासी भारतीय भारत में, बिना किसी विशेष शर्तों के अचल संपत्ति खरीद सकते हैं, या हस्तांतरित कर सकते हैं।

अचल संपत्ति निवेश न्यास (रियल इस्टेट इनवेस्टमेंट ट्रस्ट)- हम सभी म्यूचुअल फंड से परिचित हैं - वे निवेशकों का पैसा इकट्ठा करते हैं, और सामूहिक रूप से इसे इक्विटी (shares -शेयर) और ऋण (debt) प्रतिभूतियों में निवेश करते हैं। इस प्रकार बहुत कम निवेश करने पर भी वे आपको विविधता प्रदान करते हैं। इसके अलावा, आप परोक्ष रूप से उन कंपनियों के शेयरों के मालिक हो जाते हैं।

12. क्या आपने आभूषणों/गहनों में निवेश किया है?

भारतीय दुनिया के सबसे बड़े सोने के खरीदार हैं, कैसे? कुछ तथ्य देखते हैं -

भारतीयों ने वर्ष 2006 में 700 टन से अधिक सोना खरीदा था। भारत में 2013 की पहली तिमाही में सोने की माँग सालाना आधार पर 27 प्रतिशत बढ़कर 256.5 टन रही। यह बात विश्व स्वर्ण परिषद (डब्ल्यूजीसी) ने कही है। सोने की सबसे ज्यादा खपत भारत में होती है। पिछले साल इसी तिमाही में सोने का आयात 202.1 टन था।

सोने की वार्षिक वैश्विक माँग में 18% हिस्सा भारत का है। भारतीयों के पास आभूषण के रूप में 14,000 टन से अधिक सोना है- यह पूरी दुनिया में सोने के भंडार का लगभग 10% है! अमरीका, फ्रांस और जर्मनी कि सरकारों के पास कुल जितना सोना है उससे ज्यादा सोना भारतीयों के पास है! सभी निवेशकों का कुछ निवेश सोने में होना बहुत महत्त्वपूर्ण और वांछनीय है।

सोने में निवेश करके बचत के तरीके

सजावटी महत्त्व के लिए सोने की खरीद और एक निवेश के रूप में सोने की खरीद के बीच अंतर है। यहाँ निवेश के रूप में सोने की खरीद पर ध्यान केंद्रित किया जा रहा है। तथ्यों के अनुसार भारत में सोने में अधिकांश निवेश आभूषण के रूप में है। लेकिन यह सोने में निवेश का सबसे अच्छा तरीका नहीं है। क्योंकि इसमें-

आभूषण बनाने का शुल्क (MakiN% Charges)

सोने की कीमत 1500 रु प्रति ग्राम के साथ यह 10% बहुत ज्यादा है! इसका मतलब यह है कि यदि आप 100 रु का निवेश करना चाहते हैं तो आपका वास्तविक निवेश सिर्फ 91 रु का होगा।

तरलीकरण (Liquidation)

शुल्क उस समय का लगता हैं जब आप अपने पास के सोने को बेच कर इसका

नकदीकरण करना चाहते हैं। यदि यह आभूषण के रूप में है, तो आपको 'पिघलाने के शुल्क' या 'पिघलने का घाटा' के रूप में कुछ शुल्क चुकाना होगा और यह कुल मूल्य का लगभग 5% होता है।

शुद्धता (Purity)

अधिकतर आभूषणों में इस्तेमाल किया गया सोना 22 कैरेट या कम का होता है। इसका मतलब यह है कि आभूषण के वजन का कुछ हिस्सा सोने का है ही नहीं। आप सोने में निवेश करना चाहते हैं, धातुओं के मिश्रण में नहीं –है ना? तो ऐसा कुछ क्यों खरीदें जो शुद्ध सोने का नहीं है?

प्रामाणिकता (Authenticity)

जब सोना आभूषण के रूप में ख़रीदा जाता है तब वह एक साधारण जौहरी से खरीदा जाता है। इसका मतलब यह है कि सोने की गुणवत्ता के लिए आप पूरी तरह उस जौहरी की विशेषज्ञता और ईमानदारी पर भरोसा करते हैं। जब हॉलमार्क सोने का इस्तेमाल नहीं किया जाता है, वहाँ सोने की शुद्धता का कोई प्रमाणपत्र नहीं होता है। आपको एक भारी सदमा लग सकता है जब आप अपने सोने को बेचना चाहते हैं!

इसका मतलब सोने में निवेश करना ठीक नहीं क्योंकि जहाँ 10% बनाने का शुल्क, 5% पिघलाने का शुल्क, और ऊपर से संदिग्ध गुणवत्ता हो वहाँ सोने में निवेश में भी बुद्धिमानी नहीं है।

क्या आपने कभी ऐसे म्यूचुअल फंड (एमएफ) में निवेश किया है, जो 10% प्रवेश शुल्क और 5% निकास शुल्क लेता है, और जिसकी निवेश की गुणवत्ता संदिग्ध है? बिल्कुल नहीं, क्योंकि यह बेवकूफी होगी! उसी तरह, आभूषण के रूप में सोने में निवेश में भी बुद्धिमानी नहीं है। वास्तव में सोने में निवेश का यह सबसे खराब तरीका है (इसके कारणों की चर्चा हमने अभी की है।)

कैसे करें सोने में निवेश?

तो, सोने में निवेश कैसे करना चाहिए? इसके कई विकल्प हैं:–

1. सोने के सिक्के (gold coins)
2. सोने की छड़ (gold bars)
3. स्वर्ण

घर की महिलाओं से पूछे बगैर कोई बचत या निवेश में सफलता हासिल नहीं हो सकती है और अगर उनसे पूछा जाये तो वो आभूषण यानी गहनों का नाम लेगी।

एक सन्दर्भ में यह सही भी है अगर इस बात का सही जवाब निवेशकर्ता से मिल जाता है कि गहना क्यों ख़रीदा जा रहा है क्योंकि महिलाऐं बस पहनने के तौर पर इसे प्रयोग करना चाहती हैं लेकिन बाज़ार में उसकी बिक्री दर इतनी लुभावनी

होगी और उसको बेचने पर कम पैसे मिलेंगे, इसके विपरीत अगर ठोस धातु खरीदी जाती है तो जितनी खरीद है, समय बीतने पर उससे कई गुणा ज्यादा कीमत मिल सकती है।

यदि आप सोना खरीदने के बारे में सोच-विचार कर रहे हैं तो इसका सबसे सीधा और त्वरित मार्ग अपने बैंक से सोना खरीदना है। यह सच है कि बैंक से सोना खरीदने में कई लाभ हैं। सबसे पहला और महत्त्वपूर्ण लाभ यह है कि एक खरीददार के रूप में आप सुनिश्चित होते हैं कि आप बैंक से सही मायनों में 24 कैरेट शुद्ध सोना खरीद रहे हैं। जबकि यहाँ एक बहुत बड़ी हानि भी है। वह बड़ी हानि ऊँचे खरीद मूल्य के रूप में है! जी हाँ, यदि आप बैंक से सोना खरीदते हैं, तो जब बैंक अपने ग्राहकों को सोना बेचता है तो वह सामान्यत: बाजार मूल्य से लगभग 5 से 10 प्रतिशत ज्यादा मूल्य लगाता है। अत: यदि आप सोने में कोई बड़ा निवेश करने का विचार रखते हैं, तो आपको अपने बैंक से सोना नहीं खरीदना चाहिए। आपके लिए कोमोडिटि एक्सचेंज, जैसे कि मल्टी कोमोडिटि एक्सचेंज, (एम.सी.एक्स.) तथा नेशनल कोमोडिटि एंड डेरिवेटित एक्सचेंज (एम.सी.डी.ई.एक्स.) के माध्यम से भी सोना प्राप्त करना संभव है। इन दोनों प्रकार के एक्सचेंज अर्थात् विनिमय में सोने के व्यापार का अनुबंध है और ये निवेशकों की सुविधानुसार विभिन्न आकारों में बेचे जाते हैं। इन एक्सचेंजों के द्वारा सोने की बिक्री के तरीकों में, निवेशक इस उद्देश्य के लिए खोले गए डीमैट खाते में या आवश्यक हो तो वास्तविक रूप में सोने की डिलीवरी ले सकता है। इन दोनों एक्सचेंजों द्वारा अपनी सेवा के बदले ली जाने वाली ब्रोकरेज बैंक द्वारा ली जाने वाली ब्रोकरेज की तुलना में काफी कम होती है। ये एक्सचेंज लगभग 0.25 प्रतिशत ब्रोकरेज चार्ज करते हैं। यदि आप कोमोडिटि एक्सचेंज के द्वारा सोना खरीदने पर विचार कर रहे हैं तो आपको नाममात्र का भंडारण शुल्क (वेयरहाउस चार्ज) भी अदा करना पड़ेगा। अत: आज भी इन एक्सचेंजों के माध्यम से सोना खरीदना कहीं ज्यादा बेहतर व सुविधाजनक है।

इसलिए दिमाग में पूरी रूपरेखा होनी चाहिए कि निवेशकर्ता का क्या उद्देश्य है साधारण रूप में आभूषण खरीदने का उद्देश्य होता है कि परिवार के किसी सदस्य द्वारा उसका बेटी की शादी में दिये जाने के लिए या बेटे की शादी में बहु को दिये जाने वाले गहनों के रूप में होता है।

यदि ज्वेलरी में निवेश करने का अभिप्राय पत्नी या परिवार के अन्य सदस्यों द्वारा उसका उपयोग करना हो तो आपकी निवेश योजना परिवार की सबसे ज्यादा संपत्ति और भारी गहने घर के मुखिया के नाम पर लिए जाने चाहिए जो प्रकट रूप में घर में सबसे ज्यादा कमाने वाला होगा जिससे उसकी आयकर में बचत हो सके।

यदि परिवार के सबसे ज्यादा आय वाले सदस्य के नाम पर ज्वैलरी में निवेश करने का निर्णय लिया गया हो तो स्पष्ट रूप से इसका बड़ा लाभ है कि ज्वैलरी खरीदने में आय देने वाली संपत्ति का निवेश होगा, फलस्वरूप निवेश पर कोई आय नहीं होगी और यह निवेश योजना परिवार में कुछ आयकर की बचत करने में अच्छी साबित होगी। उदाहरण के लिए नई ज्वैलरी पति की आय से खरीदना लाभदायक होगा यदि उसकी आय वेतन या कोई अन्य आय स्रोत से हो जिससे आय की राशि गहनों में परिवर्तित हो जाती है। आयकर की दृष्टि में यह आय नहीं मानी जाती। गहने उपहार स्वरुप हैं, तो भी इसका कर पर ज्यादा प्रभाव नहीं होगा। इसलिए गहने अधिक आय और अधिक कर देने वाले की आय में कमी करेंगे और कर देने में वैधानिक बचत करेंगे।

गोल्ड डिपॉजिट स्कीम

बैंक कस्टमर्स को गोल्ड डिपॉजिट स्कीम ऑफर करते हैं, जिसमें उन्हें बेकार पड़े सोने पर ब्याज कमाने का मौका मिलता है। इस स्कीम में भारतीय नागरिक, संयुक्त हिंदू परिवार, ट्रस्ट और कंपनियाँ इन्वेस्ट कर सकती हैं। यह डिपॉजिट आमतौर पर 3-7 साल के लिए किया जा सकता है। यह स्कीम ऑफर करने की इजाजत बैंकों की खास ब्रांच को ही होती है।

अकाउंट

इन्वेस्टर को अकाउंट खोलने के लिए ऐप्लिकेशन और नॉमिनेशन फॉर्म के साथ एक फोटो, आइडेंटिटी और अड्रेस प्रूफ देना होता है। इसके साथ इंटरेस्ट सीधे बैंक अकाउंट में डाले जाने के लिए ईसीएस फॉर्म भी भरना पड़ता है। कस्टमर को इसके साथ ही डिपॉजिट किये गये गोल्ड के लिए इन्वेंटरी फॉर्म भरना होता है। इसमें सोने का ब्योरा होता है।

गोल्ड का टाइप

सोने के गहनों, सिल्लियों और सिक्कों को डिपॉजिट किया जा सकता है। कस्टमर्स अपने अकाउंट में कितना सोना जमा कर सकता है, इस बारे में हर बैंक की लिमिट अलग-अलग होती है।

डिपॉजिट सर्टिफिकेट

कागजात और गोल्ड जमा करने के बाद सोने की क्वॉलिटी की शुरुआती जाँच होती और उस पर प्रोविजनल रिसीट जारी की जाती है। सोना कितना खरा है, इसकी जाँच के लिए डिपॉजिट गोल्ड को पिघलाकर सिल्लियाँ बनायी जाती हैं। इसके बाद सोने के वजन के बराबर का डिपॉजिट सर्टिफिकेट इशू किया जाता है।

ब्याज

गोल्ड डिपॉजिट पर कस्टमर को कितना ब्याज मिलेगा, यह इस पर निर्भर करता है कि रेट ऑफ इंटरेस्ट कितना है और गोल्ड डिपॉजिट की मूल मात्रा कितनी है।

अहम बातें

गोल्ड डिपॉजिट के आधार पर लोन लिया जा सकता है। लॉक-इन पीरियड के बाद पेनल्टी देकर डिपॉजिट वापस ली जा सकती है। इस डिपॉजिट से मिलने वाले ब्याज पर इनकम टैक्स नहीं लगता और गोल्ड की वेल्थ टैक्स फ्री होती है।

13. कार के प्रीमियम में बचत के तरीके

जब आप कार खरीदने जाते हैं तो आपको उसके साथ कई आकर्षक ऑफर मिलते हैं जिनमें मुफ्त मैट से लेकर नकद छूट तक शामिल है। हाल ही में थर्ड पार्टी मोटर इंश्योरेंस के प्रीमियम में इजाफा हुआ है। अगर आप अपने मोटर इंश्योरेंस को रिन्यू करवाने जा रहे हैं तो संभव है इसका असर आपकी जेब पर पड़े। लेकिन कई ऐसे तरीके हैं जिनके जरिए आप मोटर इंश्योरेंस कवर का प्रीमियम कर सकते हैं।

वेबसाइटों को खंगाल कर तुलना कीजिए

इंटरनेट पर कई ऐसी वेबसाइट उपलब्ध हैं जो आपको विभिन्न बीमा कंपनियों के बीच तुलना करने और सस्ता विकल्प ढूँढ़ने में मदद करती हैं।

जानकारियाँ देने में कंजूसी न करें

आजकल बीमा कंपनियाँ वाहन पर जोखिम का पता लगाने के लिए कई मानकों का इस्तेमाल करते हैं। ऐसे में आपको चाहिए कि आप बीमा कंपनी को अपने वाहन के बारे में अधिकतम जानकारी दें। उदाहरण के तौर पर वाहन के मॉडल, मेक, फ्यूल, गाड़ी कितनी पुरानी है, कितने किलोमीटर चली है और कहाँ पार्क की जाती है आदि। बीमा कंपनी को इन सब के बारे में बताना जरूरी है।

इसके अलावा आप अपने बारे में भी जानकारी उपलब्ध कराइए जिसमें आपका पेशा, उम्र और शिक्षा शामिल है। इससे वाहन के लिए इंश्योरेंस प्रीमियम की उपयुक्त रकम तक पहुँचने में मदद मिलेगी। जो लोग इस बारे में बीमा कंपनियों को ज्यादा से ज्यादा जानकारी उपलब्ध कराते हैं उन्हें कम प्रीमियम का फायदा मिल जाता है। कुछ बीमाकर्ता कार मालिक के रोजगार को ध्यान में रखते हुए पाँच प्रतिशत तक की छूट देते हैं। आप इस छूट का फायदा उठा सकते हैं अगर आप निम्नलिखित में से एक हैं-

प्राइक्टिसिंग चार्टर्ड एकाउंटेंट

रक्षा एवं अर्द्धसैनिक सेवा

केन्द्र या राज्य सरकार के कर्मचारी

सरकारी संस्थानों में शिक्षक

पंजीकृत डॉक्टर

कॉलेज जाने वाले युवाओं की तुलना में अनुभवी ड्राइवरों को बेहतर छूट मिलती है। कोई भी बीमा कंपनी किसी युवा ड्राइवर को छूट देकर जोखिम नहीं उठाना चाहती है।

क्षेत्र/शहर के हिसाब से

कई बीमा कंपनियाँ स्थानीय आरटीओ के साथ संपर्क बना रही हैं और ऐसे स्थानों की खोज कर रही हैं जहाँ कम दुर्घटनाएं होती हैं। ऐसे स्थानों में पंजीकृत कारों को वरीयता मिलती है।

डिडक्टिबल की राशि बढ़ाएँ

अगर आपको अपनी ड्राइविंग पर भरोसा है तो आप क्लेम के समय को-पेमेंट की जगह प्रीमियम पर वोलंटरी डिडक्टिबल का चयन कर सकते हैं। मान लीजिए कि आप वोलंटरी डिडक्टिबल के तौर पर 7,000 रुपये रखते हैं तो इसका मतलब हुआ कि कार की मरम्मत में शुरुआती 7,000 रुपये के खर्च का वहन आप खुद करेंगे और शेष राशि का भुगतान बीमा कंपनी करेगी।

डिडक्टिबल जितना अधिक रखेंगे प्रीमियम उतना ही कम देना होगा। लेकिन प्रीमियम बचाने के चक्कर में डिडक्टिबल इतना ज्यादा भी न रख लें कि जब कार मरम्मत के लिए जाये तो फायदे से ज्यादा नुकसान हो जाये।

कार बेचते समय एनसीबी ट्रांसफर करायें

अगर आप अपनी पुरानी कार बेच कर नई कार खरीदने की योजना बना रहे हैं तो पुरानी कार का नो-क्लेम बोनस (एनसीबी) ट्रांसफर करवाते हुए आप बीमा की लागत कम करवा सकते हैं।

अगर आपने अपनी पुरानी कार सावधानी से चलाई है और आपका एनसीबी यदि 40-50 प्रतिशत के स्तर पर पहुँच गया है तो आप इसे नई कार पर ट्रांसफर करवाते हुए प्रीमियम में बचत कर सकते हैं। इस लाभ के लिए बीमा कंपनी से नो-क्लेम सर्टिफिकेट लेना होता है जिसकी बदौलत ग्राहक नई कार के इंश्योरेंस प्रीमियम पर छूट पा सकता है।

अगर नई कार का प्रीमियम 14,500 रुपये है तो 50 प्रतिशत का नो-क्लेम बोनस ट्रांसफर इसे घटा कर 7,250 रुपये कर देगा। नो क्लेम सर्टिफिकेट जारी किये जाने की तिथि से तीन साल तक मान्य होता है। लेकिन यह बात बखूबी समझ लीजिए कि नो-क्लेम बोनस ट्रांसफर कराने के बाद आपकी पुरानी कार का बीमा समाप्त हो जायेगा।

छोटे क्लेम को नजरअंदाज कीजिए

कई बार ऐसे मौके आते हैं जब आपके वाहन को मामूली नुकसान पहुँचता है। ऐसी

स्थिति में ऐसे छोटे-छोटे मसलों पर क्लेम करने से रिन्यूअल के समय प्रीमियम में बढ़ोतरी झेलनी पड़ सकती है। अच्छा यह रहेगा कि आप ऐसे नुकसान के लिए क्लेम न करें। मामूली क्षति पहुँचने पर क्लेम न लेने से आपको लम्बे समय में काफी फायदा होगा। आपको रिन्यूअल के वक्त **नो-क्लेम बोनस**[1] मिलेगा जो अधिकतम 50 फीसदी तक जा सकता है।

अगर आप छोटे-छोटे दावे करते हैं तो आपको अगले साल ज्यादा किश्त चुकानी पड़ेगी और हो सकता है कि बीमा कंपनी आपको अगले साल के लिए कवर न दे। इसलिए छोटे-छोटे दावे करने से बचें क्योंकि यह दूसरी तरफ से आपको भारी पड़ सकते हैं। साथ ही बीमा के लिए आवेदन करते समय एक्सेस लेवल ऊँचा रखिए। यह किस्त घटाने में मददगार हो सकता है। उपभोक्ताओं के पास स्वैच्छिक एक्सेस का विकल्प है जिसमें वे बीमाकर्ता कंपनी से कह सकते हैं कि नुकसान का कुछ हिस्सा वे खुद उठायेंगे। इससे उपभोक्ताओं को **ओन डेमेज प्रीमियम**[2] (ओडीपी) पर छूट मिलेगी और किश्त घटेगी।

डेप्रिसिएशन कवर[3]

कार को हुए मामूली नुकसान की स्थिति में बीमा कंपनी कार के क्षतिग्रस्त हिस्सों को बदलने के लिए डेप्रिसिएशन कवर देने का वादा करते हैं। उदाहरण के लिए फोर्ड फिएस्टा जैसी मध्यम आकार की कार के लिए जीरो डेप्रिसिएशन कवर के तहत उपभोक्ता को नयी कार के लिए लगभग 2,500 रुपये की चपत लगेगी।

ऑटो एसोसिएशन की सदस्यता लें

ऑटोमोबाइल एसोसिएशन ऑफ इंडिया से संबधित अन्य एसोसिएशन की सदस्यता लेकर कुछ बीमा कंपनियों से प्रीमियम पर छूट पा सकते हैं। निजी कार का ओन डैमेज प्रीमियम इससे पाँच फीसदी या अधिकतम 200 रुपये कम हो सकता है। इसी तरह अगर आप ऑटोमोटिव रिसर्च एसोसिएशन ऑफ इंडिया से प्रमाणित एंटी-थेफ्ट डिवाइस कार में लगवाते हैं तो आप प्रीमियम पर 2.5 फीसदी या अधिकतम 500 रुपये की छूट पा सकते हैं। भारत में अधिकांश कार बीमा कंपनियाँ कार बीमा किश्त पर 50 रुपये तक की छूट देती है बशर्ते कि पॉलिसीधारक ऑटोमोटिव रिसर्च एसोसिएशन ऑफ इंडिया का सदस्य हो।

रिन्यूअल प्रीमियम को स्वीकार न करें

मौजूदा बीमा कंपनी द्वारा तय की गयी बीमा किश्त यानी प्रीमियम पर तुरंत सहमति मत जताइए। यहाँ तक कि अगर आपके पास नो क्लेम बोनस (एनसीबी) नहीं भी है, तब भी अपनी मौजूदा बीमा कंपनी द्वारा ऑफर की जा रही रिन्यूअल प्रीमियम

---

1. दावा नहीं करने का बोनस
2. खुद क्षति प्रीमियम
3. विमूल्यन कवर

को स्वीकार मत कीजिए। कार बीमा बिजनेस में उपभोक्ता की प्रतिबद्धता का कोई मतलब नहीं है। हर बड़ी बीमा कंपनी भारी छूट देकर नये उपभोक्ताओं को आकर्षित करने के चक्कर में रहती है। यहाँ तक कि उपभोक्ताओं को उनकी मौजूदा बीमा किश्त की आधी रकम पर बीमा ऑफर किया जाता है।

इंश्योरेंस के रिन्यूअल में न करें देर

अगर आप अपने इंश्योरेंस प्रीमियम का समय पर भुगतान करते हैं तो इससे आपका प्रीमियम नो-क्लेम बोनस (एनसीबी) की मदद से घटेगा। साथ ही यह आश्वस्त करता है कि आप सभी दुर्घटनाओं के लिए कवर्ड रहेंगे। इंश्योरेंस रिन्यू कराते वक्त आप अपनी कार की इंश्योरेंस वैल्यू या फिर इंश्योर्ड डिक्लेयर्ड वैल्यू (आईडीवी) चेक कर पायेंगे। प्रीमियम को कम करने के लिए यह बहुत ही जरूरी मानक होता है। आईडीवी के जरिए ही आपको इंश्योरेंस कराते वक्त अपनी कार की रीसेल वैल्यू का पता चलेगा।

क्लेम की जानकारी देने में न करें देर

जब आपको इंश्योरेंस क्लेम लेना हो तो अपनी बीमा कंपनी को इस बारे में जल्दी जानकारी दें। इससे आपकी सेटलमेंट प्रक्रिया जल्दी शुरू हो सकेगी। ऐसे में बीमा कंपनी आपको सेटलमेंट प्रोसेस के बारे में सही जानकारी और वर्कशॉप उपलब्ध कराएगा जिससे क्लेम लेने में कोई दिक्कत नहीं होगी। इतना ही नहीं, थर्ड पार्टी डैमेज की स्थिति में क्लेम फॉर्म में इसकी पूरी जानकारी दें।

एसएमएस से क्लेम पर नजर

कई कंपनियाँ मोटर क्लेम स्टेटस बताने के लिए एसएमएस एलर्ट की सुविधा उपलब्ध करा रही हैं। क्लेम पर नजर रखने के लिए इस सुविधा का इस्तेमाल करना चाहिए।

14. विदेश भ्रमण से पहले ट्रैवल इंश्योरेंस से बचत के तरीके

ऑनलाइन टिकट सुविधा, सस्ते हवाई किराये और विभिन्न साधारण बीमा कंपनियों द्वारा ऑनलाइन बीमा सेवाओं की संख्या में बढ़ोतरी होने से तफरीही सैर-सपाटे के दौरान सुरक्षा के प्रति लोगों में जागरूकता बढ़ी है। एक अनुमान के मुताबिक ऑनलाइन बुकिंग का वर्तमान अनुपात लगभग 8 प्रतिशत है। भारतीय यात्री ट्रैवल इंश्योरेंस के फायदों को महसूस करने लगे हैं। दिलचस्प बात यह है कि वे मानने लगे हैं कि अतिरिक्त बीमा सुरक्षा से विदेश में वे अपनी छुट्टियों का पूरा आनंद उठा सकते हैं।

ट्रैवल इंश्योरेंस में किन मुद्दों पर गौर करें

ट्रैवल इंश्योरेंस लेते समय हर आदमी के लिए यह जानना जरूरी है कि पॉलिसी में

क्या है और क्या नहीं। ग्राहकों को विविध **ट्रैवल इंश्योरेंस पॉलिसियों**[1] की जानकारी हासिल करके अपनी आवश्यकता के अनुसार चुनाव करना चाहिए। साधारण बीमा कंपनियाँ विभिन्न प्रकार के अलग-अलग बीमा प्रोडक्ट उपलब्ध कराती हैं।

बीमा कंपनियों के बीच अंतर समझने के लिए उपलब्ध विकल्प, प्रीमियम की राशि, चिकित्सीय सुरक्षा, ऊपरी आयु-सीमा और दावे का निपटारा करने वाली सहायक कंपनियों से जुड़े तथ्यों पर विचार करना चाहिए।

ट्रैवल इंश्योरेंस के प्रीमियम राशि यात्रा के देश, यात्रा की अवधि, यात्री की आयु और चुनी गयी सुरक्षा के स्तर के आधार पर तय होती है। अन्य देशों की अपेक्षा उत्तरी और दक्षिणी अमेरिका की यात्रा के लिए प्रीमियम अधिक होता है।

अधिकतर बीमा कंपनियाँ 6 से 70 वर्ष आयु के यात्रियों का बीमा करती हैं। अनेक कंपनियों द्वारा 71 से 80 वर्ष आयु वाले यात्रियों के लिए भी वरिष्ठ योजनाएँ जारी की गयी हैं। ट्रैवल इंश्योरेंस की अधिकतम अवधि 180 दिन प्रति यात्रा होती है।

ट्रैवल इंश्योरेंस के लाभ

अधिकांश बीमा सुरक्षा योजनाओं में चिकित्सीय उपचार, व्यक्तिगत दुर्घटना, आपात स्थिति में स्थान खाली करना, अवशेषों की स्वदेश वापसी, अपहरण, यात्रा रद्द होना, यात्रा में कटौती या देरी, सामानों का गुम होना, सामान मिलने में विलंब, निजी देनदारी आदि शामिल होती हैं।

इसके अलावा पॉलिसीधारक को विशिष्ट सुरक्षा प्रदान करने वाली खास बीमा सुरक्षा भी उपलब्ध हैं। उदाहरण के तौर पर ऐसा बीमा जिसके तहत विदेश में बीमार पड़ने या दुर्घटना होने पर अस्पताल में भर्ती होने का खर्च शामिल है।

आजकल सभी एयरलाइन कंपनियों में यात्रियों को सामान खोने या सामान मिलने में विलंब की समस्या झेलनी पड़ती है और ट्रैवल इंश्योरेंस इस जोखिम से भी सुरक्षित करता है। लेकिन यह सुरक्षा केवल उन सामानों के लिए होती है जो सामान्य करियर की अभिरक्षा में होती है जो अधिकतर मामलों में एयरलाइन की जिम्मेदारी है।

यहाँ यह याद रखना चाहिए कि यह सुरक्षा केवल चेक्ड-इन सामानों और भारतीय सीमा के बाहर सामान मिलने में देरी पर लागू होती है। इसलिए, देश के भीतर यात्रा के दौरान भारत के किसी शहर में सामानों की देरी पर यह सुरक्षा उपलब्ध नहीं है।

अन्य ट्रैवल इंश्योरेंस सुरक्षा में यात्रा में विलंब, यात्रा रद्द होना, अगली उड़ान का छूट जाना और पासपोर्ट का गुम हो जाने से उत्पन्न असुविधा बीमा पॉलिसी में शामिल रहती हैं।

---

1. यात्रा बीमा पॉलिसी

संभावित अपहरण का गंभीर खतरा भी कवर किया जाता है। यात्री पर कुछ निजी देनदारी की आशंका भी हो सकती है जिसके कारण विदेश में कानूनी झंझटों का सामना करना पड़ सकता है। कुछ बीमा पॉलिसियों में इस जोखिम को भी कवर किया जाता है। कुछ ट्रैवल इंश्योरेंस पॉलिसियों में विदेश-भ्रमण के दौरान अपने देश में घर में चोरी, सेंधमारी की सुरक्षा भी उपलब्ध है।

पहले से मौजूद बीमारियाँ बतायें

अधिकांश पॉलिसियों में पहले से मौजूद बीमारियों को कवर नहीं किया जाता है। यात्रा आरंभ करने के पहले बीमित व्यक्ति के लिए अपनी पूर्व बीमारियों की घोषणा करना आवश्यक है। अधिकांश पॉलिसियों में आतंकवादी घटनाएँ, युद्ध या युद्ध जैसी स्थिति, मानसिक गड़बड़ी, गर्भावस्था की समस्या, आत्महत्या, जान-बूझकर खुद को चोटिल करना, चिंता, शराबखोरी, नशाखोरी, एचआइवी/एड्स संक्रमण आदि को शामिल नहीं किया जाता है।

कुछ पॉलिसियों में नशा, अत्यधिक रेडिएशन, आणविक या विस्फोटक उपकरण, जन्मजात गड़बड़ी, पेशेवर खेलों में भागीदारी, स्काई डाइविंग, बंगी जंपिंग, गोताखोरी आदि से होने वाली दुर्घटना या अस्पताल में भर्ती होने की घटना को शामिल नहीं किया जाता है।

बेहतर है कि प्रतिष्ठित और मजबूत साख और अंतरराष्ट्रीय नेटवर्क वाली किसी बीमा कंपनी से ही ट्रैवल इंश्योरेंस लें। बीमा कंपनी के दावा निपटान के अनुपात, विदेशों में इसकी सेवा साझेदारी और वादानुसार पॉलिसी में दर्ज सुरक्षा प्रावधानों को बारीकी से देख लेनी चाहिए। यात्रियों को किसी आकस्मिक घटना में सुरक्षा के लिए अपना पर्याप्त बीमा अवश्य ही करा लेना चाहिए, ताकि विदेशों में छुट्टियों का मजा खराब न होने पाये।

टाइम शेयर रिसार्ट्स

कई लोग टाइम शेयर रिसार्ट्स में निवेश करते हैं। टाइम शेयर रिसार्ट में निवेश करने का उद्देश्य, टाइम शेयर कंपनी द्वारा ग्रहित विभिन्न संपत्तियों पर निश्चित वर्षों के लिए लाभ लेना होता है! आमतौर पर लोगों के लिए टाइम शेयर कपंनी का हिस्सा बनना बहुत सरल होता है और इससे विभिन्न स्थानों पर स्थित टाइम शेयर संपत्ति दर ठहरने का भी लाभ मिलता है। यह देखा गया है कि टाइम शेयर कंपनी में निवेश करने वाले लोगों के लिए किया गया निवेश आने वाले वर्षों में ज्यादा लाभदायक निवेश नहीं था। यह मुख्यत: वार्षिक रखरखाव खर्च टाइम शेयर कंपनी के स्वामी द्वारा चुकाना पड़ता है। यह खर्च वर्ष-दर-वर्ष बढ़ते रहते हैं और इस प्रकार से ये उस निवेशक पर वित्तीय भार डालते हैं, जिसने टाइम शेयर प्रॉपर्टी में पैसा लगाया है। इसलिए, फायदे का सौदा यह है कि टाइम शेयर कंपनी में निवेश

न करें बल्कि अखबारों में दिये गये विशेष ऑफर्स के आधार पर छुट्टियाँ बिताने जायें। यह सर्वविदित तथ्य है कि आजकल अखबारों में नियमित रूप से अपेक्षाकृत सस्ते दामों पर छुट्टियाँ बिताना भी आम आदमी के लिए बहुत आसान हो गया है। यदि आप जब भी टाइम शेयर कंपनी में निवेश के इच्छुक हैं तो भविष्य में किसी भी परेशानी से बचने के लिए, निवेश से पहले सावधानीपूर्वक बाजार में प्रचलित श्रेष्ठ विकल्प का सावधानीपूर्वक चयन करें।

15. स्वास्थ्य बीमा में बचत के तरीके

स्वास्थ्य बीमा जो कि मेडीक्लेम के नाम से ज्यादा जाना जाता है। यह बीमा कंपनी और बीमा धारक के बीच एक प्रकार का अनुबंध होता है। आकस्मिक चिकित्सा की स्थिति में यह आपकी और आपके परिवार की आर्थिक रुप से सुरक्षा करता है। इसमें किसी किसी योजना में स्थायी अपंगता और लम्बी चिकित्सा की जरुरतें भी शामिल होती हैं। मेडिक्लेम में आपको हर वर्ष प्रीमियम अदा करना होता है, जिसके एवज में आप बीमा कंपनी का वायदा पाते हैं। स्वास्थ्य बीमा भारतीय बाजार में नया है और उपभोक्ताओं को धीरे-धीरे इसका पता चल रहा है। उपभोक्ता को स्वास्थ्य बीमा का उद्देश्य पता होना चहिए और बीमा कंपनियाँ चिकित्सा में खर्च की गयी राशि को बीमित करती हैं। आमतौर पर स्वास्थ्य बीमा योजनाओं में अपंगता, लम्बी चिकित्सा, या अस्पताल में भर्ती होना शामिल होता है। यह बीमा सरकारी कंपनियों के माध्यम से भी उपलब्ध है और निजी बीमा कंपनियाँ भी यह सुविधा देती है।

स्वास्थ्य बीमा दोनों प्रकार से लिया जा सकता है व्यक्तिगत और समूह में। प्रत्येक मामले में या तो वह समूह हो या फिर व्यक्तिगत हो, बीमा प्रीमियम का भुगतान आयकर बचाने के लिये और खुद को किसी अप्रत्याशित चिकित्सा सेवा की स्थिति में होने वाले खर्च से बचाता है। हालाँकि व्यक्तिगत पॉलिसियाँ, समूह पॉलिसी से महँगी होती है। खुद बीमा धारक ही व्यक्तिगत पॉलिसी का मालिक होता है। जबकि सामूहिक योजना में कंपनियाँ इसे प्रायोजित करती हैं और इसमें अपने कर्मचारियों को पंजीकृत करती हैं। अगर आपके पास सामूहिक बीमा है तो व्यक्तिगत स्वास्थ्य बीमा लेने की जरुरत ही नहीं है। कई लोग जो कि कोई बीमा नहीं खरीद पाते हैं या किसी वजह से बीमा नहीं करवा पाते हैं उन्हें सामूहिक योजना का अच्छा लाभ होता है।

स्वास्थ्य व्यय के कुल जोखिम का आकलन कर अपनी वित्तीय संरचना को अच्छे से विकसित कर सकते हैं, मासिक या वार्षिक प्रीमियम भरने के लिये यह आपको महत्त्वपूर्ण दिशा देगा। और वह प्रीमियम राशि हर वर्ष आपके पास होगी जिससे आप अपने बीमा कंपनी से यह सुविधा ले पायेंगे और अपने को और अपने परिवार को स्वास्थ्य बीमा से बीमित कर पायेंगे। इस सुविधा को केन्द्रीय संगठन जैसे कि सरकारी एजेन्सी, निजी व्यवसायी या लाभ के लिये कार्य न करने वाली

इकाई द्वारा प्रशासित किया जाता है। उस व्यक्ति को या बीमा धारक द्वारा बीमा कंपनी को नियमित शुल्क का भुगतान किया जाता है, जिसे प्रीमियम के रुप में जाना जाता है। इसके फलस्वरुप बीमा कंपनियाँ सभी या कुछ चिकित्सा खर्च जब भी बीमित को जरुरत होगी, भुगतान कर देगी, जब बीमित व्यक्ति अगर घायल हो गया हो या बीमार हो जाता है या फिर अस्पताल में भर्ती होता है। तब बीमा धारक को चिकित्सा खर्च की कोई चिंता नहीं होती है।

चिकित्सा बीमा की श्रेणियाँ

पिछले कुछ वर्षों में चिकित्सा खर्च कई गुना बढ़ गया है। इसलिए चिकित्सा बीमा लेना बहुत महत्त्वपूर्ण हो गया है। कौन-सी योजना ली जाये यह बहुत ही महत्त्वपूर्ण है। यहाँ स्वास्थ्य बीमा के कुछ नमूने दिये जा रहे हैं -

- व्यक्तिगत स्वास्थ्य बीमा
- सामूहिक चिकित्सा बीमा
- विशेष योजनाएँ

व्यक्तिगत स्वास्थ्य बीमा

इस प्रकार के स्वास्थय बीमा योजनाएँ व्यक्तिगत आधार पर चिकित्सा में व्यय होने वाली राशि से रक्षा और उसकी रक्षापूर्ति को प्रस्तावित करती हैं। सामूहिक बीमा योजनाओं से व्यक्तिगत बीमा योजनाओं के लिये प्रीमियम ज्यादा होती है।

सामूहिक चिकित्सा बीमा

इस प्रकार की चिकित्सा बीमा योजना एक नियोक्ता या सोसाइटी या संघ के माध्यम से आमतौर पर उपलब्ध होती है, जिसमें एक ही मुख्य पॉलिसी के अन्तर्गत व्यक्तियों के नाम लिखे रहते हैं, जिन्हें बीमा का लाभ देना है।

विशेष योजनाएँ

इस प्रकार की योजनाएँ विशेष रुप से बुजुर्ग व्यक्तियों और सैन्य सेवाओं के दिग्गजों की आवश्यकता का ध्यान रखती हैं।

स्वास्थ्य बीमा के प्रकार

स्वास्थ्य देखभाल में होने वाले खर्चों में हाल के दिनों में उल्लेखनीय वृद्धि देखी गयी है। इससे उपभोक्ता को खुद को ही नहीं बल्कि अपने परिवार को भी बीमा सुरक्षा देनी चाहिए जो कि भविष्य में होने वाले चिकित्सा खर्च और अन्य सम्बन्धित आवश्यकताओं को कवर करता है। बीमा की आवश्यकता पुरानी पीढ़ी के लोगों को ज्यादा है जो या तो सेवानिवृत्त हो चुके हैं या फिर निकट भविष्य में सेवानिवृत्ति होने वाले हैं। हम बाजार में उपलब्ध चिकित्सा बीमा के विविध प्रकार देखते है, जो इस प्रकार हैं -

➲ चिकित्सा बीमा (Mediclaim Insurance)

➲ गंभीर बीमारी बीमा (Critical Illness Insurance)

➲ चिकित्सा बीमा (Mediclaim Insurance)

यह आमतौर पर अस्पताल में भर्ती होने, शल्य चिकित्सा में होने वाले खर्च को कवर करता है जो कि तब होते हैं जब बीमाधारक को कोई बीमारी या शल्य चिकित्सा की जरुरत होती है। बाजार में विभिन्न प्रकार के चिकित्सा बीमा उत्पाद उपलब्ध हैं जैसे व्यक्तिगत चिकित्सा बीमा, सामूहिक चिकित्सा बीमा और विदेश चिकित्सा बीमा। इस प्रकार की स्वास्थ्य बीमा से किसी भी बीमारी से आप अस्पताल में होने वाले वास्तविक खर्च जो कि वास्तविकता में होते हैं, आपको बीमा कंपनियाँ अदा कर देती हैं, और यह सुविधा केवल गैर जीवन बीमा (जनरल बीमा कंपनियाँ) ही देती हैं। इस तरह की योजनाओं को मेडिक्लेम नाम से जाना जाता है। अन्य प्रकार के स्वास्थ्य बीमा दोनों जीवनबीमा और गैर जीवनबीमा कंपनियों द्वारा उपलब्ध करवाया जाता है।

गंभीर बीमारी बीमा (Critical Illness Insurance)

गंभीर बीमार योजनाएँ व्यक्ति को बीमित करती हैं गंभीर बीमारियों के जोखिम से, जिसका बीमा सुनिश्चित समय पर प्रदान करना होता है उसके एवज में बीमा कंपनी व्यक्ति को गंभीर बीमारी होने के जोखिम का बीमा प्रदान करती है। यह बीमा आपको नगद राशि देता है। आपको अगर आपको कोई भी गंभीर बीमारी अनपेक्षित रुप से आ घेरती है, जो गंभीर बीमारियाँ इस बीमा में बीमित की गयी हैं अगर कोई भी बीमारी उसमें से निकल जाती है तो बीमा कंपनी आपको तुरंत बीमा नगद दे देती हैं, जिसे आप अपने घर में होने वाले खर्च और उस गंभीर बीमारी के चिकित्सा खर्च में उपयोग कर सकते हैं। कभी-कभी गंभीर बीमारी आपके परिवार की जीवन शैली बदल देता है तो यह बीमा उस जोखिम से भी रक्षा करता है। किसी भी गंभीर बीमारी जो कि इस बीमा में कवर होती है, बीमारी के पता लगते ही कुछ ही दिनों में इस तरह के स्वास्थ्य बीमा में बीमा धारक को बीमा की राशि एकमुश्त दे दी जाती है। आमतौर पर इस बीमा योजना में निम्न गंभीर बीमारियों को कवर किया जाता है -

➲ Aorta graft surgery

➲ कैंसर/Cancer

➲ Coronary Artery bypass surgery

➲ दिल का पहला दौरा/First heart attack

➲ गुर्दे का विफल होना/Kidney failure

➲ प्रमुख अंग प्रत्यारोपण/Major organ transplant

- Multiple sclerosis
- पक्षाघात/Paralysis
- Primary pulmonaryArterial hypertension
- आघात/Stroke

स्वास्थ्य बीमा की आवश्यकता

चिकित्सा व्यय इन दिनों आसमान को छू रहे हैं। आजकल डॉक्टर के साथ केवल एक बैठक में ही जहाँ ज्यादा रुपयों की आवश्यकता होती है, वहीं अगर कोई जटिल बीमारी हो गयी तो उसके उपचार में खर्च करने के लिये आपको अपनी सारी बचत राशि जो कि आपने भविष्य के लिये बचाई है, खर्च हो सकती है। स्वास्थ्य बीमा योजना आपको यह निश्चिंतता देती है कि बीमारी की स्थिति में आवश्यक उपचार अच्छे से मिल सके और आपकी जेब पर अतिरिक्त भार भी न आये। स्वास्थ्य बीमा होना बहुत महत्त्वपूर्ण है क्योंकि यह समय पर आपको अच्छी चिकित्सा सुविधा के लिये मदद करता है, और यह आपके जीवन और स्वास्थ्य में सुधार करता है। लम्बी बीमारी की स्थिति में यह आर्थिक कठिनाईयों का जोखिम कवर करता है। कुछ सालों में समाज में स्वास्थ्य बीमा के लिये अच्छी जागरुकता आई है। खासतौर पर लगातार अनिश्चिततापूर्ण घटनाक्रमों ने और मुश्किल पैदा कर दिया है जैसे कि हाल ही में हुए आतंकवादी हमले।

स्वास्थ्य बीमा के लाभ

स्वास्थ्य बीमा आपकी ली गयी योजना पर निर्भर करता है, और इस पर भी कि उस पॉलिसी में क्या-क्या कवरेज है। यहाँ पर कुछ बुनियादी सुविधाओं की सूची है जो कि लगभग सभी स्वास्थ्य बीमा योजनाओं में मिलता है -

यह मदद करता है बेहतर भविष्य के लिये- प्रीमियम के रूप में आपको एक छोटी-सी राशि खर्च करनी पड़ती है। यह बड़ी वित्तीय खर्चे से आपकी रक्षा करता है, और खासकर तब वित्तीय रुप से टूटने से बचाता है जबकि महँगी चिकित्सा या बीमारी के बाद देखभाल की जरुरत होती है। यह निश्चित रुप से बीमा से सुरक्षित होने की भावना भी प्रदान करता है।

यह परिवार के सदस्यों को वित्तीय सुरक्षा प्रदान करता है। यह अस्पताल और मेडिकल के बिलों को भी कवर करता है। यह विकलांगता और कस्टोडियल बिल को भी कवर करता है।

आप इसकी प्रीमियम राशि के भुगतान का आयकर अधिनियम की धारा 80 D के अंतर्गत लाभ ले सकते हैं। सबसे अच्छी बात, आप स्वास्थ्य बीमा योजना का विकल्प 60 वर्ष की उम्र के बाद भी चुन सकते हैं।

सही स्वास्थ्य बीमा योजना चुनने के लिये कुछ सुझाव

जब आप स्वास्थ्य बीमा योजना ले रहे हैं, तो निम्न बातों का ध्यान रखें-

कीमतों और मिलने वाली सुविधाओं की तुलना कर लें। एक पॉलिसी की कीमत दूसरी से 3 गुना तक ज्यादा हो सकती है।

अगर आपका परिवार है, तो आप हमेशा फैमिली फ्लोटर प्लॉन ही लें। यह आपके लिये अधिक किफायती भी होगा और परिवार के प्रत्येक सदस्य को ज्यादा राशि का कवरेज भी मिलेगा। इसके अलावा इसमें इस बात की सुविधा भी है कि परिवार का कोई भी सदस्य किसी भी अनुपात में इस फ्लोटर योजना का उपयोग कर सकता है। यह आपकी ज्यादा मदद करता है क्योंकि अधिकतर मामलों में एक ही व्यक्ति गंभीर रुप से बीमार होता है, न कि पूरा परिवार।

योजना की शर्तों की तुलना जरुर करें जिससे आपको बाद में झटका नहीं लगे। एक दलाल (ब्रोकर) आपको ज्यादा अच्छी सलाह दे सकता हैं क्योंकि वह काफी हद तक स्वतंत्र होते हैं।

कोई भी ऐसी योजना इस आधार पर न लें कि किसी पास के अस्पताल से उसका समझौता (टाईअप) है। बीमा कंपनियों के पैनल द्वारा सभी अच्छे अस्पतालों को शामिल किया जाता है। इनमें आप वही योजना देखिये जिसमें आपकी सारी आवश्यकताएँ पर्याप्त रुप से पूरी होती हों।

जिन अस्पतालों को आपकी बीमा कंपनियों द्वारा पैनल में शामिल किया गया है, सबसे पहले तो आपको सभी अस्पतालों के बारे में जानकारी लेना चाहिए कि किस अस्पताल की क्या विशेषता है। जिससे जब आपको जरुरत हो तब आप उस अस्पताल का उपयोग कर सकते हैं, बजाय सभी समय एक ही अस्पताल के जिसे आप उपयोग करते हैं।

हमेशा ध्यान रखें- जब भी आप पॉलिसी एक ब्रोकर से खरीदें, तो उसका लाइसेंस नंबर ले लें और आईआरडीए (IRDA) की वेबसाईट पर उसकी जानकारी देख लें और सुनिश्चित कर लें कि हाँ यह ब्रोकर वैध है। ये (ब्रोकर) दलाल स्वतंत्र होते हैं, इन्हें हर पॉलिसी बेचने पर कुछ भुगतान (दलाली) मिलता है, इसलिए ये लोग किसी एक पॉलिसी के लिये आपको बाध्य नहीं करेंगे। दूसरी तरह अगर पॉलिसी बीमा कंपनी का एजेन्ट बेचता है तो उसके पास तो केवल उसी कंपनी की योजनाएँ होंगी और वह उनकी ही विशेषता बताकर अपने और कंपनी के हित के लिये वही पॉलिसी बेचने की कोशिश करेगा।

जब आप प्रस्ताव फॉर्म में अपनी घोषणाएँ (declarations) भर रहे हों तो बिल्कुल सही एवं ठीक जानकारी दीजिये। यह आपका भुगतान सुनिश्चित करता है जब आपको वास्तव में इस दावे की जरुरत होती है।

नियमित व्यायाम करें, और स्वास्थ्य भोजन की आदतों का पालन करें। अधिक धूम्रपान और मद्यपान से बचें। इससे आपकी प्रीमियम कम हो सकती है।

अगर आप पहले से ही किसी बीमारी से पीड़ित हैं, तो उसके लिये आवश्यक सावधानियाँ बरतें। हमेशा अपने आप को ऐसा ही दर्शायें कि मेरा बीमा नहीं है जिससे आपको अपनी बुरी आदतों पर नियंत्रण करने में मदद मिलेगी और लम्बे समय में लाभ मिलेगा।

विकलांगों के स्वास्थ्य बीमा में बचत के तरीके

इलाज के लगातार बढ़ते खर्चों की वजह से आम आदमी के लिए हॉस्पिटलाइजेशन की लागत को पूरा करना मुश्किल हो गया है। यह उन लोगों के लिए और कठिन हो गया है जिनके ऊपर परिवार का कोई विकलांग सदस्य आश्रित है जिसे नियमित इलाज और हॉस्पिटलाइजेशन की जरूरत पड़ती है। ऐसे माता-पिता या अभिभावकों की मदद के लिए नेशनल ट्रस्ट ने आईसीआईसीआई लोंबार्ड जनरल इंश्योरेंस के साथ मिलकर एक हेल्थ स्कीम लांच किया है।

इस स्कीम के अंतर्गत ऑटिज्म, सेरीब्रल पॉल्जी, मेंटल रिटार्डेशन और मल्टीपल डिसैबिलिटी से ग्रस्त विकलांगों को बीमा कवर दिया जाता है। यह स्कीम उन माता-पिता और अभिभावकों के लिए उपयुक्त है जो आश्रित विकलांगों के इलाज के बढ़ते खर्च से जूझ रहे हैं। आम जनता में इस योजना के बारे में जागरूकता काफी कम है और यही वजह है कि पीड़ितों की संख्या के मुकाबले निरामय धारकों की संख्या काफी कम है।

निरामय के अंतर्गत वैसे खर्च भी कवर किये जाते हैं जिन्हें आम तौर पर रेगुलर हेल्थ इंश्योरेंस स्कीम के तहत कवर नहीं किया जाता।

यह योजना बिना किसी मेडिकल जाँच के पहले से मौजूद बीमारियों को भी कवर करती है। निरामय कवर लेने के लिए किसी तरह के मेडिकल जाँच की जरूरत नहीं होती है। इसके लिए कोई ऊपरी या निचली उम्र-सीमा भी नहीं है। एक अच्छी बात तो यह है कि इसका अधिकतम प्रीमियम 500 रुपये सालाना मात्र है।

क्या कवर करती है निरामय

निरामय अलग सब-लिमिट के साथ कुल एक लाख रुपये तक का मेडिकल खर्च कवर करती है। इसमें वैसे अधिकांश खर्च कवर किये जाते हैं जो कि अमूमन रेगुलर हेल्थ इंश्योरेंस योजनाओं में कवर नहीं किये जाते हैं। इसमें हॉस्पिटलाइजेशन के रेगुलर खर्च के अलावा ओपीडी उपचार का खर्च, रेगुलर मेडिकल चेकअप,

मौजूदा विकलांगता के लिए करेक्टिव सर्जरी का खर्च भी कवर होता है। साथ ही यह मरीज को उपचार केंद्र तक ले जाने-लाने के खर्च के साथ वैकल्पिक दवाओं का खर्च भी देती है।

कैसे लें यह कवर

यह योजना नेशनल ट्रस्ट द्वारा आईसीआईसीआई लोंबार्ड जनरल इंश्योरेंस कंपनी के सहयोग से प्रशासित है। इस बीमा योजना के लिए आवेदन पंजीकृत ट्रस्टों व एनजीओ के जरिए स्वीकृत किये जाते हैं। ऐसे ट्रस्टों की सूची निम्न लिंक पर मिलेगी-

http://thenationaltrust.co.in/nt/images/stories/Niramaya_updates/registered_organisations.pd आवेदक को योजना का नामांकन फार्म भरकर लागू शुल्क के भुगतान के सबूत या फिर बीपीएल कार्ड की कॉपी के साथ ट्रस्ट को सौंपना होगा। अगर बीपीएल कार्ड नहीं है तो साथ में आय प्रमाण पत्र जोड़ना होगा। यह योजना जम्मू-कश्मीर के अलावा पूरे देश में लागू है।

योजना में नामांकन तो पूरे साल किया जा सकता है पर ध्यान रहे कि इस योजना के तहत मरीजों को दो अवधियों में कवर किया जाता है। मसलन 1 सितंबर से 28 फरवरी के बीच नामांकित मरीजों को 2 अप्रैल से कवर मिलेगा और जो लोग 1 मार्च से 31 अगस्त के बीच नामांकन करायेंगे उन्हें 2 अक्टूबर से कवर किया जायेगा। रिन्यूअल के लिए आवेदन समय से पहले भेज दिया जाना चाहिए। प्रीमियम को सीधे बैंक में नेशनल ट्रस्ट के खाते में जमा किया जा सकता है। इस योजना के तहत सभी लाभार्थियों को स्मार्ट/बायोमेट्रिक कार्ड जारी किया जाता है।

कौन कवर होता है और क्या है लागत

विकलांगता से पीड़ित सभी व्यक्ति इस स्कीम के तहत कवर्ड हो सकते हैं और इसमें चयन का कोई मानदंड नहीं है। अगर किसी की मासिक पारिवारिक आय 15,000 रुपये से कम है उन्हें 250 रुपये सालाना प्रीमियम देना पड़ता है जबकि अगर आय इससे ज्यादा है तो इससे 500 रुपये सालाना का भुगतान करना होगा। गरीबी रेखा से नीचे आने वालों के लिए यह योजना मुफ्त है, ऐसे लोगों के लिए प्रीमियम सरकार देती है। चूँकि यह एक अभिनव योजना है जिसके तहत ऐसे अधिकांश खर्च कवर किये जाते हैं जो आम तौर पर रेगुलर हेल्थ इंश्योरेंस योजनाओं में कवर नहीं किये जाते।

क्या आपकी किसी विशेष क्षेत्र में अभिरुचि है? यदि ऐसा है तो यह उपयुक्त समय है कि आप अपनी रुचिगत वस्तुओं में निवेश करें और उनकी खरीद-फरोख्त से अच्छा लाभ व प्रतिफल प्राप्त करें। आप अपने रुचिकर क्षेत्र/उत्पाद में सक्रिय रूप से कार्य करके अपने पैसे को बढ़ा सकते हैं। जैसे कि आपको पुरानी कलात्मक वस्तुओं (एंटीक) में या पेंटिंग में रुचि रखते हैं, तो एंटीक या पेंटिंग को अपनी निवेश नीति का भाग बनायें और विभिन्न समय पर खरीदी गई पेंटिंग्स की खरीद व बिक्री से उसे नकद रूप में बदलें तथा उन्हें बेचें जो किसी भी कीमत पर उसे खरीदना चाहते हों। यह फार्मूला पेंटिंग्स में आपके निवेश का एक अच्छा माध्यम बनेगा। अब यह समय है कि पेंटिंग्स और एंटीक को अपने निवेश का भाग बनायें। जिस वस्तु में किसी की अभिरुचि हो, उसके खरीद-फरोख्त में सक्रिय रूप से काम करके अच्छा पैसा कमा सकता है। इसलिए अपनी अभिरुचि का आनन्द उठाएं और पैसा कमायें, तो पेंटिंग्स आदि में निवेश सम्बन्धी इन्वेस्टमेंट मंत्र यही है। जब एक बार आप कोई पेंटिंग्स ख़रीदें तो उसे अपने ड्राइंग रूम का हिस्सा बनने दें जो आपको खुशी प्रदान करेगा, जबकि दूसरी ओर जब आप चाहे उसे लाभ कमाने के लिए बेच सकते हैं और आय को कोई अन्य पेंटिंग खरीदने में निवेश करें और इसी प्रकार यह प्रक्रिया निरंतर चलती रहेगी।

16. चिटफंड किसके लिए

कुछ दिन पहले हुए चिटफंड घोटाले के बाद ऐसी कंपनियों में निवेश करने वाले एक आम आदमी के सामने उलझन भरी स्थिति है। ऐसे में यह जानना दिलचस्प होगा कि चिटफंड कैसे काम करता है और किसी आम आदमी को इसमें पैसे इन्वेस्ट करने चाहिए या नहीं।

चिटफंड तीन तरह की सुविधाओं का मिश्रण होता है। यह पर्सनल लोन भी है, आरडी भी है और किटी पार्टी भी। अलग-अलग लोगों के लिए चिट फंड के अलग-अलग मायने हैं।

किटी और चिटफंड- देखा जाये तो चिटफंड उधार लेने और बचत करने का एक परंपरागत तरीका है। जैसे कि किटी पार्टी में होता है, इसके सभी सदस्य हर महीने कुछ निश्चित रकम डालते हैं और महीने के अंत में कोई एक सदस्य पूरी रकम ले जाता है। जब तक कि सभी सदस्यों को पैसा नहीं मिल जाता, यह प्रक्रिया हर महीने दोहराई जाती है। बस अंतर यह होता है कि किटी पार्टी में जिस सदस्य को रकम मिलेगी, उसका चुनाव ड्रा के जरिए होता है, जबकि चिटफंड में इसका फैसला नीलामी से होता है। जो सदस्य सबसे कम बोली लगाता है, उसे इकट्ठी रकम मिल जाती है। बाकी रकम को सभी सदस्यों के बीच बाँट दिया जाता है। उदाहरण के लिए 20 सदस्य एक हजार रुपये हर महीने लगाते हैं, तो उनके पास 20 हजार रुपये की किटी होगी।

पहले महीने में अगर सबसे कम बोली 16,200 की लगी, तो बची रकम यानी 3800 रुपये बाकी सभी सदस्यों में बराबर-बराबर बाँट दी जायेगी। इससे पहले महीने हर सदस्य का योगदान 1000 की बजाय 810 रुपये ही रह जायेगा। चिटफंड में भाग ले रहे सदस्य इस चीज को सभी की जीत के तौर पर देखते हैं। बोली लगाने वाले को एकमुश्त रकम मिल जाती है क्योंकि उसे उस वक्त उसकी जरूरत है और बाकी सदस्यों को कुछ रुपयों का वैसे फायदा हो जाता है। बोली लगाने वाले को सस्ता लोन मिल गया और बाकी लोगों को अपनी रकम पर बेहतर रिटर्न मिल गया। आयोजक हर महीने कुल रकम का 5 फीसदी तक अपने कमीशन के तौर पर रख लेता है। इससे उसका भी फायदा हो गया।

वैसे मामला जितना साफ और आसान नजर आता है, उतना है नहीं। धोखेबाज लोग बोली में गड़बड़ी करते हैं और शुरुआती महीनों में कुछ रकम इकट्ठी करने के बाद भाग खड़े होते हैं। कुछ सदस्य कुछ महीनों के बाद जमा नहीं कर पाते और छोड़ देते हैं। ऐसे में किसी भी चिटफंड कंपनी का हिस्सा बनने से पहले इन्वेस्टर को होशियारी बरतने की जरूरत है। स्कीम में भाग लेने से पहले उसे कंपनी के बारे में अच्छी तरह पता लगाना हिस्ट्री देखनी चाहिए और उसके फाइनप्रिंटस को अच्छी तरह से पढ़ लेना चाहिए। सबसे पहले यह चेक करें कि स्कीम को रेग्युलटरी बॉडी की हरी झंडी हासिल है। चिटफंड पर चिटफंड ऐक्ट 1982 के तहत निगरानी की जाती है। वे सेबी के इन्वेस्टमेंट सम्बन्धी नियमों के तहत नहीं आते।

सेविंग और उधार दोनों

जैसा कि हम पहले ही जिक्र कर चुके हैं, चिट फंड सेविंग और उधार लेने दोनों का ऑप्शन है। अगर आप बोली नहीं लगाते तो यह आपके लिए आरडी की तरह होगा। चिट टर्म की समाप्ति पर आपको आपका पैसा मिल जायेगा। इसमें रिटर्न का कोई फिक्स फॉर्म्युला नहीं होता। हमने जो ऊपर उदाहरण लिया है, उसमें जो शख्स 20वें महीने तक इंतजार करेगा, उसे 18,100 रुपये देने होंगे और उसे अंत में 19 हजार रुपये मिलेंगे। इस तरह उसे 6.3 फीसदी का रिटर्न मिला। जब ज्यादातर बैंक आरडी पर 9 फीसदी तक का रिटर्न दे रहे हैं तो यह कोई फायदे का सौदा नहीं हुआ। चिटफंड से मिलने वाले कम रिटर्न की वजह होती है आयोजक को मिलने वाला पैसा। उसे किटी वैल्यू का 5 फीसदी कमीशन मिलता है जो अच्छी खासी रकम है। अब आपको समझ आ गया होगा कि क्यों चिटफंड कंपनियाँ इन्वेस्टर को ललचाने की कोशिश करती हैं। अगर आयोजक को कोई कमीशन न दिया जाये तो 20वें महीने के बाद सदस्यों का रिटर्न करीब 12.9 फीसदी बैठेगा जो कि डेट म्यूचुअल फंड द्वारा दिये गये रिटर्न से भी बेहतर होगा, लेकिन ऐसा होता नहीं है।

इसी तरह से उधार लेने का भी आसान तरीका है चिटफंड, लेकिन ब्याज की दर बहुत ज्यादा होती है। हमारे उदाहरण में पहले महीने में जिस सदस्य ने 15,200

रुपये उठा लिए थे, उसे 20 महीने में 18,100 रुपये देने होंगे। सालाना ब्याज दर करीब 22 फीसदी बैठती है। इन तमाम कमियों के बाद भी लोग चिटफंड की ओर आकर्षित होते हैं। इसकी वजह होती है चिटफंड का लचीलापन। जब तक किसी मेंबर को रकम की जरूरत न हो, तब तक वह उसे आरडी की तरह ले सकता है। ज्यादातर लोग चिट का इस्तेमाल शॉर्ट-टर्म लक्ष्यों के लिए करते हैं, मसलन कोई वाहन खरीदना या कोई बिजनस शुरू करना।

इन्वेस्ट करें या न करें- चिटफंड में ज्यादा लागत और कम रिटर्न के चलते एक आम इन्वेस्टर के लिए यह कोई अच्छा विकल्प नहीं माना जाता है। 22-24 फीसदी की दर पर कोई भी बैंक आपको पर्सनल लोन दे देगा और जहाँ तक आरडी का सवाल है तो उसमें भी बैंक आमतौर पर 8 से 9 फीसदी का ही रिटर्न देते हैं। चिटफंड का इस्तेमाल करने के बारे में तभी सोचें, जब आपकी क्रेडिट हिस्ट्री अच्छी न हो और बैंक आपको लोन देने से मना कर दे।

क्या है चिटफंड एक्ट?

एक्ट 1982 के सेक्शन 2 के अनुसार चिटफंड का मतलब कोई भी लेनदेन, जिसे चिट, चिटकंड, चिट्ठी, कुरी या अन्य किसी नाम से जाना जाता है!

इस के तहत एक व्यक्ति अन्य व्यक्ति के समूह के साथ यह समझौता करता है कि वह एक निश्चित राशि, निश्चित अवधि में जमा कराएगा। हर सदस्य अपनी बारी आने पर ऑक्शन या टेण्डर के माध्यम से उस राशि को लेने का अधिकारी होगा।

कम्पनीज ऑफ रजिस्ट्रार दिल्ली के सितम्बर 2010 तक के आँकड़ों के अनुसार देश में 10,269 चिटफंड कम्पनियाँ पंजीकृत हैं।

सजा का प्रावधान

चिटफंड एक्ट की धारा 3 के अनुसार, धन परिचालन स्कीम या उसमे सदस्यों के रूप में अपना नाम दर्ज करवाने या उनमे भाग लेने पर मनाही है। इसका उल्लंघन करने पर धारा 4 में तीन वर्ष की सजा या पाँच हजार रुपये आर्थिक दण्ड का प्रावधान है।

17. शेयर - बचत के तरीकों को अपना कर दीर्घकाल में जीतें बाजी

- "शेयरों में निवेश लम्बी अवधि के लिए ही करें।"
- "शेयर लम्बे समय में सबसे ज्यादा लाभ देते हैं।"
- "लम्बे समय में इक्विटी से रिटर्न अन्य सभी परिसंपत्ति वर्ग से रिटर्न को पीछे छोड़ देता है।"

क्या यह सब आपको परिचित लगते हैं? हमें यकीन है कि आपने ये कथन

कभी न कभी तो सुने ही होंगे। यह इसलिए क्योंकि यह पूरी तरह से सच है। चलिये जाँच करते हैं क्यों?

हम सभी शेयर बाजार की अस्थिरता के बारे में जानते हैं। एक दिन बाजार कुछ प्रतिशत ऊपर जाता है, और अगले दिन वह गिर जाता है! हम सबने यह देखा है, है न? क्या इसका मतलब यह है कि शेयर बाजार का रिटर्न अनिश्चित होता है? अल्पावधि में देखा जाय तो - हाँ। कोई भविष्यवाणी नहीं कर सकता है कि बाजार अगले दिन या अगले सप्ताह किस स्तर पर होगा।

लेकिन हम काफी हद तक सही भविष्यवाणी कर सकते हैं कि शेयर बाजार कुछ वर्षों के बाद कहाँ होगा। ऐसा क्यों है? यह समझने के लिये हमको एक शेयर की कीमत को निर्धारित करने वाले कारकों को देखने की जरूरत है।

यदि आप शेयर खरीदते हैं तो शेयर खरीदने को तिलांजलि न दें। यदि आप उस निवेश में अधिक पैसा बनाना चाहते हैं तो आपने शेयरों, विशेषकर सरकारी कंपनी के शेयरों की खरीद से जुड़े रहें। जैसे कि आप असल जिंदगी में तलाक की स्थिति को टालते हैं उसी प्रकार आपके द्वारा लिए गये अच्छी कंपनियों के शेयरों की महत्ता भी आपकी शादी के समान ही होगी। अच्छा होगा कि आप ऐसे निवेश से अलग होने की बात कभी न सोचें। विशेषकर, जब आप इसे अपनी वृद्धावस्था के लिए किये गये निवेश के दृष्टिकोण से देखते हैं इसलिए ऐसे निवेश को सुरक्षित रखना सही है जो आपने सरकारी कंपनियों के शेयरों और विशेषकर ब्ल्यू चिप कंपनियों के शेयरों के रूप में किया है। इसलिए शेयरों में आज ही निवेश करें चाहे वह कम ही हो, लेकिन ऐसे शेयरों को लम्बे समय तक अपने पास रखें। आपकी यह सोच रिटायरमेंट के बाद की जिंदगी के सुनहरे वर्षों को अधिक खुशनुमा और तनावरहित बना देगी। इस दौरान आपके पैसे और खर्च की कोई चिंता नहीं करनी पड़ेगी तथा आप आरामदायक जीवन का लुत्फ उठाएंगे।

किसी शेयर की कीमत कैसे निर्धारित होती है

जवाब आसान है - किसी भी शेयर की कीमत उस शेयर की माँग पर निर्भर करती है। यदि किसी शेयर के लिए अधिक माँग है, तो उसकी कीमत ज्यादा होगी, और अगर किसी शेयर के लिए माँग कम है, तो इसकी कीमत नीचे जायेगी।

लेकिन यह माँग कैसे निर्धारित होती है?

रोज ब रोज की माँग अल्पकालिक कारकों जैसे समाचार प्रवाह, राजनीति, अन्य वस्तुओं की कीमतों में परिवर्तन (जैसे कच्चा तेल), आदि से प्रभावित होती है। इन कारकों में कोई भी परिवर्तन माँग की अस्थिरता और इस तरह से शेयरों की कीमतों की अस्थिरता का कारण बनता है। लेकिन लम्बे समय में माँग और शेयर

की कीमत, अर्थव्यवस्था की स्थिति, उसकी विकास दर और निजी कंपनियों की विकास दर पर निर्भर करती है।

चलिये इसे विस्तार से यह समझते हैं।

ज्यादातर कंपनियाँ लाभ (profit) कमाती हैं, और यह लाभ प्रति शेयर व्यक्त करने पर 'कमाई प्रति शेयर' या ईपीएस (Earnings Per Share - EPS) कहलाता है। जब लोग किसी कंपनी में निवेश करते हैं, वे कीमत के रूप में इस ईपीएस का एक निश्चित गुणांक देने को तैयार रहते हैं। यह गुणांक पीई अनुपात (Price to EarniN%s or PE Ratio) कहलाता है।

सामान्य रूप से कम्पनियाँ हर वर्ष बढ़ती हैं – उनकी बिक्री (revenue) बढ़ती है, और उनके लाभ (profit) भी बढ़ते हैं। (कम से कम हमें निवेश के लिए केवल उन्हीं कंपनियों पर विचार करना चाहिए जो कि बढ़ रही हैं, या जिनमें बढ़ने की क्षमता है।)

इसका मतलब यह है कि उनके ईपीएस (EPS) में भी आने वाले वर्षों में वृद्धि होगी। अब, यदि निवेशक वही पीई (PE) गुणांक पर कंपनी के शेयर की कीमत का भुगतान करने के लिए तैयार हैं, तब भी इसके शेयर की कीमत बढ़ जायेगी, क्योंकि इसका ईपीएस (EPS) बढ़ गया है।

उदाहरण–मानिए की एक कंपनी की ईपीएस 10 रुपये है, और 12 के पीई के साथ इसमें लेन-देन चल रही है। इस प्रकार, उसके शेयर की कीमत 120 रुपये होगी। दो साल के बाद, यदि इसका ईपीएस 15 रुपये है, तो पीई 12 ही रहने पर भी इसकी कीमत 180 रुपये होगी।

इस प्रकार, एक कंपनी का शेयर-मूल्य स्वाभाविक रूप से उसके लाभ में वृद्धि के आधार पर लम्बे समय में ऊपर जायेगा और इसलिए, शेयरों में लम्बी अवधि के लिए निवेश हमेशा पैसा बनाता है।

बेशक, चुनौती है ऐसी कंपनियों में निवेश करना जो बढ़ रही हैं और बढ़ती रहेंगी। ऐसी कंपनियों की खोज के लिये काफी विशेषज्ञता और समय की आवश्यकता है। इसलिए, शेयर बाजार में निवेश म्यूचुअल फंड के द्वारा करना बुद्धिमानी है, जो आप के बदले सारे मुश्किल काम कर देगा।

आयकर के नजरिए से भी शेयर एक अनुकूल चित्र प्रस्तुत करते हैं – स्टॉक से दीर्घकालिक पूँजीगत लाभ (long term capital gain) आय कर से मुक्त है! यह एक और कारण है शेयरों में लम्बे समय के लिए निवेश करने के लिए।

"लम्बी अवधि" मतलब कितना लम्बा समय?

"दीर्घावधि" की परिभाषा क्या है? हमारा मानना है कि शेयरों के लिए लम्बे समय

का मतलब है कम से कम 5 साल। यह समय शेयर की कीमतों से सभी अल्पावधि उतार चढ़ाव के प्रभाव को दूर करने के लिये काफी है। हमारी राय में यह कम से कम समय है जिस में एक कंपनी के शेयर मूल्य में उस कम्पनी की तरक्की का सही प्रभाव पता चलता है।

सबूत- चलिये देखें कि क्या भूतकाल में मिले रिटर्न हमारी राय का समर्थन करते हैं-

निवेश	5 वर्ष में लाभ	10 वर्ष में लाभ	15 वर्ष में लाभ
इक्विटी	35%	16%	17%
सोना	10%	7%	13%
पीपीएफ	9.5%	12%	12%
बैंक एफडी	8.5%	12.5%	13%
रियल एस्टेट	30%	14%	11%

तो, हम देखते हैं कि शेयर लम्बे समय में अन्य परिसंपत्ति वर्ग को पीछे छोड़ देते हैं। स्टॉक और कुछ अन्य परिसंपत्ति वर्गों के बीच में फर्क यद्यपि मामूली लगता है (उदाहरण के लिए रीयल एस्टेट में), लम्बे समय में यह आपके निवेश के विकास पर भारी प्रभाव डाल सकता है।

शेयर निवेश -प्रत्यक्ष (सीधा) निवेश बनाम म्यूच्युअल फंड्स

आप एक चतुर निवेशक हैं। आप ने व्यक्तिगत वित्त और निवेश के बारे में बहुत कुछ जाना है, और इसलिए आप को अच्छे से पता है कि लम्बे समय में सभी परिसंपत्ति वर्गों के बीच शेयर (इक्विटी - EQUITY) निवेश मुद्रास्फीति को पीछे छोड़ता हुआ सबसे अच्छा रिर्टन देता है।

आपको कुछ दीर्घकालिक वित्तीय लक्ष्यों के लिए बचत की जरूरत है, और जाहिर है, शेयर आपकी पहली पसंद हैं। अपने लक्ष्य को प्राप्त करने के लिए जब आप एक अनुशासित ढंग से निवेश करने का फैसला करते हैं तो, आप एक डीमेट खाता और एक ट्रेडिंग खाता खुलवाते हैं और शेयरों में निवेश शुरू करते हैं।

सवाल यह है कि क्या यह सही दृष्टिकोण है? आपको शेयरों में सीधे निवेश करना चाहिए या विशेषज्ञों की मदद लेना चहिए?

खैर, हर एक व्यक्ति के लिए जवाब दूसरे व्यक्ति से भिन्न होता है। तो चलिये, शेयर निवेश के इन दोनों तरीकों की तुलना करते हैं, जिस की मदद से आपको अपना जवाब मिल जायेगा।

पहलू 1- समय

बहुत से छोटे निवेशक शेयरों में अल्पकालीन समय के लिये टिप्स (tips) और अफवाहों

के आधार पर 'निवेश' करते हैं, जो निवेश की सबसे अनुचित रणनीति है। यह ट्रेडिंग पद्धति केवल ट्रेडर्स के लिए ही योग्य है। ये वो लोग हैं जो बड़ी पूँजी का निवेश बड़ी शेयर खरीदने के लिए करते हैं। ऐसे में एक शेयर की कीमत में 5 पैसे की वृद्धि भी उनके लिए बहुत लाभदायक होती है। लेकिन छोटे निवेशकों के लिए यह एक हारी हुई बाज़ी है।

शेयरों में निवेश केवल लम्बे समय के लिए किया जाना चाहिए - कंपनी की रणनीति और प्रबंधन की सुदृढ़ता ध्यान में रखते हुए लम्बे समय के लिए शेयरों में निवेश कया जाना चाहिए। इसलिए शेयरों में निवेश के लिये अनुसंधान की बहुत जरूरत है। इस में शामिल है बुनियादी विश्लेषण जो कि बुनियादी कारकों का एक अध्ययन है जो कि एक कंपनी के कार्य और परिणाम को प्रभावित करते हैं। इन कारकों में शामिल हैं उद्योग (industry or sector) जिसमें कंपनी काम करती है, उद्योग की विकास दर (growth rate), घरेलू और अंतरराष्ट्रीय प्रतिस्पर्धा, समग्र आर्थिक परिदृश्य (ब्याज दर, मुद्रास्फीति, विनिमय दर), आदि।

यह विश्लेषण या अनुसंधान सिर्फ शेयर चुनने से पहले नहीं कि जानी चाहिए, बल्कि निवेश की पूरी अवधि के दौरान लगातार नजर रखने के लिये भी चाहिए। इस तरह के अनुसंधान के लिये समय के भारी निवेश की जरूरत है। क्या आप, एक छोटे से निवेशक, के पास इतना अतिरिक्त समय है?

पहलू 2 - विशेषज्ञता (Expertise)

एक कंपनी के विश्लेषण के लिये आवश्यकता है मूल्यांकन (valuation) और लेखांकन (accounting) के सिद्वांतों के संपूर्ण ज्ञान की, और विभिन्न वित्तीय अनुपातों (ratios) जैसे आर. ओ. ई. (ROE- Return on Equity), आर. ओ. सी. इ. (ROCE -Return on Capital Employed), आर. ओ. एन. डब्ल्यू. (RONW - Return on Net Worth), आदि की व्याख्या की। कंपनियों के ताजे वित्तीय परिणामों और अन्य वित्तीय जानकारी की भी आवश्यकता होगी।

बुनियादी विश्लेषण में कंपनी जिस उद्योग में काम कर रही है उसके ज्ञान की भी आवश्यकता होगी।

क्या आपके पास इस तरह की पहुँच और विशेषज्ञता है?

पहलू 3 - सौदा लागत (Transaction Cost)

एक छोटे निवेशक के रूप में आप के सौदे की मात्रा/मूल्य बहुत मामूली होगी। इसका मतलब है कि ज्यादातर दलाल (brokers) आप से सबसे ज्यादा दलाली प्रभार (brokerage) वसूल करेंगे। ध्यान रखें - जैसे-जैसे सौदे का मूल्य बढ़ेगा, दलाली लागत उसके प्रतिशत के रूप में घटती रहेगी।

इस सौदे की लागत का आपके अंतिम रिटर्न पर सीधा और महत्त्वपूर्ण प्रभाव पड़ता है। क्या आप इस के लिए तैयार हैं?

पहलू 4 – प्रतिक्रिया की गति (Reaction Speed)

अगर आर्थिक कारकों में अचानक कोई परिवर्तन आता है, और यह कंपनी को प्रभावित करते हैं, तो क्या आप शांत और तटस्थ होकर सोच पाने में सक्षम होंगे? क्या आप त्वरित कार्रवाई और प्रतिक्रिया के लिए सक्षम होंगे?

पहलू 5 – निवेश पर नियंत्रण

आपके लिये "नियंत्रण" (control) कितना महत्त्वपूर्ण है? क्या आप फैसला करना चाहते हैं कि कितना निवेश कहाँ करना है या आप अपने निवेश के लिए एक बाहरी विशेषज्ञ पर भरोसा कर सकते हैं?

म्यूच्युअल फंड (Mutual Fund - MF) के जरिए निवेश के लाभ

1. उनके पास अनुभवी निधि प्रबंधक (fund managers) होते हैं, जिनको शेयर बाजारों की अच्छी समझ होती है।
2. म्यूच्युअल फंडस् में शोधकर्ता (researchers) होते हैं जिनको विभिन्न उद्योगों की गूढ़ जानकारी होती है। उनको विभिन्न मूल्यांकन सिद्धांतों की भी अच्छी तरह से समझ होती है।
3. इन विशेषज्ञों का पूर्णकालिक काम ही कंपनियों का अनुसंधान करना है, इसलिए जाहिर है कि वह बेहतर तरीके से अच्छी कंपनियों की पहचान कर सकते हैं।
4. म्यूचुअल फंड के शोधकर्ता अकसर कंपनियों के प्रबंधन (management) से सीधे बात करते हैं। इसलिए उनको कंपनी की रणनीति (strategy) की बेहतर समझ होती है।
5. म्यूचुअल फंड्स कई निवेशकों से पैसा जमा करते हैं, और उनकी ओर से सामूहिक रूप से निवेश करते हैं। जहिर है इसके परिणामस्वरुप वे बड़े सौदे करते हैं, जिसकी वजह से सौदों की लागत काफी कम लगती है।

निवेश पिरामिड

विशेषज्ञ लोगों के लिए निवेश पिरामिड बनाने का सुझाव देते हैं। इस रणनीति के तहत जो चौड़ा आधार है, वह उन सुरक्षित निवेश विकल्पों का होता है जो टैक्स छूट लेने के लिए विभिन्न सालों के दौरान चुने जाते हैं। मध्य में उससे कम चौड़ी पट्टी उन निवेशों की होती है जिनमें मध्यम-जोखिम लेकिन अधिक रिटर्न की संभावना होती है। पिरामिड में सबसे ऊपर संकरी पट्टी अधिक जोखिम वाले निवेश विकल्पों की होती है।

अपेक्षाकृत कम उम्र के निवेशकों को शेयरों में अधिक निवेश करना चाहिए क्योंकि लम्बी अवधि में इनसे अधिक रिटर्न मिलता है। हालाँकि उम्र के साथ धीरे-धीरे शेयरों से पूँजी निकाल कर सुरक्षित विकल्पों में लगा देनी चाहिए। इसके अलावा वेतनभोगी लोग अपने वेतन को रीस्ट्रक्चर करा कर भी कुछ बचत कर सकते हैं। उदाहरण के लिए आवागमन भत्ता और घर किराया भत्ता पर कर छूट की सुविधा उपलब्ध होती है। निवेशकों को इसका फायदा उठाना चाहिए। इसके अतिरिक्त चिकित्सा पर हुए व्यय पर 15 हजार रुपये तक की वापसी होती है।

6. म्यूच्युअल फंड पैसे की बहुत बड़ी रकम प्रबंधन (manage) करते हैं, क्योंकि वह बहुत से निवेशकों से छोटी राशियाँ जमा करते हैं। इस पैसे को कई अच्छी कंपनियों में निवेश किया जाता है। इसका मतलब यह है कि यदि आप म्यूच्युअल फंड में निवेश करते हैं, तो आप बहुत अच्छी तरह से थोड़ी राशि के साथ भी निवेश में विविधता (diversification) ला सकते हैं।

यदि आप के पास रुपये 10,000 निवेश करने के लिये हैं, तो शायद आप 2-3 अच्छी कंपनियों के कुछ शेयरों को खरीद सकते हैं। यह निश्चित रूप से विविधता (diversification) नहीं है! लेकिन इसी राशि के साथ आप एक विविध इक्विटी म्यूचुअल फंड (diversified mutual fund) के यूनिटों (units) को खरीद सकते हैं और आपका एक अच्छा विविध पोर्टफोलियो (diversified portfolio) होगा।

7. चूँकि म्यूच्युअल फंडस् कोष प्रबंधकों (fund managers) द्वारा प्रबंधित होते हैं जिनका काम ही पैसे का प्रबंध करना है, वह अचानक घटी घटनाओं पर सही समय पर प्रतिक्रिया कर सकते हैं।

अपना पैसा सेविंग बैंक एकाउंट (बचत बैंक खाता) में से निकालकर पोस्ट ऑफिस सेविंग बैंक एकाउंट या मनी मार्केट म्यूचुअल फंड या लिक्विड फंड में निवेश करें ताकि कर मुक्त आय मिल सके। यदि आप एक निर्धारित राशि नियमित रूप से सेविंग्स बैंक एकाउंट में रखने के प्रति निश्चित हैं, तो उससे बेहतर है कि आप उसी धनराशि को पोस्ट ऑफिस के सेविंग्स एकाउंट में रखें जिसके द्वारा आप 3.5 प्रतिशत कर मुक्त आय का लाभ उठा सके, जो कि वार्षिक रूप से आपके खाते में जमा कर दी जाती है। पोस्ट ऑफिस सेविंग बैंक से ब्याज के रूप में प्राप्त होने वाली समस्त आय आयकर से मुक्त होती है। जबकि याद रखें कि पोस्ट ऑफिस सेविंग्स बैंक एकाउंट खोलने के लिए कम से कम 50 रुपये की आवश्यकता होती है। लेकिन इस सेविंग बैंक एकाउंट में रखी जाने वाली राशि की अधिकतम सीमा, एकल खाते में 1 लाख रुपये तथा संयुक्त खाते में 2 लाख रुपये तक होती है।

कृपया म्यूचुअल फंड में निवेश के निम्नलिखित नुकसान को भी ध्यान में रखें–

1. **नियंत्रण का अभाव**– एक बार जब आप निवेश कर देते हैं, एक निवेशक के रूप में आप का कोई नियंत्रण नहीं होता है कि कहाँ आपके पैसों का निवेश किया गया है – यह निवेश म्यूचुअल फंड योजना के निवेश के सिद्धांत पर आधारित होगा।

   ध्यान दें– यह वास्तव में म्यूचुअल फंड में निवेश के लिए प्राथमिक कारण हो सकता है – जब आप के पास समय और विशेषज्ञता नहीं है और आपको विशेषज्ञों पर विश्वास है, तो क्यों न उन्हें आपके पैसे का प्रबंधन करने दें। इसलिए, आपको म्यूचुअल फंड योजना का चयन सावधानी से करना चाहिए, ताकि आपके उद्देश्य उसके निवेश के उद्देश्यों के साथ मेल खाते हों।

   यदि आपको विश्वास है कि किसी विशेष क्षेत्र (specific sector) का भविष्य में अच्छा प्रदर्शन रहेगा, तो आप ऐसी म्यूचुअल फंड योजना में निवेश कर सकते हैं जो उस क्षेत्र में विशेष रूप से निवेश करती हो – आप एक क्षेत्र फंड (sector fund) में निवेश कर सकते हैं। इस तरह की योजनाएँ काफी जोखिम के साथ आती हैं, क्योंकि उनके निवेश में विविधता (diversification) नहीं है। लेकिन जब आप म्यूचुअल फंड में निवेश करते हैं तो आप के पास यही अधिकतम नियंत्रण है।

2. **कोई अनुकूलन (customization) नहीं**– चूँकि म्यूच्युअल फंड के पास कई ग्राहक होते हैं, वह अपने निवेश को हर ग्राहक के अनुसार अनुकूलित (customize) नहीं कर सकते।

3. **प्रबंधन शुल्क (management fee)**– म्यूच्युअल फंड्स वार्षिक प्रबंधन शुल्क लेते हैं। म्यूचुअल फंड अपने निवेश के लिए किये जाने वाले अनुसंधान और अन्य लागत को वसूलने के लिए यह शुल्क लगते हैं। चूँकि यह एक वार्षिक शुल्क है, इसका आपके रिटर्न पर प्रभाव पड़ेगा। लेकिन, हम यह भी कह सकते हैं कि इस पैसे का उपयोग गहन अनुसंधान के लिये किया जाता है, और इसलिए यह आपके निवेश पर बेहतर रिटर्न प्रदान करता है!

   निष्कर्ष– अब आपको म्यूचुअल फंड में निवेश के लाभ और हानि की जानकारी हो गयी है। आप यह फैसला करने की बेहतर स्थिति में हैं कि आप शेयरों में सीधे निवेश करना चाहते हैं या म्यूचुअल फंड के रास्ते जाना चाहते हैं। यह कुछ पहलू हैं जो आपकी मदद करेंगे तय करने में कि निवेश सीधे शेयर बाजार में किया जाये कि म्यूचुअल फंड (म्यूच्युअल फंड) में। एक छोटे निवेशक के बारे में विचार करने पर हम पाते हैं कि वह

एक पूर्णकालिक नौकरी (full time job) करता है, और वह केवल अपने वित्तीय लक्ष्यों को हासिल करने के लिए निवेश करता है। वह मूल्यांकन (valuation) और लेखा (Accounting) का विशेषज्ञ नहीं होता। उसके पास कंपनियों के गहरे अनुसंधान के लिए भी समय नहीं होगा। तो, एक सामान्य सिद्धांत के रूप में, छोटे निवेशकों के लिए उचित यह है कि म्यूचुअल फंड के जरिए निवेश करें।

पैन कार्ड की आवश्यकता

पैन कार्ड एक ऐसा बेसिक डॉक्युमेंट है, जिसके जरिए आप कई तरह की सुविधाएँ पा सकते हैं।

- इनकम टैक्स रिटर्न भरने के लिए पैन होना जरूरी है।
- अगर किसी की सालाना आमदनी टैक्सेबल है तो उसे पैन लेना अनिवार्य है। ऐसे लोग अगर एम्प्लॉयर को पैन उपलब्ध नहीं कराते हैं तो एम्प्लॉयर उनका स्लैब रेट या 20 फीसदी में से जो ज्यादा है, उस दर से टीडीएस काट है सकता ।
- इनकम टैक्सेबल नहीं है, तो पैन लेना अनिवार्य नहीं है। फिर भी बैंकिंग और दूसरी तरह के फाइनैंशल ट्रांजैक्शन के मामलों (जैसे : बैंक अकाउंट खोलना, प्रॉपर्टी बेचना-खरीदना, इनवेस्टमेंट करना आदि) में पैन की जरूरत होती है, इसलिए पैन सभी को ले लेना चाहिए।

18. रिटायरमेंट के बाद निवेश कीजिए

जीवन का फार्मूला है-रिजर्व वर्सेस डिजायर, अर्थात् सुयोग्य बनाम इच्छा। जी हाँ, जिंदगी का यह फार्मूला निवेश के क्षेत्र में भी महत्त्वपूर्ण भूमिका अदा करता है। निवेश का यह फार्मूला हर एक को निवेश नियोजन के हर पायदान पर अपनाना चाहिए। आप कोई विशेष निवेश करते हैं और आप इच्छा करते हैं कि वह निवेश पाँच वर्षों में चार गुना हो जाये। पाँच साल बाद जब आप निवेश की जाँच करते हैं तो पाते हैं कि जो आपकी इच्छा थी वह पूरी नहीं हुई है। यह वास्तविकता आपके चेहरे पर उदासी ले आती है। लेकिन ऐसी स्थिति में आपको सब कुछ जिंदगी के उस फार्मूले पर छोड़ देना चाहिए जिसे डिजर्व वर्सेस डिजायर के नाम से जाना जाता है। "मेरी इच्छा है कि मेरा निवेश बहुत तेजी से बढ़े"। यह कामना हर किसी की होती है। लेकिन यह भगवान की इच्छा है कि मुझे किसी विशेष समय के दौरान ज्यादा मूल्यवृद्धि न मिले। अतः यदि आपका नियोजित व निर्धारित निवेश आपकी अपेक्षा के अनुरूप उस ऊँचाई तक नहीं बढ़ता तो हमेशा इस डिजर्व वर्सेस डिजायर फार्मूले के बारे में सोचें। सब कुछ परमपिता परमेश्वर पर छोड़ दीजिए क्योंकि केवल वह ही जानता है कि वह क्या चाहता हैं। लेकिन यह आपकी इच्छा है जो

आप पूरी करना चाहते हैं। अतः यदि निवेश वृद्धि के सम्बन्ध में आपकी यह इच्छा या अभिलाषा पूरी नहीं होती है तो उसे भगवान के हाथों में छोड़ देना चाहिए और सोचना चाहिए कि ईश्वर ने आपके निवेश के साथ जितना किया है, आप उतने ही पाने के योग्य हैं। इस प्रकार का व्यवहार व सोच आपके चेहरे की उदासी दूर कर देगा, निवेश सम्बन्धी चिंताओं व अवसादों को हर लेगा तथा आपको खुशी व आराम देता है। फिर भी आपकी ओर से निश्चित तौर पर, आपको वे सभी गतिविधियाँ पूरी करनी होंगी, जो उपयुक्त व सही निवेश नीति की क्रियान्वयन से सम्बन्धित कार्यों को करने के लिए अनिवार्य होती हैं।

सलाह लेने से मना करें

जब आपको रिटायरमेंट के लाभ मिलते हैं तो इस समय निवेश सम्बन्धी योजना बनाने से पहले अपने सभी मित्रों व सगे-सम्बन्धियों को कोई सलाह देने को ना कहें! यह आम बात है कि जैसे ही किसी व्यक्ति को रिटायरमेंट लाभ के तौर पर बड़ी राशि प्राप्त होती है। शुभचिंतकों, मित्रों और सगे-सम्बन्धियों की भीड़ बिना कहे ही आपको भारी लाभ दिलाने वाली योजनाओं में पैसा लगाने की सलाह-मशविरा देने पहुँच जाते हैं। कुछ रिश्तेदार आपके धन और अपनी मेहनत के बल पर मिलकर बिजनेस करने का प्रस्ताव लेकर भी आ सकते हैं। इन सभी समस्याओं का निश्चित तौर पर बढ़िया जवाब यह है कि आप अपना रिटायरमेंट का पैसा आने पर अपने इन शुभचिंतकों को कोई भी सलाह देने के लिए स्पष्ट तौर पर मना कर दें।

रिटायरमेंट के पैसों का निवेश

जब आप रिटायर होते हैं तब आपको ग्रेच्युटी राशि, प्रोविडेंट फंड राशि तथा अन्य रिटायरमेंट लाभ सहित लगभग 25 से 50 लाख रुपये तक की राशि मिलने वाली होती है। यह सच है कि इतनी बड़ी धनराशि आमतौर पर जीवन में एक बार ही मिलती है। अधिकांश निवेशकों के लिए प्राप्त की गयी यह रिटायरमेंट धनराशि उनके जीवन में देखी गयी सबसे बड़ी धनराशि होगी। यदि आपकी रुचि हो तो आप दूसरी रिटायरमेंट राशि का लाभ उठा सकते हैं, जैसे कि; यदि आप चाहते हो कि रिटायरमेंट के बाद आपको दोगुनी धनराशि मिले, तो उसके लिए इन्वेस्टमेंट मंत्र है कि सक्रिय सेवा में रहते हुए ही आप किसी आवासीय भूखंड में निवेश करें। खरीदने के बाद इस जमीन को भूल जाइए और इसे तब बेचकर धनराशि प्राप्त करें जब आप रिटायर होने वाले हों तथा आपके रिटायरमेंट लाभ मिलने वाले हों। ऐसे में वर्षों पहले खरीदे गये जमीन के इस एक टुकड़े को यदि आप रिटायरमेंट के समय बेचें तो यह आपको उस समय आपके, भावी निवेश हेतु बड़ी धनराशि उपलब्ध कराएगा। इस प्रकार रिटायरमेंट के समय डबल रिटायरमेंट का लाभ उठाने के लिए अभी योजना बनायें और जमीन के एक टुकड़े में निवेश करें जिससे रिटायरमेंट के समय मिलने वाली बड़ी धनराशि से आप

अपने परिवार से किये गये वायदों, वृद्धावस्था के वायदों तथा अन्य सम्बन्धित मामलों को पूरा कर सकें।

आप अपने रिटायरमेंट फायदों के उप-मार्ग में 15 लाख रुपये से 50 लाख रुपये के बीच कुछ भी पा सकते हैं। अब इस मोटे पैसे को निवेश करने के बारे में पहले से ही योजना बनायी जाये, जो आपमें से अधिकांश लोगों के जीवन में निश्चित तौर पर एक बार अवश्य आता है। रिटायरमेंट पर मिलने वाले फायदों से अपेक्षा रखने वाले उन सभी लोगों को इस बारे में अग्रिम तौर पर योजना बनानी चाहिए कि रिटायरमेंट से मिलने वाले पैसों को कहाँ प्रयोग करना है। अपेक्षित धन को निवेश करने की अग्रिम योजना से आप अपने निवेश से श्रेष्ठ फायदा कमाने पर विचार कर सकते हैं। सबसे पहला बड़ा रिटायरमेंट मंत्र है कि मनी पॉवर के संदर्भ में आप अपने सभी रिश्तेदारों व मित्रों को पूरी तरह से दरकिनार कर दें! अपने ऐसे तथाकथित मित्रों व रिश्तेदारों के हाथों में पैसा न जाने दें जो रिटायरमेंट के बाद पैसे पहुँचने से पहले ही उन सभी बातों के लिए सलाह देने लगते हैं कि रिटायरमेंट के बाद मिलने वाली उस बड़ी रकम का किस प्रकार उपयोग किया जाये। लेकिन ऐसे सलाहकारों को पूरी तरह से दरकिनार कर इन्वेस्टमेंट मंत्र के अनुसार ही अपने वित्तीय मामलों को नियोजित करें! पहला कदम है कि सीनियर सिटीजन सेविंग्स स्कीम में 15 लाख रुपये निवेश किये जाने चाहिए। सीनियर सिटीजन सेविंग्स स्कीम एकाउंट किसी भी पोस्ट ऑफिस या स्टेट बैंक ऑफ इंडिया में खोला जा सकता है किंतु व्यवहारिक दृष्टि से मेरी सलाह है कि किसी परेशानी या झंझट से बचने के लिए यह खाता स्टेट बैंक ऑफ इंडिया में ही खोला जाये। इस योजना में निवेश का एक बड़ा फायदा यह है कि आपको 9 प्रतिशत की दर से प्रतिवर्ष ब्याज मिलेगा और यह भी तिमाही (त्रैमासिक) आधार पर सीधे आपके बैंक खाते में जमा किया जायेगा। इस प्रकार का उत्कृष्ट व सुरक्षित लाभ अन्य किसी प्रकार के निवेश में देखा नहीं जाता। इसलिए सीनियर सिटीजन सेविंग्स एकाउंट में 15 लाख रुपये जमा करने का विचार सुनिश्चित करें। अब आपके पास शेष रही राशि को पोस्ट ऑफिस की मासिक आय योजना में लगायें जिससे आप अपने निवेश पर आगे सतत् वृद्धि का लाभ उठा सकें और अपने दैनिक घरेलू खर्चों को पूरा कर सकें। लेकिन साथ ही यह भी ध्यान रखें कि पोस्ट ऑफिस की 6 वर्षीय मासिक योजना में एकल खाते (सिंगल एकाउंट) में अधिकतम 4.50 लाख रुपये जमा किये जा सकते हैं और संयुक्त खाते (ज्वाइंट एकाउंट) में अधिकतम 9 लाख रुपये ही जमा कर सकते हैं। इन पर 8 प्रतिशत वार्षिक की दर से ब्याज दिया जाता है। सीनियर सिटीजन सेविंग्स स्कीम तथा पोस्ट ऑफिस की मासिक आय योजना में भी निवेश करने के बाद शेष बची राशि को म्यूचुअल फंड में या किसी बड़ी कंपनी की जमा योजनाओं में लगाया जा सकता है। यह भी सलाह दी जाती है

कि शेष धन को इक्विटी लिंक्ड म्यूचुअल फंड में निवेश न करें बल्कि बेहतर होगा कि उसे म्यूचुअल फंड के बैलेंस फंड में निवेश करें जिससे म्यूचुअल फंड का निवेश कम जोखिम में रहे। जबकि बैलेंस फंड के अंतर्गत धन का बड़ा अंश ऋण प्रपत्रों (debt instrument) में और केवल छोटा भाग इक्विटी में निवेश करें। यह निवेश नीति आपके रिटायरमेंट फंड्स के लिए अच्छा तालमेल साबित होगा।

रिवर्स मोर्टगेज का सहारा[1]

यदि आप ऐसे वरिष्ठ नागरिक (सीनियर सिटीजन) हैं जिसकी वर्तमान आय कम है किंतु आपके पास प्रॉपर्टी के रूप में बड़ा घर है तो अब यह समय है कि प्रॉपर्टी को प्रत्यावर्तित बंधक (रिवर्स मोर्टगेज) करने का सहारा लें। भारत के विभिन्न भागों में बड़ी संख्या में वरिष्ठ नागरिक हैं जो अपने भव्य भवन या अपार्टमेंट में रहते हैं क्योंकि प्रॉपर्टी के दामों में समग्र वृद्धि हुई है इसलिए समय के साथ-साथ इन भवनों का बाजार मूल्य भी बहुत महँगा हो चुका है। यदि हम प्रॉपर्टी के खरीद मूल्य और आज के बाजार मूल्य की तुलना करें तो कई मामलों में इनमें सौ गुना अंतर है। इसलिए अब यह समय आपकी प्रॉपर्टी के बढ़े हुए मूल्य से फायदा उठाने का है। लेकिन समस्या यह है कि मूल्यवृद्धि तो है किंतु कोई वर्तमान आय नहीं है और देश में मुद्रास्फीति (मूल्य) बढ़ने के कारण दिन पर दिन जीवनयापन करना कठिन हो रहा है, विशेषकर उन लोगों के लिए जिनकी आय बंधी हुई है। ऐसी स्थिति में, ऐसे व्यक्ति के लिए श्रेष्ठ परिणाम की प्राप्ति के लिए विकल्प होगा कि उन्हें अपनी प्रॉपर्टी बेच देनी चाहिए लेकिन, आपके लिए यह विचार सही नहीं है। यदि हम प्रॉपर्टी बेचने की बात करते हैं तो ऐसे व्यक्ति यह सोचेंगे कि प्रॉपर्टी बेचने और अन्यत्र चले जाने से समाज में उनकी प्रतिष्ठा खो जायेगी। इसके अलावा प्रॉपर्टी को बेचने और कोई अन्य छोटी प्रॉपर्टी खरीदने में अनेकों समस्याएँ, बाधाएँ और तनाव होते हैं। ऐसे वर्ग में आने वाले लोगों के लिए श्रेष्ठ स्वर्णिम मंत्र है कि वे अपनी प्रॉपर्टी को न बेचें बल्कि केवल उसे **रिवर्स मोर्टगेज**[1] रखें। यह एक अत्यंत प्रभावशाली विचार है जिसमें कोई झंझट, परेशानी, ज्यादा कागजी कार्यवाही या फिक्र भी नहीं है। आपको बस इतना करना है कि आप अपने निकटतम बैंक जायें और बैंकर से **रिवर्स मोर्टगेज**[1] सम्बन्धी जानकारी माँगे। **रिवर्स मोर्टगेज**[1] के विचार के अन्तर्गत, विशेषकर वरिष्ठ नागरिक अपनी प्रॉपर्टी को मोर्टगेज अर्थात् गिरवी रखवाकर एडवांस या लोन ले सकते हैं। इस स्थिति का सबसे अच्छा पक्ष यह है कि सभी वरिष्ठ नागरिकों पर मोर्टगेज पर लिए गये लोन के पैसों की अदायगी सम्बन्धी कोई दायित्व नहीं होगा। जैसे कि **रिवर्स मोर्टगेज**[1] के विचार के अंतर्गत प्रॉपर्टी को गिरवी/बंधक रखा जाता है तो उसे बिक्री नहीं माना जायेगा। अतएव **रिवर्स मोर्टगेज**[1] के नवीन विचार के अंतर्गत मिली किसी भी प्रकार की

1. प्रत्यावर्तित बंधक

राशि को प्राप्तकर्ता की आय के समान नहीं माना जायेगा और इसलिए **कैपिटल गेन टैक्स**[1] की भी कोई देनदारी नहीं होगी। इसलिए, रिवर्स मोर्टगेज की अवधारणा विशेषकर वरिष्ठ नागरिकों के लिए वास्तव में अत्यंत सुरुचिपूर्ण है! अंततः प्रॉपर्टी के मालिक के देहांत के पश्चात् वह स्वयंमेव ही उसके कानूनी वारिस अथवा उन लोगों के नाम हस्तांतरित हो जायेगी जिनका उल्लेख वसीयतनामे में होगा और वह व्यक्ति बैंक लोन चुकाकर प्रॉपर्टी पर अपना हम जमा सकता है। इस प्रकार से वे व्यक्ति भी इसका लाभ उठाकर अच्छी जीवनशैली अपना सकते हैं जिनकी आय अधिक नहीं है।

आवासीय गृह प्रॉपर्टी की रिलोकेशन[2]

यदि आप वरिष्ठ नागरिक हैं और आपको पता चलता है कि आपकी आवासीय प्रॉपर्टी की मार्केट वैल्यू पिछले एक दशक में पर्याप्त रूप से बढ़ी है, तो इस समय यह सही समय है कि आप इस आवासीय गृह प्रॉपर्टी के **रिलोकेशन**[2] के बारे में विचार करें। यदि आपके पास खुद का घर है या आपके नाम पर कोई महँगा आवासीय अपार्टमेंट है तो यह निवेश मंत्र लागू किया जा सकता है। रहन-सहन के बढ़ते खर्चों का वहन करने के लिए यदि वरिष्ठ नागरिकों के पास वर्तमान में आय के स्रोत न हों तो यह सलाह दी जाती है कि वरिष्ठ नागरिकों को अपनी रियल एस्टेट को रिलोकेट करने सम्बन्धी इन्वेस्टमेंट मंत्र को अपनाना चाहिए और निवेश की योजना इस प्रकार बनानी चाहिए कि अपनी वर्तमान प्रॉपर्टी (आवासीय घर) को बेचने से प्राप्त राशि में से केवल 1/3 राशि अपनी अन्य आवासीय प्रॉपर्टी को खरीदने में निवेश करें जो थोड़ा-सा बाहरी एरिया में पड़ता हो, जबकि अन्य 1/3 भाग वरिष्ठ नागरिकों के लिए लागू किसी नियमित आय वाली योजना में निवेश करें तथा अंत में शेष 1/3 भाग अच्छी प्रकार से पूँजीगत उत्पादों, जैसे कि ड्राईवर सहित कार तथा घर के लिए अन्य आधुनिक साजो-सामान व उपकरण खरीदने में व्यय करना चाहिए। इस राशि में से कुछ राशि परिवार के सामाजिक दायित्वों, यदि कोई हों तो, उनको पूरा करने के लिए अलग सुरक्षित रखी जा सकती है। आपकी रियल एस्टेट को **रिलोवेशन**[2] करने के रूप में इस प्रकार का इन्वेस्टमेंट यंत्र आपकी रिटायरमेंट निवेश नीति को बनाने में निश्चित तौर पर एक बेहतर विचार साबित होगा।

पेंशन प्लान

पेंशन प्लान, जी हाँ! आप कह सकते हैं कि आपको अभी पेंशन की कोई जरूरत नहीं है! लेकिन फिर भी जो लोग उन आने वाले सुनहरे दिनों में नियमित रूप से नियमित पेंशन प्राप्त करना चाहते हैं, उनके लिए पेंशन प्लान में निवेश करना

---

1. पूँजी लाभ कर
2. पुनर्वास

फायदेमंद होगा, जो भारत में कई बीमा कंपनियों द्वारा उपलब्ध कराये जा रहे हैं। लेकिन इन पेंशन प्लान द्वारा प्रस्तावित फायदों को देखकर तुरंत निवेश की न सोचें। कभी-कभी इन पेंशन प्लान से आपको मिलने वाले लाभ ज्यादा फायदेमंद नहीं होते। फिर भी भविष्य में अपने सुनहरे वर्षों की योजना के लिए अभी सोचें। आप यदि 20, 25 के हो तो पेंशन प्लान नहीं ले सकते, कोई बात नहीं। लेकिन आप जैसे ही अपने जीवन के 35 वर्ष पार करते हैं, तो यही उपयुक्त समय होता है कि आप अपनी वृद्धावस्था के लिए बचाने में स्वयं की मदद करें और विभिन्न पेंशन प्लान के लिए सोचें व योजना बनायें। यह भी याद रखें कि पेंशन प्लान में आपका निवेश आयकर अधिनियम की धारा 80 सी आदि के अंतर्गत समग्र सीमा के अंदर विशेषकर कटौती प्रदान करेगा। अतएव 1 लाख रुपये निवेश की सीमा में आप पेंशन प्लान के लिए भुगतन भी कर सकते हैं तथा आयकर अधिनिमय, 1961 की विशेष धारा 80 सी.सी.सी. के आधार पर कर लाभ का फायदा भी उठा सकते हैं। यह पेंशन प्लान, निवेश मंत्र उन सभी लोगों के लिए जो विशेषकर 35 से 55 आयु वर्ग में है, लेने की सलाह दी जाती है।

अगर आपके पास निवेश की योजना नहीं है और आपको यह नहीं पता कि मुद्रास्फीति किस तरह से बचत में सेंध लगा रही है तो रिटायरमेंट के दिन बेहद खराब हो सकते हैं। हालाँकि, रिटायरमेंट के बाद अगर आप 20-25 साल तक नियमित आमदनी का इंतजाम कर सकते हैं तो घबराने की जरूरत नहीं है। इसके लिए आपको क्या करना चाहिए? सर्टिफाइड फाइनैंशियल प्लानिंग फर्म, ट्रांसेंड के डायरेक्टर, कार्तिक झावेरी का कहना है, सबसे पहले आपको उस रकम का पता होना चाहिए, जिसकी जरूरत रिटायरमेंट के बाद हर महीने होगी। इसके बाद आप बचत और जोखिम क्षमता के हिसाब से निवेश करने के लिए सही स्कीम चुन सकते हैं।

किसी एक स्कीम को चुनने के बजाय आप कुछ इंस्ट्रूमेंट्स में निवेश करें। इससे न केवल आपकी नियमित आय मिलेगी बल्कि निकासी और बढ़ती मुद्रास्फीति के साथ आपका फंड भी बढ़ेगा। यह रणनीति उम्र या रिटायरमेंट के बाद जीवन के चरण के अनुसार बदलनी चाहिए। रिटायरमेंट के बाद के पहले छः से आठ सालों में निकासी के मुकाबले तेज गति से फंड को बढ़ाने की जरूरत होती है। अगर आप डेट विकल्पों में निवेश से मिलने वाले ब्याज का इस्तेमाल खर्चों को पूरा करने के लिए कर रहे हैं तो भी म्यूचुअल फंड या मंथली इनकम प्लान के जरिए इक्विटी में निवेश करें।

अगले 10 सालों में आपकी निकासी आपके पोर्टफोलियो में वृद्धि के अनुसार होनी चाहिए। अगर आप **सिस्टेमैटिक विद्ड्रॉल**[1] प्लान से ज्यादा मासिक आमदनी की सोच रहे हैं तो इक्विटी में निवेश घटाया जा सकता है। इस अवधि के बाद

1. व्यवस्थित मासिक प्लान

आप निवेश की पूँजी का ज्यादा इस्तेमाल कर सकते हैं। अगर आप फंड बनाने में कामयाब नहीं हैं और घर के मालिक हैं तो रिवर्स मॉर्टगेज को चुन सकते हैं।

आप नीचे बतायी जा रही स्कीमों में से अपने लिए सही विकल्प चुन सकते हैं–

सीनियर सिटीजंस सेविंग्स स्कीम (एससीएसएस)– यह वरिष्ठ नागरिकों के लिए सबसे आकर्षक बचत योजनाओं में से एक है। इसमें सालाना 9 फीसदी ब्याज की पेशकश की जाती है। इसकी गारंटी सरकार देती है। इस वजह से यह पूरी तरह सुरक्षित है। 60 वर्ष से अधिक उम्र के लोग इसमें डाकघर, 24 सरकारी बैंकों और आईसीआईसीआई बैंक के जरिए 15 लाख रुपये तक का निवेश कर सकते हैं। 55 वर्ष से अधिक उम्र के लोगों के लिए भी इसमें कुछ शर्तों के साथ निवेश की अनुमति है। आप इसमें न्यूनतम 1,000 और अधिकतम 15 लाख रुपये लगा सकते हैं। ब्याज का भुगतान तिमाही आधार पर 31 मार्च, 30 जून, 30 सितंबर और 31 दिसंबर को होता है।

इसमें न्यूनतम लॉक-इन अवधि पाँच वर्ष की है। इसे तीन वर्ष के लिए और बढ़ाया जा सकता है। यह स्कीम तरलता के लिहाज से भी ठीक है और आप जमा की गयी रकम मैच्योरिटी से पहले 1-1.5 फीसदी पेनल्टी देकर निकाल सकते हैं। निवेश पर धारा 80सी के तह एक लाख रुपये तक की कर छूट भी ली जा सकती है। हालाँकि, ब्याज पर कर चुकाना होता है और इसकी रकम 10,000 रुपये से अधिक होने पर स्त्रोत पर कर कटौती की जाती है।

पाँच वर्ष की कर बचाने वाली फिक्स्ड डिपॉजिट स्कीमें इस समय एससीएसएस के लगभग बराबर ही ब्याज दरें दे रही हैं। साधारण फिक्स्ड डिपॉजिट पर ब्याज की गणना वार्षिक आधार पर की जाती है लेकिन एससीएसएस में ऐसा नहीं है। अगर आप एससीएसएस खाते में ब्याज को बढ़ने देते हैं तो भी इस पर आपको अतिरिक्त ब्याज नहीं मिलता।

फिक्स्ड डिपॉजिट– दिसंबर, 2010 के बाद से बैंक जमा दरों में तीन बार वृद्धि कर चुके हैं और इस समय यह विकल्प एससीएसएस से ज्यादा बेहतर दिख रहा है। 500-1,100 दिनों के लिए इस समय दरें 9.75-10 फीसदी के बीच हैं।

यह दूसरे चरण में डेट निवेश को बढ़ाने का एक अच्छा विकल्प है। उम्र और सेहत पर खर्चों के अनुसार तरलता सुनिश्चित करने के लिए वरिष्ठ नागरिक फंड का कुछ हिस्सा बैंक एफडी में लगा सकते हैं। लेकिन इस बात का जरूर ध्यान रखें कि समय से पहले आपको निकासी की अनुमति मिलेगी या नहीं क्योंकि कुछ बैंक यह सुविधा नहीं देते। यह भी याद रखें कि बैंक कम अवधि के लिए ऊँची दरों की पेशकश करते हैं जबकि डाकघर की मासिक आमदनी योजना की अवधि छः वर्ष और एससीएसएस की पाँच वर्ष है।

यदि आप नियमित आय का कोई ऐसा साधन प्राप्त करने की सोच रहे हैं जिससे आपके दिन-प्रतिदिन के खर्चे आसानी से पूरे हो सकें तो इस उद्देश्य के लिए दी जाने वाली श्रेष्ठ सलाह यही है कि प्रॉपर्टी को खरीदें और उसे किराये पर चढ़ा दें। किराये पर दिये जाने वाले आवासीय या कमर्शियल प्रॉपर्टी में निवेश करने का सबसे बड़ा लाभ आयकर कानून में, किराया राशि में विशेष रूप से दी गई 30 प्रतिशत कटौती (अनुदान) स्वीकार करने से है, जो कि कर अदा करने वाले को प्रॉपर्टी की मरम्मत, रख-रखाव तथा वसूली प्रभार पर किए गए विभिन्न व्ययों पर दी जाती है। इस प्रकार से इस प्रमुख कटौती का शुद्ध प्रभाव यह होता है कि अपरोक्त वर्णित 30 प्रतिशत कटौती के परिणामस्वरूप, किराया आय के संदर्भ में किसी व्यक्ति द्वारा चुकाये जाने वाले आयकर की अधिकतम दर, मात्र 21 प्रतिशत ही होगी। इस प्रकार, यदि आप उच्च आय की श्रेणी में भी आ रहे हैं तो भी आपका आवासीय या कमर्शियल प्रॉपर्टी खरीदना, उसे किराये पर देना और उसके द्वारा अधिकतम 21 प्रतिशत की दर से कर लाभ उठाना उपयुक्त है। किराया आय पर 21 प्रतिशत के अधिकतम कर लाभ के अलावा एक अन्य गुप्त लाभ आने वाले वर्षों में प्रॉपर्टी की मूल्यवृद्धि तथा साथ ही किराये की दर में वृद्धि के सम्बन्ध में भी है।

आत्म–विकास/व्यक्तित्व विकास

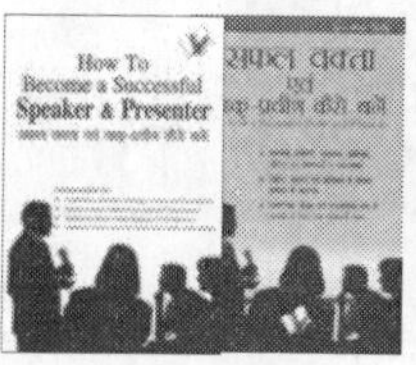

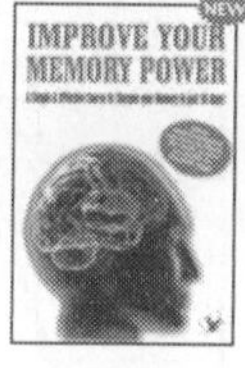

Also Available in Kannada

Also Available in Kannada

तनाव

धर्म एवं आध्यात्मिकता/ज्योतिष/हस्तरेखा/वास्तु/सम्मोहन शास्त्र

कैरियर एण्ड बिजनेस मैनेजमेंट

Also Available in Hindi, Kannada

Also Available in Hindi, Kannada

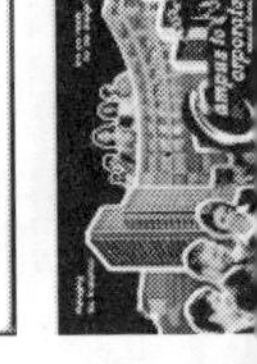

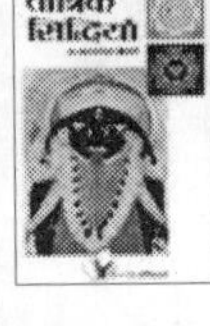

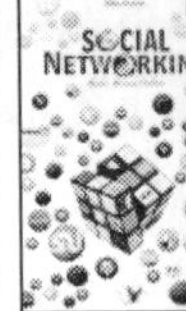

जोक्स

SUBJECT DICTIONARIES/IELTS/ACADEMIC/COMPUTER LEARNING

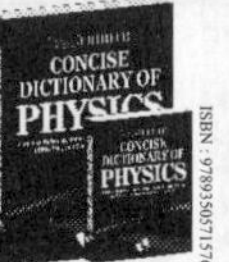
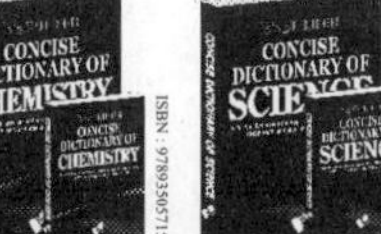
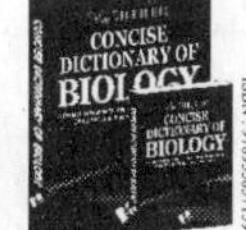
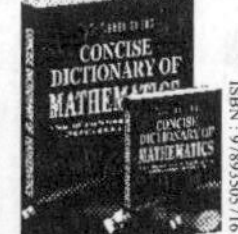
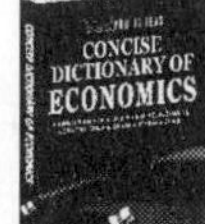

ISBN : 9789350571576 ISBN : 9789350571583 ISBN : 9789350571606 ISBN : 9789350571590 ISBN : 9789350571613

ISBN : 9789381588611 ISBN : 9789381588628 ISBN : 9789381588642 ISBN : 9789381588635 ISBN : 9789381588833 ISBN : 9789350570326 ISBN : 9789350570319 ISBN : 9789350570333

ISBN : 9789350571507 ISBN : 9789350571491 ISBN : 9789350571521 ISBN : 9789350571453

ISBN : 9789350571224 ISBN : 9789350571231 ISBN : 9789350571460 ISBN : 9789350571453 ISBN : 9789350571484 ISBN : 9789350571477 ISBN : 9789350571668 ISBN : 9789350571538

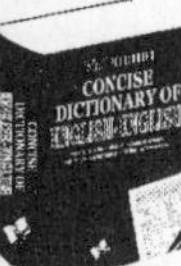

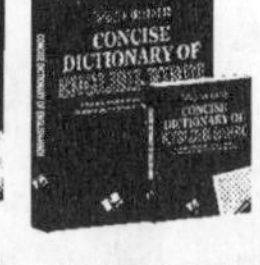

ISBN : 9789350571392 ISBN : 9789350571385 ISBN : 9789350571408 ISBN : 9789350571330 ISBN : 9789350571347

ISBN : 9789350571415 ISBN : 9789350571439 ISBN : 9789350571422 ISBN : 9789350571361 ISBN : 9789350571354 ISBN : 9789350571378 ISBN : 9789350571149 ISBN : 9789350571330

ISBN : 9789357942232

ISBN : 9789350571651 ISBN : 9789350571286 ISBN : 9789350571255 ISBN : 9789350571262 ISBN : 9789350571293 ISBN : 9789350571279 ISBN : 9789350571569 ISBN : 9789357940368 ISBN : 9789350571934

ISBN : 9789357942379

ISBN : 9789357942256

ISBN : 9789350570241 ISBN : 9789350570234 ISBN : 9789350571965 ISBN : 9789357941365 ISBN : 9789357941549 ISBN : 9789357941556 ISBN : 9789357941563 ISBN : 9789357941570

ISBN : 9789357942386

ISBN : 9789357942249

ISBN : 9789357941501 ISBN : 9789357941518 ISBN : 9789357941525 ISBN : 9789357941532 ISBN : 9789357941747 ISBN : 9789357941716 ISBN : 9789357941709 ISBN : 9789357941723

ISBN : 9789357942393

ISBN : 9789357941730 ISBN : 9789350571693 ISBN : 9789357941655 ISBN : 9789357941662 ISBN : 9789357941679 ISBN : 9789357941686 ISBN : 9789350570173 ISBN : 9789381588895

ISBN : 9789357942225

ISBN : 9789350570142 ISBN : 9789381588536 ISBN : 9789350570159 ISBN : 9789350570128 ISBN : 9789350571316 ISBN : 9789350571989 ISBN : 9789350570135 ISBN : 9789350570166

ISBN : 9789357942362

ISBN : 9789357940054 ISBN : 9789357940016 ISBN : 9789357940023 ISBN : 9789357940085 ISBN : 9789357940825 ISBN : 9789357940092 ISBN : 9789357940009 ISBN : 9789357940030 ISBN : 9789357940061

HEALTH & BEAUTY CARE/FAMILY & RELATIONS/LIFESTYLE

ISBN : 9789350570463 ISBN : 9789381588482 ISBN : 9789381448724 ISBN : 9789381448762 ISBN : 9789381448823 ISBN : 9789381384961 ISBN : 9789381384442 ISBN : 9789381448496 ISBN : 978938158891

ISBN : 9788122307511 ISBN : 9789381448502 ISBN : 9789381384633 ISBN : 9789381448489 ISBN : 9789381384251 ISBN : 9789350570593 ISBN : 9789381384831 ISBN : 9789381384800 ISBN : 978935057061

ISBN : 9789381384220 ISBN : 9789381384817 ISBN : 9789381384572 ISBN : 9789381448694 ISBN : 9789381384824 ISBN : 9789381384565 ISBN : 9789381384909 ISBN : 9789350570609 ISBN : 978938144866

ISBN : 9789381448458 ISBN : 9789381384589 ISBN : 9788192079653 ISBN : 9789381384978 ISBN : 9789381448472 ISBN : 9789381448731 ISBN : 9789350571897 ISBN : 9789381448434 ISBN : 978938144484

(also available in Hindi)
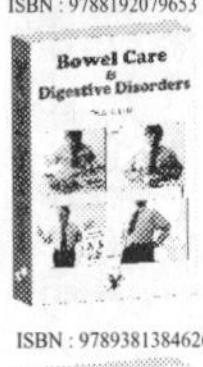

ISBN : 9789381384244 ISBN : 9789381384237 ISBN : 9789381384626 ISBN : 9789381448519 ISBN : 9789381384619 ISBN : 9789381448892 ISBN : 9789381384602 ISBN : 9789381588369 ISBN : 97893815883

ISBN : 9789381588383 ISBN : 9789381588390 ISBN : 9789381448557 ISBN : 9789381588826 ISBN : 9789381384268 ISBN : 9788122305159 ISBN : 9789381448748 ISBN : 9789381384992 ISBN : 978938138466

ISBN : 9789381448700 ISBN : 9789381588758 ISBN : 9789381384923 ISBN : 9789350570104 ISBN : 9789381448618 ISBN : 9789381448441 ISBN : 9789381384688 ISBN : 9789381384282 ISBN : 97881223088

ISBN : 9789381448854 ISBN : 9789381384046 ISBN : 9789381384275 ISBN : 9789381384985 ISBN : 9789381448601 ISBN : 9789381448861 ISBN : 9789381384640 ISBN : 9789381384848 ISBN : 978938138465

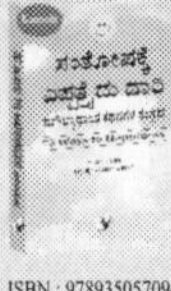

ISBN : 9788122310924 ISBN : 9789357940078 ISBN 9789350570357 ISBN : 9789350571200 ISBN : 9789350570340 ISBN : 9789350570944 ISBN : 9789350570951 ISBN : 9789350571309 ISBN : 9789350571828 ISBN : 978935057

हिन्दी साहित्य

संगीत

रहस्य

Also Available in Hindi

कथा एवं कहानियाँ

NEW

All Books Fully Coloured

जादू एवं तथ्य

बच्चों की कहानियाँ

माता–पिता विषयक/बाल–विकास

परिवार एवं कुटुम्ब

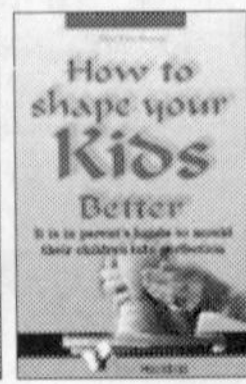

पाक–कला/खान पान

Also available in Hind

घर की देखभाल

सौंदर्य की देखभाल

सामान्य स्वास्थ्य/सौंदर्य देखभाल

वैकल्पिक चिकित्सा

बॉडी फिटनेस

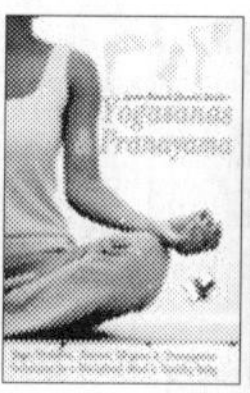

परफेक्ट हेल्थ/आयुर्वेद

A Set of 4 Books

स्वास्थ्य सम्बन्धी/सामान्य बीमारियाँ

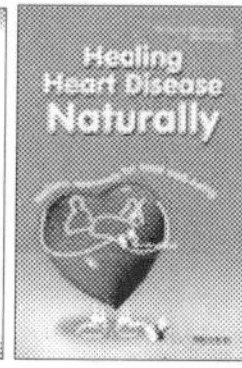

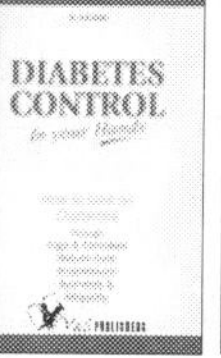

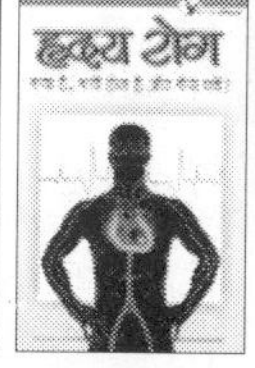

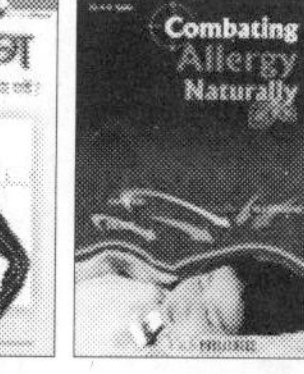

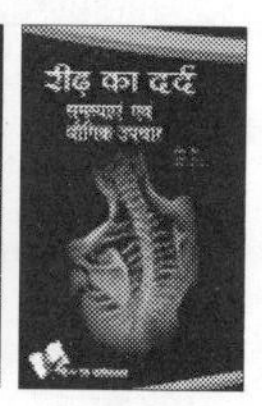